价值增值论

国际经济分析的价值理论

上海市学术著作出版基金

上海市学术著作出版基金25周年精选丛书

价值增值论

国际经济分析的价值理论

张幼文 著

上海人民出版社

总 序

中共上海市委常委、宣传部部长　徐　麟

上海市学术著作出版基金成立至今已有25年了。今天呈现在广大读者面前的这套丛书，是基金25年来资助出版的700余部学术著作中的精华，集中反映了上海学术著作出版资助工作25年来所取得的成就，同时也从一个侧面反映了上海哲学社会科学25年来的发展历程。

上海市学术著作出版基金成立于1989年，旨在缓解当时哲学社会科学著作尤其是马克思主义研究著作出版难，以及马克思主义研究队伍人才流失的问题。基金对马克思主义研究著作和以马克思主义立场、观点、方法为指导的哲学社会科学著作给予出版资助。1998年起，为了支持和鼓励青年理论社科人才的成长，又设立博士文库出版资助系列，对优秀博士论文给予出版资助。至此，形成了马克思主义研究、哲学社会科学研究和博士文库三大出版资助系列。

在25年的发展历程中，基金资助出版了一大批优秀的马克思主义研究著作，引导、鼓励和扶持广大理论社科工作者投身马克思主义研究，对培养马克思主义研究队伍、推进马克思主义研究和建设工程以及马克思主义中国化、时代化、大众化起到了积极的促进作用。25年间，基金还资助出版了一大批聚焦我国和上海改革开放及现代化建设重大现实问题的论著，为改革开放的深化和经济社会的发展提供了理论支撑和智力支持。同时，基金还资助出版了一批基础性较强、具有文化积累和学术积淀价值的专著，对于学术的传承、文化的延续以及人文社会科学的繁荣发展奠定了扎实的基础。

25 年来，出版资助工作团结和凝聚起了一大批哲学社会科学工作者，有力促进了上海理论社科队伍建设，有效提升了上海理论社科界的凝聚力和向心力。申请资助者中，既有耄耋之年的学界泰斗，也有新时期成长起来的中坚力量，更有与改革开放同年龄的青年翘楚。此外，一批又一批的专家学者积极参与出版资助的书稿推荐及评审工作，对这项工作给予了极大支持和高度认可。可以说，经过 25 年的发展和积淀，出版资助已成为团结凝聚上海理论工作者、培育上海学术共同体的重要平台。

此次汇编出版 25 周年精选丛书，既是对基金成立 25 周年的纪念，也是对 25 年来资助出版著作的一次巡礼。更为重要的是，在总结经验的基础上面向未来、开拓创新、更上层楼，使这一传统学术品牌在新的历史条件下更好地发挥对哲学社会科学繁荣发展的导向作用、服务作用和促进作用。哲学社会科学是国家软实力的重要组成部分，同时也是一座城市文化软实力的重要组成部分。希望丛书的出版，在展示上世纪 90 年代以来这一辈学人所取得的丰硕成果的同时，激励后来人站在前人的肩膀上，创作出更多代表上海学术水准、体现上海学人风采的传世力作，为上海国际文化大都市建设乃至我国国家软实力的增强添砖加瓦、贡献力量。

当前，全面深化改革的号角已经吹响，党的十八届三中全会在对全面深化改革作出总体部署的同时，强调要巩固马克思主义在意识形态领域的指导地位。在全面深化改革的过程中，我国改革发展所面临的一系列重大问题需要哲学社会科学作出解释和回答。这是时代对哲学社会科学提出的新要求、赋予的新使命。哲学社会科学界能否承担起这一光荣使命，积极推动学术观点创新、学科体系创新和科研方法创新，建立具有中国特色、中国气派、中国风格的哲学社会科学理论创新体系，不仅关系到我国哲学社会科学的发展，也关系到两个“百年目标”和民族复兴中国梦的实现。希望上海市学术著作出版基金能在以往25年所奠定的良好基础之上，继续引导和支持广大理论工作者，进一步深化马克思主义中国化的最新成果——中国特色社会主义理论体系的研究，进一步深化对我国改革发展过程中一系列重大理论和现实问题的研究，推出一批既有重要学术价值、又有实践指导意义的学术成果，为上海加快推进“四个率先”、加快建设“四个中心”服务，为全面深化改革、早日实现两个“百年目标”和中华民族伟大复兴的中国梦服务。

是为序。

2014年6月

目 录

第三篇 价值调节论——世界经济与国民经济的相互作用

第四篇 价值动力论——价值增值在经济增长与发展中的作用

再版序言

张幼文

《价值增值论》一书能够在出版近20年后得到同行的认可，在感到欣慰的同时，也回忆起当时写作时的思考和20年来的研究经历。值此机会写下几句与读者交流。

一、价值理论的普遍意义

价值作为商品的本质属性和共同的计量尺度，伴随着商品生产成为经济学的最基本概念。从价值创造原理到价值规律对整个商品生产决定性作用的研究，价值理论成为经济学理论的起点与基础。在古典经济学劳动价值论的基础上，马克思主义发展起剩余价值论从而形成革命合理性理论，西方经济学发展起现代市场经济运行机制理论从而形成制度和政策调节理论。然而，理论上的这种分道扬镳并没有改变价值理论在各种经济学理论中的基础性地位。现代经济学以价格为核心的分析体系，不可能离开商品的价值基础。价格只是价值的货币表现，市场只是商品价值实现的场所。无论是微观经济学的供求分析与市场理论，还是宏观经济学基于国民生产总值的分析体系与政策方法，价值始终是经济学的核心与基础。劳动价值论与其他价值理论的区别在于它指出了价值本源的唯一性，而西方经济学研究的则是最终产品的价值构成。

古典经济学创始人斯密与李嘉图既是劳动价值论的奠基人，也是国际经济学理论的开拓者。绝对优势论指出了国际贸易发生的原因，而比较优势论则证明了它的必然性——不论一个国家是先进还是落后，都能从国际贸易中得益。劳动价值论在国际经济学理论创立中发挥了决定性的作用。此后发展起来的大量贸易理论虽然并不直接讨论价值问题，而是更多注重分析贸易特征与结构，但所有学说都不可能不以价值论为基础和前提。马克思主义创始人提出了国际价值概念，为我们把价值理论应用到国际经济分析开辟了道路。

正如贸易理论分析国与国之间的生产交换关系一样，基于经济学原理却又得出与国民经济分析不同的结论，当价值理论应用到国际经济学分析中时也可以得到不同的结论。价值增值论正是这样一种基于价值理论而适用于国际市场分析的理论。这一理论的核心在于，它从价值形成的原理出发，遵守市场等价交换的原则，却得出了世界市场存在着在国民经济中所没有的机制——价值增值机制。正是这一机制构成了国际贸易发生的动因。进而价值增值原理也统一地说明了各种贸易现象的本质，解释了贸易收益分配差异的原因。价值理论的普遍意义在这里得到了深刻体现。

价值理论的普遍性在当代国际贸易中得到了新的证明。当经济全球化发展深化了国际分工后，价值链分工成为当代国际分工的新特点。一个商品的生产过程被分解为在多个不同国家的价值形成的不同阶段，且各阶段增值水平的差异又成为国家分工地位的标志。价值论从分析国际贸易发生的原因、国际分工的结构，现在又被推进到说明一个商品的价值创造过程与国家的分工地位。

近年来国际组织推进增加值贸易的统计与研究，使进出口数量从传统的海关商品总值转变为出口国在本土实现的增加值。统计方式这一变化的必要性来自国际分工的深化，产品内的国际分工使一国出口中包含的他国增加值日益提高。只有把海关统计的商品价值调整为一国在本土新创造的价值,贸易规模与贸易结构才真正是一国国际分工地位的确切体现。

在价值链分工贸易模式下和增加值贸易统计原理下,进口是出口的前提,而在传统贸易模式下出口是进口的前提。增加值贸易是国内创造的增加值通过贸易实现,在价值意义上与本书讨论的主题是一致的,在增值来自进出口的全过程这一点上也是一致的。虽然进出口的顺序不一样,但只有通过贸易全过程国民价值增值才能发生,这一点也是相同的。

二、现实需求的理论表现

理论是基于实践的发展而发展的,经济学理论尤其如此。国际经济学是从贸易理论的发展开始的,因为国际贸易是国际经济联系的最初形式。贸易理论的不断创新并非一代代经济学家智慧的不断提高,而是因为世界经济现实中新贸易方式的不断创新。

中国对外开放的发展向国际经济理论探索提出了强烈的现实需求。本书的价值增值论正是开放后贸易发展利益分析需求的反映。中国对外开放的最初形式就是贸易的发展,贸易被视作经济增长的起动机。当中国从开放中受益时,当中国需要坚持对外开放道路时,需要从理论上说明国民收益的成因。古典贸易理论说明了贸易发生的必然性,也就说明了贸易有益的原因,但是在国际上围绕着贸易对落后国家是否同样有利的疑问却始终没有得到解决,从封闭的计划经济中走来的中国为贸易收益产生了争论和疑虑。当中国被各种贸易方式不断纳入国际分工体系中时,哪些因素可能导致贸易利益的受损,包括国际因素与国内因素,日益成为新的理论主题。在这种情况下,简单强调发挥比较优势就必然有利,或者相反地提出贸易有利理论不适合于发展中国家,都不是科学的态度。只有在理论上有效论证世界市场的客观机制及其基础性作用,同时分析各种导致贸易收益受损的原因,才能得出科学客观的结论，为开放型发展战略提供依据。

本书所做的工作在于，依据比较优势论提出世界市场存在着“国民价值增值机制”，运用价值增值论系统审视各种贸易理论，回答贸易收益分配中的各种看法，从价值增值实现的条件分析影响贸易效益的国内市场因素与政策因素，为如何实现贸易拉动增长发展提出理论依据。

价值增值论的现实基础是，贸易不仅不是国家最终产品交换的简单现象，而且是一种复杂的国际分工的结果。当像中国这样的转型经济国家发展对外贸易时，国内市场完善的前提条件不存在，价格扭曲导致了贸易利益的损失，政策激励带来了贸易发展的特殊模式，等等这些都要求建立一个系统的理论分析。研究表明，价值增值理论不仅可以对丰富的国际贸易现象作出统一的解释，而且可以为贸易的国民收益分析提供原理与思路。因此，价值增值论是一个以贸易作为发展起点的发展战略的基础理论，也是一个国内市场不完善国家的发展理论。它不在于论证贸易有利，而在于研究在什么样条件下贸易才更为有利。

经济全球化深化的最重要现象是国际直接投资的快速发展，并成为一大批新兴经济体实现经济增长的主要途径。国际直接投资的本质是生产要素的国际流动，即跨国公司把所拥有的充裕高级生产要素向东道国转移，这些要素是东道国的稀缺要素。跨国公司的这些要素与东道国拥有的充裕生产要素相结合，形成新的生产过程。要素流动改变了世界经济的增长方式与增长格局，改变了发展中东道国的发展模式，使发展中东道国形成了一种要素流入型的发展模式。这一模式的最重要现象就是：稀缺的高级要素流入带动了闲置而充裕的低级要素，形成生产出口能力，拉动经济增长。

生产要素国际流动的历史性发展使世界经济进入了一个新的阶段，投资超越贸易成为国际经济关系的更重要形式。投资不仅替代贸易，而且创造贸易。要素流动改变了世界经济的增长格局，也导致了国际贸易的不平衡和世界经济的新机制。

要素流动使世界市场，更确切地讲现在应当说使世界经济的价值增值机制发生了变化。在先前完全国别生产为基础的贸易仍然存在的同时，现在贸易不再是一国产品通过世界市场完成价值增值的过程，而是国际资本在全球范围内进行要素组合，使各国的充裕要素相结合。资本获得的这些要素具有更高的性价比，从而获得更高的资本利润率。在这里，价值增值过程首先是跨国的要素组合过程，这一过程是资本获得更高性价比要素的前提。跨国公司的生产要素进入东道国，因其高稀缺度而获得更高收益。在没有国际投资情况下闲置生产要素收益为零甚至需要维护成本，或为低效率配置下的低收益，而国际直接投资改变了要素使用状态，使之获得更高的收益。这就使我们发现了从投资到贸易的一种新的价值增值模式——要素价值增值模式。这是全球化深化下的价值增值模式。

当然，这种新的增值模式还可能与原增值模式相结合：东道国出口收益形成进口能力的提高。重要的是本来不可能有的出口能力因为要素流入而形成了，东道国获得了闲置生产要素使用与出口收入发展进口的两次价值增值。

在过去的五年中，笔者进行了从生产要素国际流动出发对当代世界经济机制的研究。这一研究发现了世界经济的新的运行机制。（参见《要素流动——全球化经济学原理》，人民出版社2013年版）投资超越贸易不但把闲置生产要素纳入生产过程，拉动了发展中东道国的生产，构成了其出口能力，而且其资金积累还为下一轮发展创造了条件。要素流动是当代世界经济运行的最新特征与基础，因而是全球化经济学的基础理论。

三、理论探索的时代特征

回顾《价值增值论》出版近20年来的研究经历，深感理论研究与我们所处的时代之间的深刻联系。中国的超常发展不仅为世界经济历史提供了经典案例，也为经济学理论发展创造了坚实基础。中国对外开放的实践为国际经济学和发展经济学探索提供的丰富的养分,也对所有理论探索印上了显著的时代特征。

1979年起,中国走上了对外开放的发展道路。在经历了30年计划经济模式下自力更生的艰难发展道路后,新的发展道路迫切需要理论支撑。比较优势论曾经被看作为使落后国家陷入低端分工地位从而长期不可能发展的理论,进口替代与出口导向两种发展道路孰优孰劣在中国没有定论。中国不仅在寻找着发展道路,而且在吸收着西方国际经济学的成果,同时劳动价值论是长期以来在中国占统治地位的经济学基础理论。在这种情况下,如果能够从价值理论出发系统地提出开放收益规律的分析,同时全面吸收国际经济学理论成果,已经成为对外开放对国际经济理论研究提出的要求。这一研究归结为能否运用国内大部分人所熟悉的和认可的价值理论吸收现代国际经济学成果,回答中外理论上的各种疑问,证明开放和发展贸易有益。与此同时,与其他发展中国家不同,中国是从计划经济转型而来的,政府在发展中有较强的政策作用,这就决定了中国经济在一个时期内双重体系的扭曲特点和政府政策激励的正负两方面作用并存,构成了中国寻求更高贸易效益的制度条件。价值增值论的研究正是基于这种理论需要,实践基础和时代背景而展开的。

在经历了30多年的改革开放后,中国获得了惊人的发展成就。这一成就的成因是多方面的。从对外经济关系而言,中国走的是一条通过引进外资实现外贸发展和经济增长的道路,同时这条道路也代表了当代世界一批新兴经济体的发展模式。作为身处国家发展之中的理论工作者,笔者关注的是对这一模式的经济学解释。经过数年的深入思考,我发现这一模式可以被称为要素集聚型的发展模式,而这一模式的选择依据正是当代世界进入了投资超越贸易,要素流动成为世界经济的基础现象和发展动力这一时代特征。中国的成功实践使我们有可能全面思考生产要素国际流动的经济学意义。中国的成功在于适应了经济全球化发展的最新现实,通过要素流入动员起大量闲置生产要素实现高速增长,通过廉价劳动力的要素优势和政府发展导向的制度优势,实现了世界生产要素向中国集聚。要素流动理论的提出使我们能够全面重新审视当代世界经济的特点和中国高速发展的原因。更重要的是,这一理论也使我们发现了中国开放型经济战略升级的方向,即要素培育。因为正是中国以廉价低级要素吸引世界高级要素流入的发展模式,使中国在实现高增长的同时获得了相对较低的要素收益即国民收益。先进技术的研发,知识型劳动者的培养等是战略升级的核心。这就是要素流动理论所提供的战略依据,体现了其重大实践意义。

本书的第一版在1995年受上海市马克思主义学术著作出版基金资助由上海社会科学院出版社出版。在此谨向上海市马克思主义学术著作出版资助评审委员会及其所聘请的对书稿进行审读并提出宝贵意见的专家、向评审委员会办公室的同志、向上海社会科学院出版社及为本书出版付出辛勤劳动的曹均伟同志、向推荐本书出版的杨思正研究员再次表示衷心的感谢,特别要向多年来在学术上给我指导、推荐本书出版并为之作序的褚葆一教授表示深切的怀念。

从价值增值论到要素流动论,这不是仅在书房中可能完成的写作或思考。正是中国对外开放的成功实践,为我们这一代人进行经济学理论探索创造了最好的机遇与条件。在《价值增值论》再版之际,沉思近年来研究的新主题和新思路,深深体会到理论研究必须从现实出发这一内在要求。

2014年6月1日

于上海社会科学院世界经济研究所

序 言

褚葆一　杨思正

在改革开放15年以后的今天，完全拒绝吸收西方经济学中科学成果的人已经不多了。西方经济学的许多重要著述已被介绍到我国来，并在很大程度上影响着中国经济学的发展。我国经济学著作的面貌已经发生了重大的变化。建立社会主义市场经济的框架的提出，证明我国经济学家在把传统计划体制改造成市场经济体制上已获得了相当丰硕的成果。

在世界经济研究领域中，我国经济学家所取得的成果也是令人瞩目的。对西方学术动态茫然无知的现象早已成为历史，在许多国别经济与世界经济专题研究中，我们也已经能同西方学者进行同一水平上的交流。在国际经济学方面，我们已初步介绍了西方的重要著述和观点。但是，相对地来说，在这一学科领域中由我国学者提出的自己的理论还是不多的。虽然在若干专题的研究上我国学者不乏精辟的见解，有的著述也达到了相当高的水平，但是在全面考察西方国际经济学成果的基础上提出自己系统的学说和理论毕竟还不多见，进入这一层次的学术研究毕竟还刚刚开始。

正是由于这种情况，我们对张幼文博士的新著《价值增值论》的完成感到欣喜。

1. 价值增值论是一种新的国际贸易理论。迄今为止,在国际经济学的教科书中我们能够看到的基本上都是由西方经济学家提出的理论,从古典的到现代的,至多有人引用到马克思的国际价值概念。价值增值论说明了贸易发生的原因和结果是一国国民价值的增值,这就从最普遍意义上说明了各种不同贸易学说所分析的各种贸易现象的本质,同时又吸收了这些学说的合理成分,在理论上具有高度的归纳性和深刻性。本书“价值增值形式的展开——贸易学说的价值增值观”这一章正反映了这一点。因此,价值增值论应被看作是由我国学者自己提出的一种新的国际贸易理论。

2. 价值增值论也是一种新的国际经济学基础理论,具有很强的解释力和适用性。本书中的阐述证明,价值增值论不但说明了国际贸易的本质,而且说明了各种国际经济现象的本质:国民价值的增值是各种国际经济关系的基础,也是国民经济与国际经济相互作用的基础。这一成果的意义在于形成了一种国际经济学的基础理论,这无疑是一项有意义的工作,具有重要的学术价值。本书十分认真地吸收了西方国际经济学的成果,既不是照本宣科地向读者介绍,也不是教条式地进行所谓驳斥批判,而是严肃地用价值增值理论进行比较对照,把一切正确的理论与方法纳入作者的体系之中。这是我们在进行新的探索时对前人成果应有的态度。

3. 作者在一系列重大国际经济问题上发表了独到的见解。在本书中,作者从国民价值增值的基础理论出发,考察了当代国际经济学中探讨的一些重大问题。由于基础理论独到新颖,因而在许多问题上取得了新的成果。例如,在关于国际贸易中的利益分配问题上,作者从多层面上进行了分析,提出了“价值流失”理论并作了多侧面研究。这无论与一般地讨论不等价交换相比还是与单从市场价格机制分析相比,在视野上都要广得多,在层次上都要深得多。作者对贸易利益的分配问题不是停留在贸易本身的分析上，而是扩大到汇率机制，深入到国内经济机制。又如，关于世界经济与国民经济的相互作用问题，本书探讨了外部市场对一国经济的影响，探讨了对内均衡与对外均衡的相互依赖，国际贸易与国内资源配置市场化的相互关系，国民价值增值贸易条件等问题，为这一方面的研究提供了新的理论观点。再如，关于国际贸易在增长与发展中的作用，在国际经济学中有诸多分析，但是，价值增值论的运用却得到了又一些成果。作者分析了价值增值与技术进步间良性循环的条件，直接从世界宏观角度分析了价值增值的历史效应，都是富有新意的。这一切加上作者安排的体系结构，使本书成为一部系统的学术专著。

4. 价值与国际价值理论的新解释是本书的另一个成果。在建立基本理论和进行上述探讨中，作者既没有囿于价值问题的概念定义，也没有陷于价格分析的表象阵式，而是在对价值进行新解的基础上吸收了价格机制分析的积极成果。可以理解，科学概念的内涵本身是随对研究对象的深入理解而扩展的，对概念的固守常常是阻碍科学进步的重要原因，而作者在本书中所作的分析基本上是令人信服的。他以附录的形式来处理这些相关问题，使正文贯穿了国际经济分析，论述上也更为紧凑。

本书基本上是从市场经济的前提出发进行分析的。在中国的现实经济中还存在着一系列的双重体系性质，使对外贸易与经济关系呈现出另一些特点和规律。作者曾于此前完成了另一部学术专著《双重体系的扭曲与外贸效益》，在那部著作中他着重分析了改革中的中国经济在一系列的双重性下由经济扭曲所带来的外贸效益下降问题。随着社会主义市场经济的建立，在一般市场经济条件下的国际经济关系问题也将逐步形成。这本《价值增值论》正适应了这种情况，因为它注意到从中国经济的现实出发，又更多地以市场经济的一般特性为假定前提。

不论本书所提出的理论在何种程度上为学术界同行所接受和承认，我们相信，它对我国世界经济理论研究水平的提高将会有所贡献。为此，我们郑重推荐本书的出版，并乐意为之作序。

1994年12月

绪　　论

本书的书名说明了本书所要阐述的理论——价值增值论。这种理论不仅是一种国际贸易理论，而且正如副标题所表明的那样是一种分析国际经济问题的一般理论，是一种基于价值理论的国际经济学理论。

价值理论是马克思主义经济学的重要内容之一，当代经济学界对马克思的国际价值理论有不同的理解和表述，但本书并不是对马克思主义这一理论进行表述和介绍；而是从现实出发，在各种国际经济分析理论成果的基础上探索国际价值规律的作用形式和内容。这一探索的结果就是价值增值机制及其在国际经济关系中的作用的发现。本书也不是一本介绍西方国际经济学理论成果的教科书。了解这些理论的读者将会发现，本书旨在运用价值增值论对这些理论进行评析，以指出它们的正确性和局限性。

自从对古典经济学的继承出现分化以后，价值理论主要为马克思主义学派所采用，价格分析与价值分析似乎成了两种经济学理论。虽然这一点并不绝对；但是，国际经济学又大体上摈弃价值分析的基本原理，而建立在价格分析原理的基础上。撇开价格分析与价值分析孰是孰非的复杂的理论争执，价值分析能否应用在国际经济学的基本理论问题及大量专门理论问题中，仍是一个未经尝试的但似又很值得尝试的课题。以价格现象为中心的国际经济活动中是否有更基本的价值因素在起作用？这种研究也许更有助于把握国际经济运行规律及其意义。

自重商主义以来，贸易理论的发展中产生了诸多学说。除了少数构成明显对立之外，大部分学说相互补充，各自说明某一方面，说明贸易发生的原因、利益、结构或政策的其中某一环节。比较利益论是能够作出统一解释的基本理论吗？还是这种理论仍然有待于推进或者寻找一种新的理论呢？

问题还在于，国际贸易只是国际经济活动的初始的和基础的形态，全部国际经济关系是多样的和复杂的。贸易理论是否也能像贸易作为国际经济关系基础一样成为国际经济关系的基础理论呢？

鉴于上述愿望，本书抓住价值增值机制这一国际价值规律作用的核心，进行了从静态到动态、从微观到宏观、从基本理论到专门问题、从贸易关系到一般国际经济问题的分析。全书分为四篇。第一篇“价值增值论——国际交换的性质与特征”，是本书的基本理论部分。该篇在表述这一理论本身以后，又以此作为基本观点评价了各种贸易学说。第二篇“价值转移论——增值的利益规模与价值流失”所讨论的主题是贸易问题中最中心的问题，即交换的平等性和利益分配问题。可以看到，价值增值理论在这里提供了新的思路。第三篇“价值调节论——世界经济与国民经济的相互作用”说明国民经济在宏观、中观和微观上如何受价值增值机制的调节和影响。贸易问题不再只是贸易本身，而且是与整个经济运行相关联的问题。第四篇“价值动力论——价值增值在经济增长与发展中的作用”是动态分析，从国民经济和世界经济的长过程上说明了价值增值机制的作用。这里不仅要显示理论本身的意义，而且要试图为政策与战略选择提供启示。前三篇分别有一个附录，以进一步讨论与价值增值和国际价值相关的一些基本理论问题，这有助于澄清概念，同时保证主题论述的连贯性。

为了使读者花尽可能少的时间阅读本书，现将各章所探讨的主要问题和提出的主要论点说明如下：

第一章指出，国际贸易的实质是国民价值的增值，流通“创造”价值的这一规律来源于国民经济与世界经济的两个不同价值系统的不同价值量标准。第二章进一步指出，增加的价值的真实来源并不是流通，而是分工所创造的生产力；价值增值是通过使用价值量的增加为中介而实现的。

第三章运用价值增值论对国际贸易理论中的一个难题"列昂惕夫之谜"提出了看法，指出了赫克歇尔—俄林理论的局限性和列昂惕夫检验方法中的问题。第四章用价值增值论评述了几种主要贸易理论，显示了这一理论的一般意义，同时说明了价值增值机制对生产要素国际配置的影响，说明了各种贸易学说间的相互关系。第五章在论述了国际价格机制与一般价格机制的区别以后，说明了三种类型的价格性价值流失，即垄断等因素引起的国际价格对国际价值的背离，需求与供给不平衡对国际价值的调整以及国内价格扭曲。第六章指出，世界市场的一般规律是等价交换，不等价交换是市场规则的背离而不是贫富不同的国家间交换的必然；这一章特别评述了伊曼纽尔的不平等交换论。第七章论证了三种类型的结构性价值流失，即后进国家出口阶段的价值流失，初级产品价格波动中的价值流失和较低产业等级分工中的价值流失。第八章分析了汇率中所包含的复杂的国际价值关系以及由汇率变动所引起的国际间价值转移关系。以不可兑换的人民币和从中国出发的贬值调节贸易收支的分析，得出了与美国经济学家从美国和美元出发的分析不同的结论。第九章指出，包含国内均衡在内的表现为国际收支平衡的国民经济对外均衡，是国民生产价值流量与外贸增值流量之间的一种量的关系，内外均衡相互依赖，必须同时实现。国际收支的不平衡是价值量国际流动的不平衡；一国货币流通量影响国际收支是国内价值规律与国际价值规律的对接。第十章说明了增值机制对国民经济的三方面影响，一是通过开放部门进而影响到所有部门使价格形成机制市场化，二是贸易过程影响国内资源配置过程，三是在微观价值增值的同时，宏观上和结构上也可能同时存在不利的影响。第十一章分析了价值增值的机制在贸易政策的调节下的作用特点，外贸干预引起对外扭曲，减小增值规模，增大价值流失，这些损失有赖于外贸政策所实现的其他利益所补偿。产业革命决定的国际间相对价值优势结构，这种优势的国际差异大小，是世界自由贸易还是保护贸易何者更占主导地位的原因。最后，关税也影响了价值增值流量在国内各部门的分配。第十二章用价值增值量变动的原理来研究贸易条件，认为一般贸易条件的几种指数都有不同的缺陷。应当用增值贸易条件来反映一国真实贸易利益的变化。相应地改善贸易条件的努力也就在于改善价值增值贸易条件中的两个因素，价格贸易条件因素和平均增值变动率因素。第十三章分析价值增值与经济发展的关系，指出把价值增值的产品结构导向比较增长率较高的产业，是使长期发展利益与短期增值效益一致的核心问题。贸易要引导资本积累，在发展中国家，贸易是储蓄倾向导致真实的投资倾向的必要条件，价值增值因此而与发展相统一。进口替代发展战略实绩不如出口导向战略的另一种解释是前者损害了价值增值，因为前者节省外汇所费国内资源成本超出后者创造等量外汇所费成本，在进口替代品生产能力的扩大中产生价值流失，而出口导向却不断创造新的价值增值机会。第十四章分析价值增值对扩大经济的生产能力的作用即增长效应。该章考察了各种贸易学说中关于贸易与增长关系的思想，说明了贸易理论与增长理论间的区别联系，从而说明了以贸易作为增长动力时所必须考虑的一些因素，说明了价值增值的动态原理，说明了使贸易推动增长中的政策原理。第十五章指出，技术进步的影响在于会改变一国的价值增值结构，创造一种动态的国际贸易与分工结构。重要的是要创造价值增值与技术进步二者之间的良性循环，通过进口实现技术进步，又通过技术进步发展出口。西方经济学家停留在贸易条件变动的分析上不能正确说明不同类型技术进步对实际贸易利益的影响，必须比较技术进步所带来的投入价值的变化与价格变动中价值增值的变化。第十六章是价值增值机制的历史作用的分析，即贸易利益在世界经济演变中的进步作用。增值机制的总的历史作用是推动国际贸易的自由化，一体化正是自由化的表现。它还使作为交换的世界市场发展为作为生产的世界经济。最后，它还要求开放经济必然地走向市场经济的道路。第一篇附录指出，价值增值论以国际价值论为基础，国际价值论是劳动价值论在国际经济分析中的展开，古典劳动价值论无法提出价值增值论，因为没有国际价值论思想。由于国际经济问题的特殊性，必须考虑非劳动要素在劳动创造价值中的乘数作用，考虑国民经济管理、自然禀赋、资本、技术等的国际差异，并用价值理论进行说明。第二篇附录讨论了与价值增值论相关的国际价值基本概念，指出从抽象的商品价值到现实的国际价值表现形态，是一个逐步展开的过程，国际经济的特殊性决定了其中各个层次的转化和变形，决定了国际价值与价值的本质区别，也决定了国际生产价格不能存在。第三篇附录证明，在国际经济学中的不变价格完全分工和价格差消除的不完全分工是两个极端的理论模型，有必要采用不完全转换与不完全分工原理认识更现实多样的情况。

第一篇

价值增值论

——国际交换的性质与特征

在国际经济学的理论史上，对世界经济的研究是从对国际贸易的研究开始的，对国际贸易的研究是从贸易利益的性质和来源的研究开始的。贸易利益表现为贵金属的流入，贸易利益来源于分工与相对优势，贸易结构取决于要素的国际配置，如此等等，学说思想十分丰富。但是，以劳动价值论这一马克思主义经济学基础为标志的国际贸易理论虽有一些著述却基本上停留在马克思当年原则性分析的层次上，国际贸易学说几乎是西方学说的一统天下。从20世纪80年代起，在中国从封闭走向开放的变革中，这一局面开始有了转变。我国学者在科学评价西方贸易学说的同时，开始发展马克思主义学派的贸易理论。〔1〕这一探索的任务是，能否系统地建立一个以劳动价值论为基础的国际贸易理论，并且以此作为马克思主义国际经济学的基础理论。答案是肯定的。

这里试图从一种思路上寻求实现这一任务的可能性。分析表明，价值理论不仅在政治经济学上是深刻的，而且在国际经济学上也同样是深刻的。这一篇首先要提出"价值增值论"这一国际价值贸易理论，进而要据此评价各种重要的贸易理论。理论严密性所要求的相关环节的分析与说明，将留在前三篇的附录部分先后展开。

〔1〕 如王新奎：《国际贸易与国际投资中的利益分配》，上海三联书店1989年版。

1. 世界市场的国民价值增值机制

今天，呈现在我们面前的世界经济是一个十分复杂的系统，对这个系统的每一个部分的研究都几乎难以孤立进行。然而，正如生物的研究要从细胞的特性着手，机械的分析要从零件的功能出发一样，世界经济的研究应从其本身所特有的机制开始。这种特有的机制是世界经济区别于一般国民经济的根本原因，也是决定世界经济运行的原动力。这一特有机制就是“国民价值增值机制”。高度复杂的世界经济正是以这一机制作为“原动力”而起步，作为“结合力”而构成，作为“能源”而运行的。

国民价值的增值过程

马克思主义经济学的常识告诉我们，价值和剩余价值是在生产过程中创造的，流通过程不创造价值。但是在世界经济中情况并不完全相同：流通恰恰“创造”了价值！

人类自发的国际贸易过程基于这样一个简单的原因：当商品不在本国市场进行(物物)交换而与他国进行交换，是因为与他国交换可以获得更高的交换比例；而他国与本国交换也是因为对他国来说可以获得更高的交换比例。事实正是这样，几乎找不到一个比喻来证明这个“似非而是”的结论。当这种贸易进入以金银为媒介的形式后，性质并没有发生变化，商品不在本国出售而向他国出售是因为可以获得更多的贵金属，这些贵金属无论向他国购买商品还是在本国市场上购买，都意味着比原出口商品在国内市场上的价值更高的价值。纸币以及当代世界各种复杂的贸易手段的出现仍然没有改变这一性质：只要贸易还在自发地和正常地进行，出口者总是会获得不低于在国内市场销售的收益。注意这里把“更高”改成了“不低于”，下文将详述这一问题。

让我们用比较规范的经济学方法说明这一结论。令一国出口商品 1 的国内价值为 V_1，进口商品 2 的国内价值为 V_2，那么贸易过程就是从 V_1 到 V_2，即 $V_1 \to V_2$。一国能从世界市场获得 V_2，是因为它出售了 V_1 而取得了购买力。不论这一过程是直接物物交换还是借助于货币进行的，该国对 V_2 的购买力总是取决于其出口的 V_1 的价值，或者说，在世界市场上，商品 2 的国际价值总是等于商品 1 的国际价值。这里并非是说每一单位的商品 2 的国际价值正好与商品 1 相等，而是指该国进口的商品 2 的总国际价值与其为获得这一购买力而出口的商品 1 的总国际价值相等。算术常识告诉我们这种单位国际贸易的含义：取每一自然单位的商品 1 和商品 2 的国际价值的最小公倍数，设为 I_V，则不同实物量的商品 1(Q_1) 与商品 2(Q_2)有相同的国际价值量 I_V。对本国来说，国际贸易过程即：

$$V_1 \to I_V \to V_2$$

这里 $V_1 \to I_V$ 是出口过程，即获得国际价值的过程，在有货币的情况下是获得世界货币的过程，获得国际购买力的过程；在无货币的情况下是内在的逻辑过程。$I_V \to V_2$ 是进口过程，即运用世界货币的过程，使用国际购买力的过程。无疑，上式是一个简化的国际贸易模型，其中包含的是国际价值量相等的等价交换原则。用国际价值量为标准(以下标 i 表明国际价值)：

$$V_{1i} = I_v = V_{2i} \tag{1.1}$$

为什么商品 1 的生产者会把商品 1 出口到国外而不在国内销售呢？不必假定国内市场供过于求，所以只有两种可能：

(1) 商品 1 在世界市场出售可以获得高于在国内市场出售的价格，并且用所得货币进口商品 2 可以获得比在国内市场更多的数量；

(2) 虽然商品 1 在世界市场出售不能获得高于国内市场的价格，但由此获得的进口购买力却可以进口商品 2,其数量超过商品 1 在国内市场出售而获得的购买力所能买到的商品 2 的数量。

事实上,这两种可能的区别只来自汇率:汇率调高,可能 1 会变成可能 2;汇率调低,可能 2 会变成可能 1。排除汇率引起的这种差异,总是有一定量的商品 1Q_1 经过国际市场的贸易过程而获得的商品 2 的数量 Q_2 大于通过国内市场贸易过程所能获得的数量 Q'_2。由于单位商品的价值既定,Q'_2 的国内价值量与 Q_1 的国内价值量相等,因而 Q_2 的国内价值量大于 Q_1 的国内价值量:

$$V_{2d} > V_{1d} \tag{1.2}$$

于是发现,从商品 1 到商品 2 的国内交换过程是一个以国民价值为标准的等值变换过程,其国际交换过程是一个以国际价值为标准的等值变换过程,但是当以国民价值为标准时,这个国际交换过程就是一个价值增值过程了。

这就是世界市场的国民价值增值机制。[1]

上述分析是基于国内外价格差存在的假设下进行的,这种假设在现实中是大量可见的。如果采用一般均衡论的分析方法,贸易发生以后生产转换成本递增规律会使国内外价格差消失。价值增值论似乎无法对后者作出解释,但事实并非如此,这一点将在后文论述。

价值增值的性质

世界市场的国民价值增值机制似乎违背了马克思主义经济学的一个

〔1〕 至此,本书提出了关于国际贸易利益问题的另一种说法。在西方,关于国际贸易利益问题的争论,维纳和凯夫斯的著作有较详尽的概述,参见维纳(J. Viner):《国际贸易理论研究》(*Studies in the Theory of International Trade*, George Allen & Unwin, London, 1955);凯夫斯(R. E. Caves):《贸易和经济结构》(*Trade and Economic Structure*, Harvard University Press, Cambridge, Mass, 1960)。1962 年以后又有大量文献,其中特别值得注意的有大山道广:《贸易与福利的一般均衡》("Trade and Welfare in General Equilibrium", *Keio Economic Studies*, 1972,9: 37—73)。

基本原理即流通不创造价值，事实并非如此。流通不创造价值，但价值增值却正是在流通过程中形成的；交换是等价的，但交换的结果却产生了增值。这就是世界市场的特殊性。这一表面上的矛盾起源于世界经济中存在着国际市场与国内市场两个相互独立又相互联系的市场，存在着国际价值与国民价值两个相互关联却又相互区别的概念。正是这种联系与区别，导致了以国际价值为标准的等价交换过程产生以国民价值为标准的价值增值的结果。

我们从最简单的价值定义上来阐明上述问题，即从社会必要劳动时间量决定价值量的含义上来看。价值量决定的这一含义规定，社会在该时生产该商品的社会必要劳动量决定该商品的价值量，而社会必要劳动量即在现有的社会正常的生产条件下，在社会平均的劳动熟练程度和劳动强度下制造某种使用价值所需要的劳动时间。在理解价值量决定的这一原理上，人们往往注重"必要"、"平均"、"劳动熟练程度和劳动强度"等概念，而忽略这些量值平均时所取值的范围，即"社会"。须知，价值量的这种"平均"是在一定的社会范围内进行的：国民价值是该国全部该商品生产所费劳动时间的平均。虽然价值理论分析中没有强调"社会"的范围，但事实上社会是必须有范围的，在一个信息不发达、商品的自然性质或运输条件限定其交换空间时，社会可能只指某个地区而不是整个国家。正是这个原因，价值的定义中不强调它的"国家"性、"国民"性，而只说它的"社会"性。也正是这个原因，产生了以世界作为社会含义的国际价值，于是相应地就有国民价值的概念。价值量的社会性决定了它的空间限定性。

价值量的这种空间限定性是相对的又是绝对的。说它是相对的，是因为一旦改变"社会"的范围〔1〕，价值量就会发生变化；说它是绝对的，是

〔1〕在落后的自然经济中，社会只是人力与畜力可及的范围，在交通运输发展的一定水平上，社会只是受交通运输能力制约的商品交换的一定区域；在封闭经济中，社会只是国家；在地区壁垒中，社会只是行政区域；在一体化的国际组织中，社会是国际集团的地域；在完全开放的世界经济中，社会等于全球。

因为在一个既定的社会范围内，一商品的价值量是确定的。不论该商品是哪个生产者所生产，也不论它来自这个社会之外还是之内，其价值量只取决于该社会所费社会必要劳动时间（当然这里假定来自社会之外的该商品的数量很小而在该社会的“平均”中可以忽略。如果假定数量很大，以至于影响该社会的平均数，只说明讨论本身改变了“社会”的范围）。

于是我们发现，价值增值机制来源于价值量决定中社会这一概念的差异：国际社会还是国民社会。同一商品的国际价值量与国民价值量是不等的，这就导致了在国际范围中的等价值变换的国民价值不等量变换。

正是由于在国民社会中生产商品 2 所费必要劳动时间相对较高，有单位价值量不等式：

$$\frac{V_{2d}}{Q_2} > \frac{V_{2i}}{Q_2} \tag{1.3}$$

从而有：

$$V_{2d} > V_{2i} = V_{1i} \rightarrow Q_1 \rightarrow V_{1d}$$

即在单位国际价值交换中 $V_{2i}=V_{1i}$，V_{1i} 对应于 Q_1，Q_1 对应于 V_{1d}，从而 $V_{2d}>V_{1d}$。

整个国际交换的逻辑过程是：

$$V_{1d} \rightarrow Q_1 \rightarrow V_{1i} = I_v = V_{2i} \rightarrow Q_2 \rightarrow V_{2d} > V_{1d}$$

此式的含义是单位国际价值交换起点的 V_{1d} 所对应的商品量是 Q_1，而 Q_1 对应的国际价值量是 V_{1i}。从 V_{1i} 到 V_{2i} 是国际等价交换过程，V_{2i} 对应的是 Q_2，Q_2 对应的国民价值是 V_{2d}。这样就完成了国民价值增值过程。

如果从下列公式出发：

$$\frac{V_{1d}}{Q_1} < \frac{V_{1i}}{Q_1} \tag{1.4}$$

也可得出相似结果：

$$V_{1d} < V_{1i} = V_{2i} \rightarrow Q_2 \rightarrow V_{2d}$$

结合式(1.3)和式(1.4)，有：

$$V_{1d} < V_{1i} = V_{2i} < V_{2d}$$

即：

$$V_{2d} > V_{1d}$$

由此可见，价值增值不是在流通中产生的，但又不能离开流通（国际贸易）而产生。两个不同价值系统的不同价值量标准是等价交换达到不等值结果的原因。流通把两个不同的价值系统连接起来，使同一商品以不同尺度衡量产生差别，这就是价值增值的性质。

从价值的客观性而言，流通不能改变世界商品总量，因而也就不能创造新价值。从价值的相对性而言，价值是一商品相对于其他商品所费劳动的比，因而由其他商品构成的整个商品体系是一个参照系。流通改变了商品的相对位置，也就是把商品从一个参照系移到另一个参照系，这就是增值的相对性原理。如果把从出口到进口的贸易过程看作为贸易商提供一种商品的生产过程，那么它只是以生产出口商品的生产成本生产着这种进口品，也就是一个较低的个别价值当作一个较高的社会价值来实现，这就是价值增值，它是由负责流通的贸易商来实现的。流通在价值增值中的这种作用是一个国际经济分析的命题，是不能只用传统的价值概念来理解的。

价值增值机制的意义

价值增值机制是世界经济的原动力、第一推动力，在于这一机制所决定的国际商品交换关系是其他一切国际经济关系的逻辑的和历史的起点。

当代世界经济是一个高度发达的经济运行系统，它包括多种形式与内容的国际经济活动。世界经济形成的起点是世界市场，这个世界市场既是资本主义生产方式的产物，也是一般国际交换发展的结果。在世界市场形成以前，除了国际间的物物交换或以金银为货币的交换，没有其他国际经济现象。虽然国际间的商品交换并不必须是在各国国内商品经济充分发展以后才是可能的而可以是平行发展的，但国际间商品交换的价值增值性质却是导致这种国际交换发生的原因。事实上，如果说国内或地区内的简单商品生产的发生更属于正常生存所需要的分工的话，那么跨国界的远距离的国际贸易更属于价值增值的动因，“丝绸之路”就具有这种性质。当然简单商品生产的分工中具有价值增值的性质（对于每一个个别商品生产者来说），而国际间的交换则是国际分工的历史起源。所以如果把原始的国际商品交换看作世界市场的起点，而世界市场又是当代世界经济的核心和基础的话，那么价值增值机制正是第一推动力。

在马克思主义的世界市场理论中，世界市场既是资本主义生产方式的前提，又是它的结果。16 世纪工场手工业的发展，地理大发现和东西方新航路的开辟，在资本原始积累的伴随下使商品生产与国际交换获得发展，成为世界市场的产生的史前史。资本主义生产方式的确立大大增强了国际交换，为世界市场的最终形成创造了条件，因为这一高度发达的商品生产需要寻找更广阔的市场，把各个国家都卷入商品运转中去。对于资本来说，世界市场的意义在于实现更高的剩余价值，因而其价值增值的性质是十分明显的。资本主义生产方式创造了世界市场，是因为世界市场的价值增值机制对于资本的重要意义：价值增值意味着剩余价值的增加，而它又丝毫不耗费资本。资本对剩余价值的追求扩展为对价值增值的追求，价值增值机制成为世界市场形成的原动力。

价值增值机制作为世界经济的结合力，在于这一机制吸引着不同类型的国家以多种方式与外部世界相联系。政治上、意识形态上相互对立，至少是相互独立的国家可能在经济上相联系甚至密切联系，在于这种联系的经济利益，而表现为商品交换的价值增值是一切经济联系的本质。商品的国际贸易是世界经济的最基本最主要形式，其他各种世界经济的联系形式只是它的发展形式或演变形式，所以决定商品贸易的价值增值机制也就是世界各国一切经济联系形式的结合力。劳务贸易与商品贸易没有本质的差别,出口的劳务只是出口的劳动力商品而已。国际投资是在世界范围内组合生产要素,这种组合总是符合价值增值机制的要求:在可能把个别价值降到最低的地方生产,在可能获得最高价值增值的地方销售。国际货币关系首先是为商品的国际贸易服务的,即创造一个稳定的对各自国家都比较有利的国际贸易环境,以在贸易中获得更多的利益。经济一体化是从贸易一体化开始的,而它的发达形式只是为了更进一步的内部贸易与生产分工。货币经济(国际金融过程)表面上看来脱离实物经济而存在,事实上只是因为这些货币具有国际购买力才会发生,而这种购买力正是价值增值过程的后半部分。一旦某种货币的购买力发生变化(通货膨胀或国内经济条件变化),这种纯粹的国际金融行为也会发生相应的变化。

价值增值机制作为世界经济发展的能源,在于它不仅是各国经济发展的动力资源,而且是整个世界经济发展的动力资源。[1] 国际贸易作为后进国家经济增长发动机的说法已为周知。不论对先进国家还是对后进国家来说,国际贸易在实现微观的价值增值的同时,都形成了宏观的或中观的经济促进作用,例如出口乘数效应、结构转化效应、技术进步效应、资源配置效应、要素运用效应等。这些效应是伴随着价值增值过程而发生的,表现为价值增值对整个经济增长与发展的积极作用。世界经济的发展指世界分工的深化和扩大,生产过程在世界范围内的扩展和加强,国际经济联系形式的多样化和复杂化,经济集团化和一体化的提高和加深,国际经济传递的更加密切和更加迅速,等等。可以发现,世界经济的这种发展特征是与价值增值密切相关的:价值增值的有利性促使贸易和分工的扩大,这种分工直至生产过程的国际合作,并形成了多种多样的国际经济

〔1〕 贸易被看作19世纪经济增长的发动机。当时英国工业生产迅速发展。国外市场具有重要作用。19世纪中期(1854年)英国的出口占国民生产总值的20%以上,在世界制成品出口中占40%以上。对于19世纪中叶的新兴工业化国家如比利时、法国和美国来说,出口在维持需求上起了重要作用。19世纪后半叶,出口对近代殖民地区的发展也起了重要作用。第二次世界大战以后世界经济的发展是贸易作为增长发动机的又一例子。从1955年到1973年,世界贸易量增加了3倍。由于关贸总协定和欧洲经济共同体创造的贸易自由化条件,发达国家相互间制成品贸易得到迅速的发展。特别是有些国家从外部需求的扩张中获得了机会,导致经济的迅速增长。

合作方式;一国越是更多地卷入国际交换,其经济越是受世界经济变动的影响,世界经济的整体性也越强。

价值增值机制的上述实际意义也就决定了价值增值论的理论意义。对价值增值过程及其变化的研究可以作为许多世界经济现象的起点和入口,特别是关于一国参与世界经济过程所得利益的研究。

2. 贸易利益的性质与源泉

对外贸易使国民价值发生增值，这一规律的揭示还包含着几个重要的理论环节。必须对价值增值的来源及其性质作出说明。价值增值来源于各国生产力的结构差异和由分工所创造的生产力，而增值之所以意味着利益在于价值与使用价值的统一性，是基于价值的使用价值结构与数量表现为社会效用和社会福利，构成贸易利益的实际内容。

各国生产力的结构差异是贸易发生的原因，也是价值增值的必要条件，但还不是充分条件。如果生产力的结构差异不引起分工而只引起贸易，那么国内均衡就会丧失，各商品间的相对价值就会发生变化，价值增值也就不能实现。这是因为，没有分工的扩大，商品出口会导致国内该商品供应减少，等于是社会在该商品上所分配劳动量不足，商品的相对价值也就上升。进口则相反。只有当生产力的结构差异引起国际分工，由分工产生贸易，才能最终导致价值增值。

分工创造生产力的国际涵义

坚持马克思主义劳动创造价值的原理，对价值增值的来源的科学解释应当是：分工创造生产力，国际分工创造了国民价值的增值。

分工创造生产力，这是一个不容置疑的结论。但是这一规律的价值论分析却有待于展开，特别是就国际范围的分工而言。

当分工在国民经济内部发生和加深时，其创造出更多的使用价值量，这就是生产力的体现。如果投入劳动总量不变，那么价值总量不变，单位商品价值量下降。分工创造生产力并不表现为创造更多的价值。

当分工在企业内部发生和深化时，作为生产者的个别价值下降，产品的数量增加。如果企业的投入劳动总量不变，那么个别价值总量也不变。但是商品的价值取决于社会的必要劳动时间，因而企业生产的价值总量增加了。这种价值总量的增加必须是在其产品能够出售才能实现的。这就是企业内部分工通过创造生产力而创造更多的价值，而“更多的价值”是对企业自身而言。

企业内部分工的这种价值量增加的效果，也同样发生于若干企业相互之间的分工。这种分工创造了一组企业的生产力，增加了其所生产的价值量。

于是可以看到，价值量的增加只是对企业自身而言，并且必须在其产品的社会价值可以实现时——即参与社会交换时才是可能的。

这正是国民价值增值机制的相似逻辑。在这里，国民价值是个别价值，社会价值是国际价值，分工是国与国之间的分工。

国际贸易与国际分工互为因果，分工必然导致贸易，而贸易总是意味着分工。分工创造生产力的国际涵义在于，在不改变各国投入劳动总量从而不改变所创造的国民价值总量的情况下，通过分工增加所生产的使用价值总量，进而通过交换改变各国所能实际使用的国民价值总量。分工创造生产力，创造更多的使用价值；交换把使用价值增量转化为价值增量。这就是国民价值增值的源泉。因此，简单地讲分工创造价值或交换（流通）创造价值都是不确切的。

这里我们看到了国际价值规律的特殊性：通过国际分工与国际交换实现国民价值的增值。它既不破坏国民经济中的价值规律的作用，也不靠流通创造新的价值。国际价值规律的这种特殊性不应当用国民经济价值规律的原理去解释。

价值增值与贸易利益的中介

虽然贸易利益的本质是价值增值，但是把价值增值直接理解为贸易利益仍然是牵强的。正如商品对消费者的意义是它的有用性即使用价值一样，价值增值是通过使用价值量的增加为中介而表现为贸易利益的。

但问题是，贸易总是减少一国出口品在本国的消费总量(指生产量与生产性消费和生活性消费之差)，增加进口品的消费量，如何能从这一增一减中得出使用价值总量增加的结论呢？如果就分工而言，分工增加了一国出口品的生产量，必然相应减少进口品的生产量，因为假定资源总量不变，又怎么能从这一增一减中得出使用价值总量增加的结论呢？

运用古典比较优势论的劳动投入量国际比例差，假定虽然可以得出使用价值总量必增的结论，但却不能回答这种增加达到什么水平以及交换规模由什么决定的问题，不能得出交换会使各国使用价值量都必然增加的结论，并且也会得出完全分工的唯一分工状态结论。根据这一理论，设A国在商品1、2中所费劳动量分别为l_1、l_2，B国分别为m_1、m_2，且有：

$$\frac{l_1}{l_2}<\frac{m_1}{m_2}$$

则A国专门生产和出口商品1，而B国专门生产和出口商品2。分工后的世界总产量必然大于分工前各国按一定比例把各自劳动量分配在两种商品的生产中的总产量，贸易则会使各国可消费的各商品量均超过分工前的生产量。但是，各国按怎样的比例进行交换呢？交换达到何等规模呢？这些问题的回答可借助于一般均衡论的效用分析法。

图2.1中，PPF为生产可能性边界线，P_w和P_d分别为二商品的国

际交换比和国内交换比。贸易发生前,本国的生产消费均衡点在 Q_0,效用水平在 U_0。由于 Q_0 点的边际替代率即 P_d 小于世界市场价格比,所以生产由 Q_0 点转换到 Q_T 点,并按国际价格比 P_w 出口商品 1 进口商品 2。贸易使消费点达到 C_T,效用为 U_T,高于贸易前的 U_0。[1]

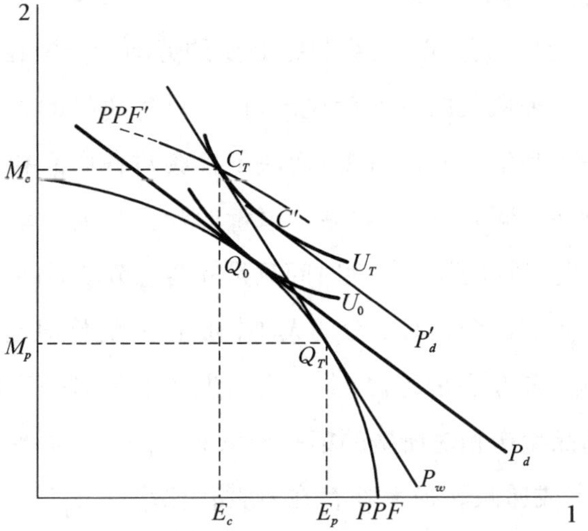

图 2.1 贸易利益的一般均衡效用分析

上述分析中包含了古典比较优势论所没有的几个要点:(1) 生产与消费的均衡在贸易前后均是由价格和边际替代率决定的,从而也是由无差异曲线决定的;(2) 生产转换的成本是递增的;(3) 国民福利水平和贸易利益是由效用曲线及其移动来体现的。从贸易前均衡到贸易后均衡的逻辑过程是:价格差导致生产转换;生产转换改变了成本比,进而改变价格比;消费者在新的价格比上选择消费结构,这种选择使效用达到最高,也决定了贸易量:出口商品 1 数量为 $E_p - E_c$,进口商品 2 数

〔1〕 贸易利益的以上分析方法的最初文献是:萨缪尔逊(P. A. Samuelson):《国际贸易的利益》("The Gains from International Trade",*Canadian Journal of Economics and Political Science*, 5,195—205; reprinted in H. S. Ellis and L. A. Metzler, eds., *Readings in the Theory of International Trade*, Blakiston, Philadelphia, 1949,239—252);肯普(M. C. Kemp):《国际贸易的利益》("The Gain from International Trade", *Economic Journal*, 72: 803—819);在 1962 年的一篇论文中,萨缪尔逊进一步运用鲍德温包络线(Baldwin envelope),把小国分析模型推广到大国分析模型,见《再论国际贸易的利益》("The Gains from International Trade Once Again", *Economic Journal*, 72: 820—829)。

量为 $M_c - M_p$。

现在的问题是，价值增值论能否吸收和容纳这个价格—效用分析法，回答是肯定的。

决定价值量的社会必要劳动时间的第一种意义是生产该商品所必需的平均劳动时间，其第二种意义是社会总劳动量依据社会对各商品的需求在各商品生产中的分配：社会只把必要的劳动量分配在各商品的生产中。根据这后一种意义的价值量决定，社会对各商品的相对需求决定社会总劳动在各商品生产间的分配；而决定社会对各商品相对需求的又是商品的相对价格。同时，决定商品价值量的社会必要劳动时间又是相对的：每种商品生产所花费的劳动时间只是社会总劳动时间中的一部分，各商品所费劳动量的这个相对部分的大小构成商品的价值比结构即相对价格。用劳动单要素方法来看，减少一商品生产增加另一商品生产的转换率取决于二商品生产相对所费的第一种意义上的社会必要劳动时间的比例，不变转换率或递减转换率在存在着替代比率一点上仍是一致的。只要价格不背离价值，那么价格比也就是价值比，从而使消费者选择的依据相对价格与生产的社会必要劳动时间替换率是一致的。于是我们看到，两种意义上的社会必要劳动时间不仅决定各商品的绝对价值和相对价值，而且决定消费选择，生产和消费的均衡是同时决定的，这正如图 2.1 中 Q_0 点为生产点、消费点和国内价格线的共切点一样。生产消费的一般均衡论与价值论是相容的。

国内价值论与一般均衡论的这种关系对于开放经济下的国际价值论与开放一般均衡论也是适用的，也就是说，Q_0 点的决定逻辑与 C_T 点的决定逻辑是一致的。由于生产转换的劳动成本变动规律，商品的相对价值发生变化，直至到与国际价值比一致为止。当然这里简化了本国所费劳动也影响国际价值量的考虑。这时，国际价值比也就是开放经济的国内价格比，从而决定消费者选择：消费替代率与国际价值比一致。这种选择又进而决定了贸易量。现在是国际社会必要劳动时间决定各商品的绝对价值与相对价值，决定消费选择，并进而决定含进出口的开放均衡。

价值理论用两种意义上的社会必要劳动时间统一了价值决定和需求效应，即生产商品对劳动时间的必要量和社会的需求必要结构对总劳动时间的分配量。一般均衡论分别用成本与价格说明两者，这是两种分析法的区别。

明确了两种分析方法的相容性以后，进一步的问题是由效用增加所反映的贸易利益是否可表现为价值增值。回答也是肯定的。

这个价值增值是从贸易发生后的生产结构到消费结构的转变中实现的，但是其增值的度量必须相对于贸易发生前的价值结构来进行，这就是所谓“不变价值”。当一国的生产结构从贸易前转变为贸易后时，按第一种意义的社会必要劳动时间看价值总量并未发生变化，因为社会投入总劳动量不变。但是按第二种意义的社会必要劳动时间看却发生了变化，在该价值结构上的社会需求量结构与生产量结构是不一致的，生产量在 C_T 点，社会需求量在 C_T 点。事实上与 C_T 点相应的消费水平还低于生产转换前，因为通过 Q_T 点的无差异曲线(未画出)低于通过 Q_0 点的无差异曲线。但是，这一生产结构为贸易创造了条件，实际消费量在 C_T 点。C_T 点与 Q_0 点相比，商品 1 的量减少了，商品 2 的量增加了。但是，C_T 点的价值总量之所以高于 Q_0 点，是因为按国内社会必要劳动时间进行生产，必须有超过原总劳动量的劳动投入才能达到，即 PPF 线向外扩张达到与 C_T 点相交。当然，PPF 线的向外扩张不一定创造更高的价值，在 U_0 线与 PPF 线之间的部分都需要更多的劳动量投入但效用量水平低于 U_0。C_T 点的价值量之所以高于 Q_0 点，还在于假定 P_d 线平行外移得 P'_d 线切 U_T 于 C' 点，而 C' 点与 C_T 点为同一效用水平。这样我们就说明了不变价值增加的体现：以贸易前价值衡量的贸易后商品价值总量是增加了。按第一种含义的社会必要劳动时间，其价值量为 PPF' 的劳动量。由于价格发生变化，消费结构发生变化，其价值量的增加相当于从 P_d 扩张到 P'_d。后者就是按照不变价值度量的价值增值：按原价值结构 P_d 而不是按新价值结构 P_w。

使用价值理论与效用分析法

在认识劳动创造价值的马克思主义价值理论基本点时，人们往往容易忽视使用价值理论同样是马克思主义价值理论的有机组成部分。劳动的二重性是理解马克思主义经济学的枢纽，而劳动二重性决定了商品价值使用价值的二因素。价值是不能脱离其承担者使用价值而存在的。

使用价值理论是马克思主义价值理论的有机组成部分，还可以从第二种意义上的社会必要劳动时间来说明，社会之所以对每种商品有特定的需要量，在于商品的使用价值特性。商品的价格及其使用价值特性是共同决定社会对每一特定商品的需求量的。使用价值由于自然属性的差异而不可加总，因而使用价值总量的增加只能用价值来说明。

马克思主义经济学中的这种使用价值与价值的统一性是用文字的论述来表达的，而福利经济学中的无差异曲线即效用曲线则是用图形来表示的，但在表达两者的统一性上是一致的。

在无差异曲线上的每一点表示一种使用价值的组合，同一无差异曲线上的各点代表了不同的使用价值组合且同一消费效用水平，不同的无差异曲线则代表不同的效用水平。这里仅就使用价值而论。价值对使用价值的统一性在于价格线（价格不背离价值）与无差异曲线的相切是实际的消费点，因为在一定价格结构下的消费者选择有使效用极大的本能。

无差异曲线理论本身的一些理论难点并不妨碍这一分析法的运用，例如能否把千差万别的个人偏好转化为社会无差异曲线等，因为这里所运用的是这一曲线的使用价值与价值统一性的内容，而所要说明的是社会效用可以量化和比较。

采用无差异曲线分析法既不等于把马克思主义原理同福利经济学理论或效用价值论相混合。福利经济学中的效用理论作为西方经济学需求理论的一部分，在理论体系上与劳动价值论是相对立的。价格分析取代价值分析与劳动创造价值的原理是相对立的。同时，在效用分析中只讲消费需求而不讲生产需求具有较大的局限性，因为生产资料的需求规律与消费资料的需求规律有重大差别。但是无差异曲线的直观性及均衡位置变动的涵义的明确性却是有意义的。由于消费者的选择不但要考虑效用及其相互替代，而且要考虑价格及相对价格，因而价格比对消费者选择的影响可以通过均衡位置的变动来反映效用的变动，从而说明总效用的增减，效用分析法不等于效用价值论。用效用说明价值实体是错误的，但用于说明物品的使用价值量及其组合的相互比较却是与价值实体论无关的。效用分析法克服了使用价值的异质导致不能互相比较的困难，即用边际替代率构筑无差异曲线，从而也就为不同使用价值组合的大小相互比较提供了可能。

在价值增值论的基础上吸收效用分析法从而使价值与使用价值相统一，在外贸效益的分析上有重要意义。前已指出，外贸利益的实质是价值增值，但价值是必须表现为价格的，且实际贸易过程必须通过价格机制来进行，因而贸易过程(结构与规模)是在价格操作下进行的，其效益也表现为一定的价格量差。问题在于，价格是会扭曲的，即并不真实地表现价值的。这样贸易的结构与规模就完全可能不是价值的国际比较(比较利益)的体现，而只是扭曲了的价格的产物。鉴于构成社会真实财富的是使用价值，社会的实际福利水平只取决于使用价值的量及其结构，因而必须引进使用价值量的变化的分析。

3. 要素禀赋与价值增值

——列昂惕夫之谜的国际价值论解

当理论以严密的逻辑结构出现时，人们会接受它；当理论为实际所证实时，人们会进一步地承认它；当理论难以为实际所证实时，人们会采取两种态度，或者抛弃它，或者进一步地修正它、补充它。人们对赫克歇尔—俄林理论即国际贸易要素禀赋论的态度正是后者。当列昂惕夫及其他经济学家的验证结果一再背离要素禀赋论的结论时，人们进行了大量解释以维护这个唯一可与经典的比较利益论相媲美的现代贸易学说。可喜的是，这些解释使现代国际贸易理论显得十分丰富、深入；可惜的是，所有这些解释都只是在它之下，作为它的注解与说明，而没有一种解释在它之上，去容纳它、包括它；说明它只是部分贸易的原理而不是全部，只是决定贸易结构中的许多原因中的一个而不是唯一的原因。

要素禀赋在价值增值过程中的作用

要素禀赋论值得重视，在于它确实揭示了贸易结构规律中的一个重要因素。“列昂惕夫之谜”值得重视，在于它不是提出反论的唯一验证。

诸多验证对要素禀赋论提出的挑战[1]表明，或者这一理论的假定存在着错误，或者在现实中还有更多的因素影响着这一结构规律的显现，甚至其力之大、其数量之多使这一规律无法显现或以相反的特征显现，或者同时是两者。

要素禀赋论认为，要素禀赋结构决定贸易进出口结构，而国际价值论则认为价值增值结构决定贸易进出口结构。运用价值增值论可以发现，只有当要素禀赋结构能相应反映为价值增值结构时，要素禀赋结构才决定贸易结构。但是分析要素富裕度差异与价值增值结构之间的关系可以发现，这一点并不总是有保证的。由于价值增值作为贸易的内在动力之不可改变，要素禀赋结构便不能始终反映为贸易结构。为了简化起见，这里暂且先讨论资本与劳动两种要素。

首先，以富裕生产要素密集生产的产品并不必然意味着产品的较低的国民价值，从而较大的国际价值优势。如果要素的富裕只是实物富裕，那么它只形成要素密集型产业的差异，在资本富裕国有更多资本密集型产业而在劳动力富裕国有更多劳动密集型产业。在两类国家具有相同的资本效率和相同的劳动生产率的情况下，出口产品的密集型类型会与要

---

〔1〕 这一挑战首先来自列昂惕夫之谜，参见列昂惕夫(W. W. Leontief)：《国内生产和对外贸易：美国资本地位再考察》("Domestic Production and Foreign Trade: The American Capital Position Re-examined", *Proceedings of the American Philosophical Society*, 1953, 97: 332—349)；《生产要素比例和美国的贸易结构：进一步的理论和经验分析》("Factor Proportions and the Structure of American Trade: Further Theoretical and Empirical Analysis", *Review of Economics and Statistics*, 1956, 38: 386—407)。鲍德温用1958年和1962年的美国数据的分析得出相同结论。参见鲍德温(R. E. Baldwin)：《美国贸易商品结构的决定因素》("Determinants of the Commodity Structure of US Trade", *American Economic Review*, 1971, 61: 126—146)，1979年，他甚至证明了这个谜的普遍性。他计算了60年代初许多国家的全部贸易的要素构成，发现英国的进口产品比出口产品中包含着更多的资本，而许多发展中国家却相反。参见鲍德温：《贸易与对外投资决定因素的进一步证明》("Determinants of Trade and Foreign Investment: Further Evidence", *Review of Economics and Statistics*, 1979, 61: 40—48)。凯特拉克(H. Katrak)分析了人力资本在英美两国出口中的作用：《英美出口产品中的人力技能、研究与开发费用和规模经济》("Human Skills, R and D and Scale Economies in the Exports of the United Kingdom and the United States", *Oxford Economic Papers*, 1973, 25(3): 337—360)。对50年代加拿大对外贸易的研究表明，加拿大出口的资本密集型商品比它进口的要多；50年代日本还主要依靠对美国贸易，但也是更多出口资本密集型商品而进口劳动密集型商品；50年代印度对其他所有国家是出口劳动密集型商品而进口资本密集型商品，但对美国却出口资本密集型商品而进口劳动密集型商品(参见彼得·林德特和查尔斯·金德尔伯格：《国际经济学》(中译本)，上海译文出版社1985年版)。

素富裕的类型相一致。但是，在资本富裕国具有较低的资本效率，或者较高的劳动生产率时，在劳动力富裕国具有较高的资本效率，或者较低的劳动生产率时，要素富裕的意义就会减少直至消失。于是，富裕要素密集型产业不构成较低的国民价值，从而也不构成出口产业。无出口市场，富裕要素密集型产业也不会发展。稀缺要素密集型产业及其产品进口与此对称。实物富裕中如果不包含经济富裕，那么上述这种要素生产率与富裕度相反的情况只要稍有发生，就会消除出口优势而使出口结构脱离要素富裕结构。如果是经济富裕，情况会好些，但仍然不能排除上述情况发生的可能。如果发生在富裕要素上的要素生产率之低消除了其价格优势，结果便是这样。一个劳动力富裕国家的非熟练劳动力的大量存在和低的劳动生产率，会大大降低其低工资所赋予的劳动密集型产品的优势。

其次，要素价格均等化趋势进一步制约了富裕要素密集型产业成为出口产业的必然性。P. 萨缪尔逊证明过要素价格均等的必然性〔1〕，这就意味着要素的经济富裕会消失，而只在一定程度上保留实物富裕。虽然要素价格均等化并不否定贸易而是一定规模的不同要素密集型产业贸易的结果，但是一旦到达这一价格均衡点以后，要素的经济富裕消失，贸易结构具有向何种密集型产业转向的趋势，只取决于各国资本效率与劳动生产率的变动。要素价格均等化会制约要素富裕结构进一步转化为贸易结构，但并不像某些作者所说的“贸易消灭贸易”。

第三，资本要素对于提高劳动生产率的乘性作用。同一种产业既可以运用较高的资本—劳动比来生产，也可以运用较低的资本—劳动比来生产，这是生产的常理。赫克歇尔—俄林理论简化这一现象的结果是排除了产业的要素密集型可逆性。这就相应地排除了同种产品生产的劳动生产率的国际可比性。事实上，当一种先验地确定为劳动密集型的产业

〔1〕 萨缪尔逊(P. A. Samuelson)：《国际贸易与要素价格均等化》(“International Trade and the Equalization of Factor Prices”, *Economic Journal*, 1948, 58: 163—184)；《再论国际要素价格均等化》(“International Factor Price Equalization Once Again”, *Economic Journal*, 1949, 59: 181—197)。

在资本富裕国建立时，表现为较高的资本—劳动比。由于资本要素的乘性作用，劳动生产率大为提高，该产业会成为资本富裕国家的出口优势产业而不是相反。技术的作用与此相似。研究开发费用不只是单纯地按成本收回，而且会通过大幅度地提高劳动生产率而形成产品的价值优势。

各种使富裕要素产业并不必然具有价值优势的因素，导致一国的贸易商品国民价值序列与要素密集度序列不相一致，从而以国民价值序列为依据的贸易结构不反映要素密集性结构，使要素禀赋论的贸易结构不具有显著性甚至相反。

贸易商品国民价值序列是依据贸易的价值增值原理，把二商品推广到多商品而形成的。式(1.2)指出，在定量国际价值的单位进出口贸易中，有：

$$V_{id} < V_{2d}$$

将此二商品模型推广到多商品，有：

$$V_{1d} < V_{2d} < \cdots < V_{id} < V_{i+1,d} < \cdots < V_{nd} \tag{3.1}$$

上式为等量国际价值的国民价值序列，其意义是一定量国际价值的所有各种进出口商品以其国民价值的大小所作的递增排列。所有的出口商品必然在此序列式的左端，所有的进口商品则必然在右端。没有一个出口商品 i 的序数可能大于进口商品，即不可能有一个进口商品在另一个出口商品的左端。至于进出口商品的分界点在何处，则取决于进出口总量在一定汇率上的均衡。商品 i 是出口还是进口，取决于商品 1 至 $i-1$ 的总量与商品 $i+1$ 至 n 的总量之间的平衡。

依据商品的要素密集度，一国的进出口商品也可以排成一个序列。设以产品的人均资本数为依据，则资本密集度由高到低的各产品的序列为：

$$C_1 > C_2 > \cdots > C_i > C_{i+1} > \cdots > C_n \tag{3.2}$$

其中 C_i 为产业 i 的人均资本数。依据要素禀赋理论，此式的左端为出口商品，右端为进口商品。

然而问题在于，上述二式很少可能具有一致性，式(3.1)中的商品 i 与式(3.2)中的商品 i 并不是一一对应的，因为决定国民价值序列的因素与决定产业要素密集度的因素并不相同。这样，以式(3.1)为准的商品编号序列在式(3.2)中是完全无序的。设在式(3.1)中，商品 1 至 i 为出口品，商品 $i+1$ 至 n 为进口品，则在以资本密集度递减为依据排列的式(3.2)中，C_1 至 C_i 中的一部分可能在 C_{i+1} 的右边，而 C_i 至 C_n 中的一部分可能在 C_i 的左端。每一项背离均意味着本例中的这个资本富裕的国家出口劳动密集型产品而进口资本密集型产品。

生产要素的替代与国际流动

过于严格的假定往往是结论走偏的一个原因。在赫克歇尔—俄林理论中，关于要素密集型不可逆的假定和要素在国际间不流动的假定，正是这种过于严格的、脱离现实的假定。现实中普遍存在的密集型逆转和要素的国际流动大大降低了理论在检验中的显著性。事实上，国际价值规律不但是世界市场的竞争规律，而且是世界范围的资源配置规律。正是这一点决定了要素国际流动的内在要求。就要素国际流动的客观障碍而言，其结果一方面是以产品流动代替要素流动即通常的贸易；另一方面，在这种贸易本身也不充分的情况下，则必然是要素密集度的变换直至密集性的逆转。[1]

生产要素密集性变换的可能性和不可能性从两个不同侧面干扰了要素禀赋结构表现为商品贸易结构的可能。变换的不可能性来自赫克歇尔

[1] 要素密集型可逆性是普遍存在的。巴格瓦提证明了，在 210 种可能发生逆转的产业中，在美国和印度的要素价格比之间只有 18 种发生了逆转。在这 18 种产业中，美国的工资、租金率高，而印度则低。这似乎表明从实际资料提供的解释来看，要素密集型可逆性可能并不重要，据称这对赫克歇尔—俄林理论来说是幸运的。但问题是，即使完全的逆转存在不多，也说明差异不那么绝对了：美国与印度要素赋予的差异是巨大的，但仍有 8.6%的产业发生逆转(参见 J. N. Bhagwati: *Trade, Tariffs and Growth*, MIT Press, Cambridge, Mass, 1969)。

一俄林理论的主要假定：如果在要素的某一个价格比率上商品 A 的资本密集度高于商品 B,那么在一切价格比率上商品 A 的资本密集度都高于商品 B。这意味着,在一个国家中测定的产品的要素密集度性质也必然适合于另一个国家,即使两个国家的要素价格比率不一样。或者随着某一生产要素从一产品的生产转向另一产品的生产各生产要素价格变动,但各产品的要素密集性不变。这一假定的不现实性给列昂惕夫检验带来了问题：当出口商品以美国的资本—劳动比来计算,进口商品同样用美国的"与进口相竞争的商品"来计算时,就与事实相违,也与赫克歇尔—俄林理论相违。因为在事实上进口的是别国的商品,赫—俄理论为他国的出口商品。要素密集性可逆决定了,在美国作为资本密集型生产的产品,完全可能在他国是作为劳动密集型生产的产品。美国的"与进口相竞争的商品"的资本密集性质,并不能表明其真实进口是他国的资本密集型产品。

另一方面,要素密集性逆转的不可能性从另一角度干扰着规律转化为现实。对于 A、B 两种商品,在美国可能 A 的劳动密集度高于 B,因为劳动力相对较贵,资本相对便宜,从而劳动力成本投入相对高,某一后进国则相反：因为劳动力相对便宜,资本相对较贵,从而资本成本高,A 的资本密集度高于 B。现在的问题是生产商品 A 时的要素替代困难较大,在美国难以用资本替代劳动力,在后进国难以用劳动力替代资本。于是美国会出口劳动密集型产品 A,后进国则向美国出口他的劳动密集型产品 B。于是赫—俄理论也不能得到证明。在这里,要素密集性逆转了,不论美国的贸易是出口 A 进口 B 还是出口 B 进口 A,情况都是这样。决定这个贸易结构的不再是要素赋予结构,而仍然是价值优势。

要素密集性变换的可能不仅基于技术的理由,而且基于一般价值规律。在不同要素赋予的国家以致地区,不同的产量和质量要求,不同的要素价格结构下,生产者必然会在技术许可范围内,依据最经济(个别价值极小化)原则选定要素投入比例,把生产确定在某一水平的要素密集性上,而不是依据经济既定的要素比例。即使对于必然属于某种密集性的产业,一定范围的要素替代仍然会发生。在同一国家中,可假设同一产品生产的要素密集性一般不会逆转，甚至要素密集度也相等，因为要素价格相等并充分流动。但在不同国家间，不相等的要素价格（特别是劳动力）以及要素的不充分流动（特别是劳动力）必然导致要素密集度的国际差异以致逆转。在国际竞争中，只是因为一国该产品的该种要素投入结构具有更高的国际价值优势，才获得了市场，而不是因为它是否更接近于既定的要素投入结构。

一商品生产中要素投入结构转换的困难，同样主要不是基于技术的原因而是基于经济的原因。在上述分析中，既然同一产品在两国具有不同的要素密集度，那么说明在技术上要素结构是可变动的，即使不达到密集性的逆转。所以要素投入结构转换的困难只是经济性的，资本和劳动何者更便宜一些。所谓“便宜”正是边际替代率，即成本和增加价值率上的最优选择。

要素在国际间完全不流动而产品完全流动的假定对理论的验证具有直接的影响。产品完全流动的国际贸易体制不但当时（20 世纪 40—50 年代）没有形成，即使现在也没有到来。美国与进口相竞争的商品的更高的资本密集度是美国保护本国劳动密集型行业贸易政策的结果。这种关税政策限制和阻碍了劳动密集度较高的产品的进口，相应扩大了资本密集度较高的产品的进口。事实上，美国的这种贸易政策正是基于这样一个事实：美国是一个劳动力（特别是熟练劳动力）相对充裕的国家，而不是像直观认为的那种资本相对充裕的国家。

要素的国际流动首先是资本的国际流动，资本是诸要素中最易于流动的一种要素。即使劳动力不流动，资本的流动也足以降低资本富裕国家的资本富裕度，也同时降低劳动力富裕国家的劳动力富裕度。要素流动一旦发生，就会降低贸易结构的要素显著性。〔1〕

---

〔1〕关于要素的国际流动的分析，参见琼斯（R. W. Jones）：《国际资本流动和关税贸易政策》（“International Capital Movements and the Theory of Tariffs and Trade”, *Quarterly Journal of Economics*, 1967, 81：1—38）；肯普（M. C. Kemp）：《国际贸易和投资的纯粹理论》（*The Pure Theory of International Trade and Investment*, Englewood Cliffs, Prentice-Hall, 1969）；勒纳（A. P. Lerner）：《要素价格与国际贸易》（“Factor Prices and International Trade”, *Economica*, 1952, 19：1—16）；蒙代尔（R. A. Mundell）：《国际贸易与要素流动》（“International Trade and Factor Mobility”, *American Economic Review*, 1957, 47：321—337）。

要素质量与要素生产率

前述要素生产率原理证明，要素生产率决定了该要素在价值创造中的效率，即所创造的国际价值总量的大小，单位产品中的国民价值的大小，以及在国际竞争中价值优势的大小。劳动力要素创造的价值绝不只是劳动的持续时间，还包括该种劳动的质量，而劳动的质量则取决于劳动力的熟练程度。等量资本并不必然提供相等倍数的乘性效率，资本乘数的大小取决于资本的使用效率，在很大意义上由管理的效率和劳动力的质量所决定。

在当年提出反论之时，列昂惕夫本人曾企图进行解释。他提出，由于教育程度和进取精神，美国工人的效率和技巧比其他国家高，约为其他国家的三倍。如果说这一说法意味着美国因此是一个劳动力富裕的国家而不是一般认为的资本富裕的国家，那么“谜”本身已不存在；如果说这里提出了一个关于要素禀赋论中的要素的定义问题，那么确有必要进行进一步的探讨。

熟练劳动力创造更高的价值，它意味着在一定量总价值中，劳动力成本更高，劳动力新创造的价值也更高，相应地资本转移的价值就较低。换言之，对于一定价值量的产品，使用的熟练劳动力越多，在总价值中所含的资本量必然越少。

设一国的出口量为 X_l，进口量为 M_l，总价值相等，即：

$$X_l = M_l$$

假定该国具有较多的熟练劳动力，在出口行业中使用了较多的熟练劳动力，在与进口相竞争行业中使用的熟练劳动力则较少。再假定各行业中的工资利润率相等，即有：

$$X_l = C_x + l_x + l'_x$$

$$M_l = C_m + l_m + l'_m$$

$$\frac{l'_x}{l_x} = \frac{l'_m}{l_m} = \bar{l}$$

$$l_x > l_m$$

其中 C_x 为出口总价值中的资本含量，l_x 为工资含量，l'_x为利润含量；C_m、l_m 和 l'_m对应地为等价值的与进口相竞争的产品中的资本含量、工资含量与利润含量。

可得：

$$(1+\bar{l})l_x > (1+\bar{l})l_m$$

从而，

$$C_m > C_x$$

这意味着，与进口相竞争的产品中必然包含更多的资本价值。

如果把等工资利润率的假定改为等成本利润率，则有：

$$X_p = C_x + l_x + P_x$$

$$M_p = C_m + l_m + P_m$$

其中 X_p、M_p 分别为出口总价值和与进口相竞争的产品总价值，$X_p = M_p$；C_x 为出口产品中的资本含量；l_x 为工资含量，P_x 为该总价值中的利润量；C_m、l_m 和 P_m 则对应地为与进口竞争的产品中的资本、工资和利润含量。

根据假定，

$$\frac{P_x}{C_x + l_x} = \frac{P_m}{C_m + l_m} = P'$$

$$C_x + l_x = C_m + l_m$$

由于

$$l_x > l_m$$

所以

$$C_m > C_x$$

结论相同。

以上分析依据的正是列昂惕夫的检验方法，他所比较的正是每 100 万美元典型产品所需投入的资本劳动比例。战后到石油危机（1974 年）之前，美国出口商品和与进口相竞争的商品的生产要素含量统计表明，美国出口商品每 100 万美元内所含的熟练劳动力收入含量远高于与进口相竞争的产品，非熟练劳动力收入和资本含量均低于与进口相竞争的产品。

图 3.1 这个年份跨度较大的统计表明，美国的国际竞争力在于熟练劳动力这一生产要素，正是熟练劳动力的更高的劳动生产率使美国产品具有较高的优势，成为出口产品。相反，由于较少使用熟练劳动力而较多使用非熟练劳动力和资本，产品的优势相对较低，而成为与进口相竞争的产品。〔1〕

人力资本理论解开了列昂惕夫之谜，但是这一理论否定了熟练劳动力与非熟练劳动力的客观区别。当熟练劳动力的培训费用作为资本从劳动力成本中分离出来后，劳动力成为无差别的同质的劳动力。但问题是，作为人力资本的资本与作为物质资本的资本在价值创造中有着重要的区别，它们所能够提供的增加价值率是不同的。因此，美国作为资本富裕国家的假设虽然得到肯定，但美国在国际竞争中主要靠熟练劳动力或曰劳动这一要素生产率的事实却被掩盖。当然，人力资本理论把该部分资本单独加以研究，特别是把研究与开发费用分离出来，是具有较高理论价值的。

〔1〕 根据比较利益论和本书的价值增值论，美国的这部分产品的国民价值可能仍然低于国际价值，生产成本可能仍低于他国，但与出口产品的更大的价值优势相比，这部分作为进口产品而获得价值增值。

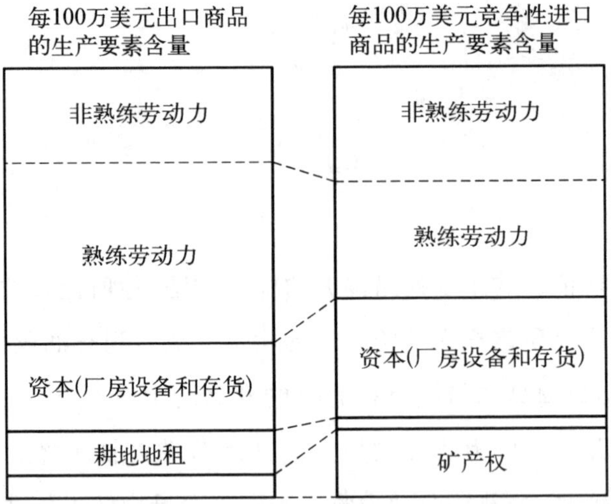

注：纵向距离表示美国出口商品中生产要素含量的比例以及那些替代与国内产品竞争的一系列美国进口商品中生产要素含量比例的大致概念。估计值必定是约略的，因为我们缺乏关于耕地地租、矿产消耗量以及厂房设备等正确的计算结果。这里的比例表示美国战后的情况，由于石油价格的飞涨，1974 年初以后在竞争性商品中矿产消耗量所占的比重要比以前高。

资料来源：转引自彼得·林德特和查尔斯·金德尔伯格：《国际经济学》，上海译文出版社 1985 年版，第 78 页。

图 3.1　美国出口商品和竞争性进口商品中的生产要素含量示意图

资本与劳动力二要素的简单分析法使其他要素在价值形成中的作用不能得到充分的体现，成为“谜”产生的一个重要原因。熟练劳动力与非熟练劳动力的分解已对谜的解开起了重要作用。遵循同样的方法还可以得出更多的结果。在美国，土地的富裕是农产品出口的一个重要原因，土地这一要素提供了较高的要素生产率乘数，然而农产品却是资本—劳动力比率较低的。在他国，矿产、木林等自然资源提供了较高的要素生产率乘数，而这些产业的资本密集度较高，即使采用美国的竞争行业的数据算，也是这样。把这些自然资源行业从验证中分离，可以消除列昂惕夫之谜，原因也就在这里。

4. 价值增值形式的展开

——贸易学说的价值增值观

价值增值论试图用一种基本理论解释国际贸易乃至一般国际经济联系的动因、性质与意义。简单国民价值不等式表达了增值理论的最基本内容。二商品模型是国际交换的原始形式、微观形式，也是它的元素形式。随着国际交换的发展，简单的国民价值增值过程也得到了发展，出现了它的复杂形式以至变态形式。西方贸易学说对这些形式分别作了解释。运用价值增值观分析这些贸易学说可以发现，以价值增值为核心的国际价值规律是其中的内在规律，而各种贸易学说则分别说明了这一规律作用的各个环节。

从劳动投入量之比到价格比

国际贸易的经典学说当首推比较利益说。不仅它的精美的结构包含着巨大的逻辑的力量，而且作为理论框架它是许多贸易理论的基础。但是，值得注意的是，这一理论的现代表述法与古典表述法之间却存在着重大的差别。当李嘉图的那个古老的劳动日的例子被用现代的价格比取代后，这个比较利益说的涵义也发现了根本的变化，留下的只是“比率的比率”的逻辑。问题是，简单地说现代比较利益表述法抛弃了劳动价值论并不能使人真正认识比较利益原理和国际价值规律的展开形式。古典的比较利益说是科学的，但毕竟又是原始的、朴素的、抽象的和简化的。价格表述法不再采用作为价值实体的劳动的数量形式，但它却是现实的、成熟的、具体的和综合的。不应当否定古典比较利益说的劳动价值论合理内核，但同样也不应当把比较利益原理的一切展开形式只归结为劳动量的研究，而把对非劳动要素的研究归结为庸俗经济学。作为国际贸易实质的价值增值，必须获得它的实现的现象形式。

比较利益说的创始人李嘉图用来表达这一学说的最早例子是关于英国与葡萄牙的毛呢与酒的生产的例子[1]，由于两国在二商品的生产上所花的劳动日不成比例，交换和专业化会提高总产量而对双方均有利。李嘉图学说的正确之处在于以劳动时间的长度作为商品的价值尺度。但是，由于李嘉图只有国民价值的概念而没有国际价值的概念，他不能说明是什么原则决定着国际交换从而只给后人留下了一个课题："葡萄牙用多少酒来交换英国的毛呢，不是由各自生产上所用的劳动量决定的，情形不像两种商品都在英国或都在葡萄牙生产那样。""支配一个国家中商品相对价值的法则不能支配两个或更多国家间互相交换中商品的相对价值。"他既然不能发现国际价值量相等的国际交换原理，当然也就不能发现各国使用价值总量的增加中的国民价值增值。

劳动量的交换是商品国际交换的实质，但不是它的直接形式，特别是在商品交换的货币形式发展以后。比较利益说的现代表述法之一是用相对工资率来体现各国劳动投入量的差别。即当本国在商品 1 的生产上所费劳动量相对较少时，有：

$$\frac{a_{L1}}{a_{L2}} < \frac{a'_{L1}}{a'_{L2}} \tag{4.1}$$

式中，a_{Lj} 为本国部门 j 中单位产出的劳动需要量，a'_{Lj} 为外国部门 j 中单位产出的劳动需要量。

由于国内劳动力充分流动，各部门工资率相等，因此，当一国同时生产两种商品时，其相对价格必然等于单位劳动总数的比率：

[1] 李嘉图：《政治经济学及赋税原理》，商务印书馆 1976 年版，第 113—115 页。

$$\frac{a_{L1}w}{a_{L2}w} < \frac{a'_{L1}w'}{a'_{L2}w'} \tag{4.2}$$

$$\frac{p_1}{p_2} < \frac{p'_1}{p'_2} \tag{4.3}$$

其中 w 和 w' 分别为本国与外国的工资率，p_j 与 p'_j 分别为本国与外国贸易前商品 j 的国内价格。

在这里，决定贸易与专业化的有效形式的虽然是“比较”优势而不是“绝对”优势，但是，在决定相对工资率中的绝对优势仍然起着作用。不论一商品是否生产，其价格不能超过单位成本，所以很明显，两国的相对工资率是由两国各商品的劳动生产率的比率所界定的，即：

$$\frac{a'_{L2}}{a_{L2}} \leqslant \frac{w}{w'} \leqslant \frac{a'_{L1}}{a_{L1}} \tag{4.4}$$

上式必须保证的原因是，本国出口商品 1，绝对价格必须低于他国，即 $a_{L1} \cdot w \leqslant a'_{L1} \cdot w'$；同样，本国向他国进口商品 2，只因为本国价格高于他国，即 $a_{L2} \cdot w \geqslant a'_{L2} \cdot w'$。

比较利益论的这种表达方式[1]继承了古典表述法单一生产要素即劳动力要素的原则，并仍假定劳动力是同质的，这一点保证了在不同部门使用的劳动力按时间的可比性。不同的是商品的价值量由劳动的持续时间改变为总工资成本，从而成为商品的国内价格。这一改变的意义在于：

(1) 抽象的劳动持续时间由现实的价格所代替，比较利益的体现也从抽象到现实跨出了一步。

(2) 引进了工资因素，说明了现实比较优势同时取决于劳动生产率与工资水平，工资水平成为在比较优势中是否有绝对优势的关键。

但是，作为一种简化模型，一些重要的理论环节仍然没有解决。首先，由于假定劳动力是同质的，而事实上劳动力是不同质的，在不同部门

〔1〕 参见琼斯(R. W. Jones)和凯南(P. B. Kenen)：《国际经济学手册》(*Handbook of International Economics*, North-Holland, 1984)。

间不同质，在同一部门中熟练劳动与非熟练劳动不同质。这样，工资总成本不一定反映总的劳动时间，因为熟练劳动作为非熟练劳动的倍加不一定反映在工资水平上。这样，比较优势更多地由部门之间的工资差别所决定，而部门间的工资差别又取决于该部门要求的劳动力的熟练程度；劳动力的价格又取决于劳动力的供给。其次，一个更重要的问题是，商品价格并不只是工资成本的反映。就全部生产过程而言，商品价格是工资成本加上劳动创造的增加价值。如果价格直接等于工资成本，那么非劳动要素生产率就不能体现，增加价值唯一地成为资本的产物。这显然是劳动单要素模型的弱点。价值是全部要素投入价值与增加价值之和，只有这时价格才等于价值。由于各国各产业具有不同的要素生产率，以价格比表示的比较优势格局式(4.3)即：

$$\frac{\dfrac{a_{L1}\cdot w}{(1+d_1)}}{\dfrac{a_{L2}\cdot w}{(1+d_2)}} < \frac{\dfrac{a'_{L1}\cdot w'}{(1+d'_1)}}{\dfrac{a'_{L2}\cdot w'}{(1+d'_2)}} \tag{4.5}$$

其中，d_1、d_2、d'_1和 d'_2分别为本国与他国由全部要素生产率提供的增加价值率，其以产业和国别而异，为各要素生产率系数的函数(劳动生产率包含在劳动投入量 a_i 中)，即：

$$d_i = d(c_i、t_i、r_i、s_i) \tag{4.6}$$

其中 c、t、r、s 分别为资本、技术资源与体制的效率系数，下标 i 为部门。式(4.5)与式(4.3)不等价。

现代比较利益论表述法把二国二商品模型加以推广，得到二国多商品模型或二商品多国模型。二国多商品模型是一个递增的相对劳动成本“链”：

$$\frac{a_{L1}}{a'_{L1}} < \frac{a_{L2}}{a'_{L2}} < \cdots < \frac{a_{Lj}}{a'_{Lj}} < \cdots < \frac{a_{Ln}}{a'_{Ln}} \tag{4.7}$$

在这一模型中，进出口的需求强度会把“比较成本链”打断，本国出口该链左端的商品而进口右端的商品，最多只能有一种商品是本国与他国均生产的。显然，最有效的生产分工方式应当满足一切可能的二商品比较式(4.1)。但是,麦肯齐和琼斯证明[1],这一要求并不足以排除无效的世界生产分工方式。不论国家与商品的数量是多少,有效专业化的一般标准应当是式(4.1)一般化：各国商品生产有效分工劳动需要量的乘积,必然小于同样这些国家生产同样这些商品其他一切可能的分工方式劳动需要量的乘积。式(4.1)所包含的这个一般化含义较易于理解：本国专门生产商品1而他国专门生产商品2是最有效的生产分工。由式(4.1)可直接得出

$$a_{L1} \cdot a'_{L2} < a_{L2} \cdot a'_{L1} \tag{4.8}$$

二国多商品下的上述结论只是此式的推广。

二国二商品模型在理论上得到推广应当说是一个重要成果。[2] 但是也应当承认,这个比较优势链所给予人们的关于国际分工的信息,并不比价值增值链更多。在价值增值链式中可以看到选定等量国际价值,可以清楚地划分出口商品与进口商品,需求及其他决定汇率的因素会把价值增值链在某点上打断,这一点很容易依据国内外商品的相对价值找到。但是,最优分工的最低劳动需要量乘积却不易找到。

萨缪尔逊不采用劳动单要素的方式来表述比较利益论,而采用表现为所有要素的生产率的"有利条件"和"不利条件"。他写道：一个国家在生产每一种物品上可以绝对地比另一个国家具有更大的效率,另一个国

---

[1] 麦肯齐(L. W. Mckenzie)：《世界生产的专业化与效率》("Specialization and Efficiency in World Production", *Review of Economic Studies*, 1954, 21：165—180)；琼斯(R. W. Jones)：《比较优势与关税理论：一种多国多商品模型》("Comparative Advantage and the Theory of Tariff：A Multi-country, Multi-commodity Model", *Review of Economic Studies*, 1961, 28：161—175)。

[2] 关于把二国二商品的简单李嘉图模型扩大到多国多商品的主要文献还有：哈伯勒(G. Haberler)：《国际贸易理论》(*The Theory of International Trade*, Hodge, London, 1936),麦肯齐(L. W. Mckenzie)：《生产专业化与生产可能性轨迹》("Specialization in Production and the Production Possibility Locus", *Review of Economic Studies*, 1956, 23：56—64)；威尔逊(C. Wilson)：《商品链李嘉图模型的一般结构：在增长、关税理论和技术变化中的应用》("On the General Structure of Ricardian Models with a Continuum of Goods：Applications to Growth, Tariff Theory, and Technical Change", *Econometrica* 1980, 48：1675—1710),达比奇(J. Z. Drabicki)和高山(A. Takayama)：《比较优势理论的矛盾》("An Antinomy in the Theory of Comparative Advantage", *Journal of International Economics*, 1979, 9：211—223),迪克西特(A. K. Dixit)和诺曼(V. Norman)：《国际贸易理论》(*Theory of International Trade*, James Nisbet and Cambridge University Press, Digswell Place, 1980)。

家在生产每一种物品上具有绝对的不利条件。但是,只要在生产不同的物品上两个国家之间存在着相对的效率差异,即使处境不好的国家在生产它相对的最有效率的物品上也具有相对有利条件,在生产另一些效率低于平均水平的商品上具有相对的不利条件。同样,效率高的国家应该专业化于它具有相对有利条件的生产领域,想办法进口那些生产条件相对不利的商品。[1] 显然,这只是一个通俗的表述而已。

价值增值机制对生产要素调节的特征

运用价值增值理论解列昂惕夫之谜的努力已在一定程度上说明了赫克歇尔—俄林理论的意义及局限性。这种说明主要致力于为什么理论本身是有意义的却为什么不能获得经验验证。进一步的思考可以发现,在多种国际贸易理论中,要素禀赋论以及环绕这一理论所展开的生产要素的流动、价格与收益的研究,涉及了价值增值机制对生产要素进行国际调节的一些特征,这些特征正是国际价值规律作用的某些特殊性。

首先,价值增值机制决定了生产要素在国际禀赋不均衡条件下的使用规律。

根据赫克歇尔—俄林理论,不同的商品需要不同比例的生产要素,而各国所拥有的生产要素比例各不相同。于是,各国在生产那些密集使用其富裕生产要素的商品中形成比较利益;进而各国又出口使用其富裕生产要素生产的商品,而进口需要较密集使用其稀缺生产要素生产的商品。

关于这一理论的详尽假设与推导,任何一本国际经济学著作中都能找到,此不赘述。注意这一理论的以上表述具有三个层次:(1) 自然条件与技术上的可能性;(2) 由此提供的产品选择;(3) 通过进出口贸易使消费与生产相均衡。第三层既是第二层的结果,又是它的条件:如果没有贸

〔1〕 萨缪尔逊:《经济学》(下册)(中译本),商务印书馆 1982 年版。

易，生产不可能依据要素赋予进行选择，而只能符合国内消费结构；根据要素结构决定的产品结构，必须通过进出口满足消费均衡。

要分析的是，一国自然地进行这种生产选择的原因是什么？内在动因是什么？运用富裕要素进行生产会有两个结果：(1) 如果要素只是实物富裕，那么可以提高一国的总产品；(2) 如果要素同时也是经济富裕，那么就可以降低生产成本，形成比较利益。总产品的提高是生产过程中生产总价值的提高，这部分提高的价值必须通过贸易实现，因为它超出了国内的需求结构。比较利益的实现是价值增值过程，如前所述它是在流通中实现的。当然，二者作为贸易总过程的一个阶段，必须包括进口，进口那些使用国内稀缺要素生产的、国内生产小于需求的产品。

在造成要素禀赋论不能得到验证的多种原因中，要素密集性不可逆假定是一个重要的原因，而要素密集性的可逆性和逆转的必要性恰恰又是国际价值规律作用的一个环节。一种资本密集型的产品在另一国以劳动密集的方式进行生产，或者至少以较低的资本密集度进行生产，会基于下述原因而发生：(1) 本国劳动力便宜，以劳动力替代资本成本更低；(2) 贸易不充分，本国出口不足，无足够进口能力进口该资本密集型产品；(3) 国内要素流动不充分，市场不发达，未能使充裕的劳动力形成劳动密集型的出口产业。

发生这一现象的原因在于，国际价值规律本身并不直接决定产业的密集性。国际价值规律直接决定的只是以在国际范围内最低的生产成本进行生产。当本国的生产要素能够以比国外更低的成本生产一产品时，只要技术上可能，生产就不会受密集性的他国模式的影响。这时进口贸易是不必要的，因为它不符合价值增值的要求，甚至还可出口。因此，在一定的技术范围内，产品的要素密集性是由本国的要素价格比决定的。在运费、关税等限制贸易的因素作用下，同一产品在各国会以不同的方式生产。即使本国以劳动密集型方式生产时成本更高，进口的现实性取决于出口能力，出口能力取决于国内把充裕劳动力组织到出口生产的能力。现实的这种可能性和过程所需要的时间总是限制着理论上均衡状态的实现。价值增值过程是一个基于国际国内市场运行的机制，一旦市场运行不充分，这一机制也就不能充分作用，它的要求也就不能得到体现。

其次，产品流动的价值增值过程代替了要素流动的生产配置过程。在国民经济过程中，一般不分析要素流动的困难性而假设它们是完全流动的。事实上，诸如资源、土地一类要素是不可能流动的。但是由于在要素的流动性上确实存在着差异，仍不妨将要素的完全流动和完全不流动的两个极端分别作为国内经济与国际经济模型。〔1〕这样，国内经济与国际经济的区别就反映出来了；价值规律调节最低生产成本与最高生产利润的途径在国内是通过要素流动来实现的，在国际则是通过产品流动来实现的。国际价值规律通过对产品流动的调节间接地对要素的使用进行调节，使要素的价格产生均等化的趋势。这种均等化趋势是生产配置改变要素的供求关系而产生的：充裕要素因密集使用而不再那么充裕，稀缺要素因为较少使用而不再那么稀缺。

第三，要素收入差异在国际价值规律的调节下呈现与国内不同的特征。在市场经济中，劳动新创造的价值总是分别为几个不同的部分，即利息、利润、地租等，与工资一起成为要素的收益。各要素取得相对收益大小的规律主要由市场决定，即由要素的供求关系所决定。要素的使用一旦受国际价值规律的调节，决定要素收益的因素也就出现了一些新的内容。赫克歇尔—俄林理论一方面是一个国际间产品流向的理论，另一方面也是一个国内各要素收入变动的理论。

价值增值过程的多种起源

价值增值过程是关于国际交换的最简化的本质的描述，劳动生产率

〔1〕赫克歇尔—俄林理论不主张在这一点上国内经济与国际经济的区别，他们认为国内贸易与国际贸易的原因是一样的，正如俄林代表作的题目《国际贸易与区际贸易》(*Interregional and International Trade*)所表明的那样。

的国民差异又是使这种价值增值过程成为可能的最基本的原因。再进一步而论，一切影响劳动生产率的因素，包括要素生产率和分工本身，都间接地成为价值增值可能性的各种起源。西方的各种贸易学说分别分析了这些起源中的某一种，包括比较利益论和要素禀赋论，尽管有的著作把它们，特别是比较利益论作为最基本的贸易原理。

综观各种国际贸易类型，可以发现价值增值的起源大致可以分成三类：

（1）由贸易和分工本身形成的比较优势或绝对优势。这种优势在贸易之“前”并不存在。分工创造了较高的劳动生产率，创造了各国的优势，从而创造了贸易。

（2）由经济发展的相对差异所决定的劳动生产率或非劳动要素生产率差异。这类差异直接决定了比较优势或绝对优势，从而决定了贸易的价值增值过程。

（3）由历史的、自然的原因所形成的要素禀赋的差异。这种差异决定了一国天赋的绝对优势或无法改变的绝对劣势。

三种类型的价值增值过程的起源中，又至少包含了六种不同内容的贸易关系。这六种内容的贸易关系，从较深的分工层次到较浅的分工层次，从不完全的分工到完全的分工，从可以轻易改变的分工关系到完全无法改变的分工关系，每一种贸易都主要适用于某一类产品或国家之间的关系，相互之间又不是截然分明的而是互相渗透的，反映了价值增值机制的多样性和普遍性。

由贸易和分工本身形成比较优势或绝对优势有两种原因，一种是规模经济的原因，一种是需求相似的原因。规模经济的规律决定了生产效率随生产规模的扩大而提高，各国依产品进行分工可扩大各自的生产规模，降低单位成本，形成优势。规模经济原因是工业化国家间的产业内部贸易的主要原因。另一方面，工业化国家的相似人均收入水平决定了相似的需求结构，相似的发达水平又决定了相似的供给结构，成为工业化国家间大量相互贸易的原因。由需求相似决定的贸易主要是工业制成品。

与产业内部贸易相比，这类工业制成品的贸易在分工层次上浅些，而在分工程度上则又深些。

由经济发展的相对差异所决定的生产率差异会体现在某一产品上，也会体现在某一产业上。当体现在产品上时，一国会在该产品的生产上具有优势，并通过出口该产品获得价值增值。当体现在产业上时，一国会在该产业的各种产品上具有优势，成为该国贸易支柱产业。具有优势的产品一般是创新的技术性产品，产品的优势国从而出口国会随产品生命周期的各个阶段的演变而转移。产业的相对优势往往在较长的历史时期内具有相对的稳定性，不易变化。产品的优势导致各国间阶段性的分工，而产业的优势则导致各国间的垂直性分工。

要素禀赋的差异有历史的，也有自然的。资本、劳动力、管理等要素虽然与经济发展水平相联系，但基本上具有历史性，是在历史发展的长过程中形成的。土地、资源这一类要素则完全是自然决定的。如果说前一类要素在一定时期和一定程度上还可能发生变化的话，那么后一类要素则是完全不能变化的。前一类要素（部分地也包括后一类要素）的国际差异形成了在要素密集性差异基础上的优势、分工与贸易，这类产品并没有具体的限定。后一类要素的国际差异则形成互补性贸易，其产品主要是自然资源产品。

由产业的相对优势形成的贸易的商品也被称为“李嘉图商品”，比较依赖于短期内难以改变的生产条件、经济结构与自然资源；由资本和劳动力等要素禀赋差异形成的贸易的商品则被称为“赫克歇尔—俄林商品”。这种商品的特点是“脚跟比较活”，具有较大的竞争性，只要有一定的资本与劳动力，产品由哪国生产完全取决于生产率的竞争，既不像技术性产品那样依赖于技术条件，也不像自然资源产品那样不可移动。

由贸易与分工本身形成的比较优势下的分工是协议性分工，技术性产品、李嘉图产品与赫克歇尔—俄林产品的国际分工是竞争性分工，而以资源产品为内容的互补性贸易则是自然性分工。

产业内部贸易理论基于规模收益递增的生产理论提出。[1] 这一贸易理论主要分析工业国家之间的制成品贸易。在工业国家之间，由于要素禀赋结构相似，劳动生产率水平相近，特别是在同一产业内部，由劳动生产率或非劳动要素生产率提供的比较利益很小。同时从微观的生产函数来说，各国均生产每一种产品都不能达到规模经济，于是需要有按照规模经济进行的分工。这种分工不能通过价格机制来实现，而需要通过各国生产者之间的协议。经济一体化有利于组织这种协议性分工，使竞争性的贸易不稳定变得稳定。大众汽车公司与菲亚特汽车公司之间关于按型号实行汽车生产专业化的协议是这类分工的典型。就单个企业生产而言，这种贸易利益是很清楚的，就整个国家来说能否在这种分工中达到要素配置的均衡还有待于详细论证。

规模经济与产业内部贸易提供了价值增值过程的一个特例：价值增值的来源不是同一般价值增值过程那样在贸易流通过程之中，而是来自递增的规模收益即生产过程。但是这种收益又不能离开贸易而获得，即不能在国内市场上获得，因为贸易的可能本身就是大规模生产的条件。因此，产业内部贸易是价值增值的特例而不是反例。在贸易各国之间，分工前比较利益并不存在，规模经济效益使各国所费劳动量下降，使个别国民价值下降。在产品完全分工的情况下，国民价值就是国际价值，并且低于分工前的国际价值，而仍可实现分工前的国际价值，或者因为生产成本降低，导致各国以较低的价格向国外进口产品。国际交换带来国民价值的增加，是通过在世界范围内同量投入产生多量使用价值，或者等量使用价值耗费少量投入实现的。

国际间产品加工工序的分工和零部件的分工也可以看作是产业内部分工贸易的一种形式。劳动生产率的提高是通过分工合作实现的，加工

---

〔1〕 这一理论的代表性论著有：克鲁格曼(P. Krugman)：《产业内专业化与贸易所得》("Intraindustry Specialization and the Gains from Trade", *Journal of Political Economy*, 1981,89：959—973)；兰克斯特(K. Lancaster)：《完全垄断竞争下的产业内部贸易》("Intraindustry Trade Under Perfect Monopolistic Competition", *Journal of International Economics*, 1980,10：151—175)等。

劳务或中间产品的价值大于投入价值。

生产成本的降低从供给面造成了贸易机会,收入水平的相似则从需求面造成了贸易机会。以要素禀赋结构为基础的产业,特别是以自然资源为基础的产业的贸易由赫克歇尔—俄林理论所分析,但它主要适用于初级产品的贸易。工业制成品的要素密集度相差不大,贸易格局的基本决定因素在于需求结构。林德以"需求相似"理论解释了制成品贸易发生的原因。〔1〕需求相似的涵义是各国相近的人均收入水平决定了相似的需求结构。一方面,各国消费者对产品的数量与质量具有相似性;另一方面,也只有同类国家的生产者更能提供这些产品。这是因为,一定规模的需求与一定质量档次消费品的需求的基本决定因素是人均收入,收入达到一定层次,消费也相应进入某一区间。穷国与富国的消费者即使都对某一产品有需求,两者也没有同样的质量档次要求,因为收入所限,穷国消费者不可能有高质量的消费需求。从生产者方面来讲,生产者只有首先熟悉了本国市场,对本国消费者的需求特点熟悉以后,才有能力提供相似产品的出口。对国外市场的信息限制使他们难以了解外国消费者的需求特点。即使了解了这类信息,由于不熟悉这种需求而难以设计这种产品;即使设计了合适的产品,也会因远离市场难以作出灵活反应而降低商业成功的可能性,或必须付较高代价。所以,产品总是从国内市场开始,而后进入国外市场,这一过程的条件是相似的需求结构。至于初级产品的贸易,在于为本国的资源寻找国外的市场,问题不在于产品的发明与质量的提高,所以与需求结构无关。

需求相似理论强调了需求结构、特征与供给可能性之间的联系,这本身就是商品价值规律的一个内容。价值规律本身要求产品与市场的一致,这一点在高度竞争的消费者主权的世界市场上尤其明显。事实上,不仅产品在质量上有上述需求相似提供贸易机会的原理,即使在品种上也有这一现象。对某些随生活质量提高而形成的消费品,对后进国家来说

〔1〕 林德尔(Staffan Linder):《论贸易与转换》(*An Essay on Trade and Transformation*, John Wiley and Sons, New York, 1961)。

近于奢侈，不可能生产，或者即使要生产也会有技术的、质量的以至包装上的限制，这就缩小了贸易的可能性。在这种贸易中，比较利益或价值增值的可能性也不是发生于贸易之前，而是贸易分工本身的结果。国外市场的开拓会扩大销量，增加产量，降低成本，增大收益。贸易越是扩大，专业化程度越高，比较利益与价值增值也就越高。即使出口阶段并不因为本国的价格优势而实现价值增值，竞争使厂商只获得类似于国内的收益，进口总是会获得更便宜的或国内供给不足的商品而完成价值增值过程。当然应当指出，林德的理论不能认为可包含所有的制成品贸易。当产品从资本—劳动比上考虑时，要素密集性的差异成为贸易的原因，而资本—劳动比的差异往往也是人均收入差异的结果。如果说需求相似理论说明了相近收入国家间贸易的原因和内容，那么要素禀赋论则说明了不同收入国家间不同资本—劳动比产品贸易的原因和内容。

关于高级制成品的贸易特征的产品生命周期理论，特别明显地反映了价值增值原理。这类产品往往是技术性的、创新的产品，其首先在发达国家开发。原因在于研究与开发需要较多的资本和熟练劳动力，市场首先是发达国家自身，因为较高的收入提供了市场。随后，产品向其他国家和后进国家出口。随着产品的成熟和世界市场总需求的上升，大规模生产成为可能，降低生产成本成了关键。具有相似要素赋予的国家会模仿这种创新产品，于是比较优势从创新国转移到其他资本比较充裕的国家。实物资本密集代替了人力资本密集，以致发明国从出口国变为进口国。在最后一个阶段，产品完全标准化，技术已为众所周知，生产成为非熟练劳动力的事。于是比较优势就会转移到工资低劳动力富裕的国家，并使产品从这些国家出口到上述两类国家。[1]

---

〔1〕 产品生命周期理论参见：弗农(Raymond Vernon)：《产品周期中的国际投资与国际贸易》("International Investment and International Trade in the Product Cycle", *Quarterly Journal of Political Economy*, 1966, 80：190—207)；赫希(S. Hirsch)：《国际竞争的产业分布》(*Location of Industry and International Competitiveness*, Claredon Press, Oxford, 1967)；威尔士(L. T. Wells, Jr)：《国际贸易产品周期模型的检验：美国耐用消费品的出口》("Test of a Product Cycle Model of International Trade：U. S. Exports of Consumer Durables", *Quarterly Journal of Economics*, 1969, 82：152—162)。

在产品周期的每个阶段上，国民价值优势都始终决定着出口国。在创新阶段，创新国的国民价值即国际价值，影响的因素是供求和替代。创新国具有价值优势，其他国家的生产成本在短期内为无穷大。当产品进入成熟阶段以后，其他发达国家（如日本、西欧）就开始与创新国（美国）进行价格竞争。这时的价值优势来自大规模生产、实物资本成本低于研究开发成本以及一般熟练劳动力的工资。随着工资成本在竞争中的重要性的提高，价值优势转向发展中国家，产品进入标准化阶段。整个过程是一个国民价值的降低过程，从而是一个价值增值的国家转移过程。由于现代耐用消费品的发展特别依赖于研究开发费用和大规模投资，大量的标准化生产特别可能，因而周期理论特别能说明问题。

比较利益说的价值增值原理无须赘言。这里要指出的是“比较”既是相对的，又是绝对的。从理论模型看，一个先进国家在两个产业中劳动生产率均高于一个后进国家，贸易也能发生：先进国家出口优势更强的产品，后进国家出口劣势较小的产品。即若有：

$$\frac{V_{1d}}{V_{2d}} < \frac{V'_{1d}}{V'_{2d}}$$

其中，左边为先进国，右边为后进国，则先进国出口产品 1，后进国出口产品 2。后进国的产品 2 劣势较小是“比较”而言的。在模型中其绝对成本仍高于先进国的产品 2，因此，在实践中，贸易是不会发生的，价值增值过程是不会发生的，除非进出口是同一个企业或由国家的某种政策统一起来。在实践中，价值增值过程的两个阶段是分离的，因此在价格上必须有：

$$P'_{2d} \leqslant P_{2d}$$

出口才会发生，从而进口才有可能。因此，这时的优势必须是“绝对”的，即使它是通过某种较低的汇率来达到的。简而言之，价值增值原理存在于“比较”优势之中，但价值增值过程必须通过“绝对”“优势”来实现。

要素（资本与劳动力）富裕如果只是实物富裕，那么它形成的是以产品密集性为特征的国际分工，分工又形成贸易与价值增值。要素富裕如果是经济富裕，那么产品密集性差异的形成中本身也包含着价值优势。在两种情况下，作为价值增值过程起源的优势都存在于分工之前，这是与产业内部贸易和需求相似国家间的制成品贸易所不同的。

最后，要素禀赋走向极端，也就是分工走向极端，那就是以自然资源禀赋为基础的资源初级产品的互补性贸易。可获得性(availability)是这类贸易的基础。可获得性理论[1]认为，贸易商品结构取决于可获得性，对于国内绝对不能供给的商品必然只能进口。如果国内可能生产但成本极高，即供给弹性很小，也必须进口，不可获得性主要来自三个原因：(1) 自然资源缺乏；(2) 技术进步；(3) 产品差别化。

可以看到，可获得性理论主要贡献在于揭示了由第一种原因所造成的贸易关系。对于本国完全没有的自然资源的产品，进口的必要性及价格只取决于替代的可能性和需求弹性。这是与一般商品的国民价值差具有不同性质的。至于其他原因引起的不可获得性，与李嘉图产品的比较优势没有本质的区别，有时只是大一些而已。

在上述三类六种贸易理论中，可获得性理论提供了价值增值的另一个极端的特例：优势是在贸易发生前就绝对存在的，并非由分工所形成。国际价值不是由国际平均决定的，而是直接由国民价值所决定。价值实现过程本身就是增值过程的第一阶段。

由可获得性因素决定的贸易是完全分工的互补性贸易，这种分工因以自然资源为基础而是垂直的分工。西方学者认为，这种分工不存在竞争关系，因而比较调和(harmonious)；因自然因素难以改变，所以具有长期性；因比较成本差距大而相互所获利益也大。

---

[1] 克拉维斯(I. B. Kravis)：《可获得性等对贸易商品构成的影响》("Availability and Other Influences on the Commodity Composition of Trade", *Journal of Political Economy*, 1956, 64)。

附录1　劳动创造价值的发展形式

以劳动价值论为基础的国际价值论和作为国际价值论核心的国民价值增值论，是在马克思主义经济学原理上得到的关于国际贸易和世界经济的基础理论。运用这一理论可以看到，古典学派的劳动价值论在国际价值问题上是一个未完成的理论。劳动创造价值原理如何在国际范围展开成为古典学派的一个困难问题。马克思"世界劳动的平均单位"的概念为克服这一困难解决了最关键的问题，并且为后人探索国际价值规律以及在此基础上建立一个国际贸易基本理论打开了道路。可以说这是劳动创造价值的发展形式的一种涵义，即横向的发展形式，从劳动创造国民价值到劳动创造国际价值，从价值规律的国民经济作用到国际经济作用。然而，研究还发现，劳动创造价值还具有另一种纵向的发展形式，即从劳动单要素的价值创造过程发展为劳动在其他要素作用下的价值创造过程。这不仅是人类生产活动的历史发展所产生的现象，而且是经济过程在世界范围展开后所必须考虑的复杂形式。这两种形式都是国际价值论所必须研究的问题。

价值增值论的萌芽与古典学派的困难

任何理论都可以找到它的"源"和"流"。如果说价值增值论的"流"是马克思主义国际价值论的话，那么其"源"则是古典经济学派的贸易理论。古典学派的贸易理论是劳动价值论，然而它却在无法解释价值增值时停留下来了。

在重商主义那里，贸易利益的核心是贸易差额。贸易差额不能认为是价值增值思想的起源。早期重商主义追求贸易使国内货币积累的绝对增加[1]，他们既不认识货币金银绝对增加只是物质商品绝对减少的结果，也无法解释货币的绝对增加中是否包含价值增值，后期重商主义[2]有了重大进步，看到了货币产生贸易，贸易增加货币的原理，即只有使出口获得的金银货币更多地投入国际流通（进口），才能最终获得更多的货币。所以贸易利益从货币的绝对流入转变为全年顺差。但是，后期重商主义仍然不能涉及贸易的增值性质，为什么更多的国际贸易可产生更多的货币，顺差的实质是什么，这些问题并不能从价值增值上获得解释。

斯密的贸易利益理论是包含在他的国际分工理论中的，而国际分工理论则又是他的工场手工业分工理论的逻辑推演。他以分工创造生产率从而生产更多产品的事实依据，说明国际分工所产生的利益：当各国都生产本国劳动生产率相对较高的产品时，可在总劳动量不变的情况下获得更多的产品。即使不考虑国际交换比和这种分工的利益的分配问题，贸易利益也会从国际分工中产生。[3] 可见，斯密是从世界总产量在不变劳动投入下的使用价值增加上来考虑问题的，他看到了使用价值的增加，但没有进一步揭示其中的价值增值。贸易利益的基础是各国部门间劳动生产率的绝对差，利益是绝对的。这种绝对利益论的创始人虽然是劳动价值论的先驱，但在贸易利益的性质上却滑向了单纯使用价值论。

李嘉图的比较利益论是国际贸易理论中的杰作。他的理论精髓被后人做了大量解释和推广。尽管众说纷纭，但其中所设计的“比例差”模型不但是完全符合实际的，而且是具有深刻理论意义的。就价值增值论的观点来看，李嘉图的正确之处在于他强调了各国各产品在劳动投入量上

---

〔1〕 威廉·斯塔福(W. Stafford, 1554—1612)：《对我国同胞某些控诉的评述》，参见鲁友章：《重商主义》，商务印书馆 1964 年版；卢森贝：《政治经济学史》，三联书店 1959 年版。

〔2〕 托马斯·曼(T. Man, 1571—1641)：《英国得自对外贸易的财富》（中译本），商务印书馆 1959 年版。

〔3〕 A. 斯密：《国民财富的性质与原因的研究》，商务印书馆 1972 年版。

的差别是贸易利益的基础,正是这一点导致了"一个国家的一个劳动日可以和另一个国家的三个劳动日相交换"。遵循劳动量即价值量的原理,似乎这就是价值增值。但是由于李嘉图没有国际价值的概念,他无法用国际价值规律去解释这一点,只能在作一个否定的判断后停留下来:"葡萄牙用多少酒来交换英国的毛呢,不是由各自生产上所用的劳动量决定的,情形不像两种商品都在英国或都在葡萄牙生产那样。""支配一个国家中商品相对价值的法则不能支配两个或更多国家间互相交换中的相对价值。"〔1〕

马克思"世界劳动的平均单位"概念的提出,为解决古典学派留下的疑问创造了条件,因为正是这一概念为国际价值理论确立了基础。马克思进一步论述了国际交换中的劳动不等量关系:"处在有利条件下的国家,在交换中以较少的劳动换回较多的劳动……";"不同国家的工作日相互间的比例,可能像一个国家内熟练的、复杂的劳动同不熟练的、简单的劳动的比例一样。"〔2〕马克思以他的"价值规律在这里有了重大变化"的论断为后人的探索指明了方向:研究价值规律在国际范围内作用的特殊性是揭示这种不等量国际劳动交换的关键;也只有通过价值规律本身的研究才能解开其中之谜。

从国民价值到国际价值

劳动创造价值的横向发展形式的本质,是价值概念的外延的扩大,即从国民价值扩大到国民价值与国际价值;劳动创造价值的纵向发展形式则是要素外延的扩大,从劳动单要素扩大为生产过程多要素。这里先来看前一种扩大的涵义及其结果。

〔1〕 D. 李嘉图:《政治经济学及赋税原理》,商务印书馆 1976 年版,第 113—115 页。
〔2〕 K. 马克思:《马克思恩格斯全集》,第 25 卷第 265 页;第 26 卷第Ⅱ册第 112 页。

价值概念从国民价值这样的一种价值概念扩大到国民价值与国际价值这样两种价值概念，并不只是价值概念本身在新对象中的套用，如一般地用原理进行某种解释一样。价值概念从一种扩大为两种，同时也就产生了两种价值概念的相互关系问题以及两个价值系统的相互关系问题。这两个关系的各个特殊规定性是国际价值理论与国民价值理论相区别的原因。

同一劳动过程既创造国民价值，也创造国际价值；一定量的国民价值与一定量的国际价值均由同一产品所承担。一产品或者实现其国民价值，或者实现其国际价值，但不能同时实现二者。这一结论是从价值创造到价值实现的一个完整过程而言的。这时，实现国民价值与实现国际价值在形式上是一样的。但是，如果把价值的创造与实现看作一个不断周而复始的连续过程来看，情况就不一样了。在商品生产的全过程中，实现了的国民价值又是新一轮价值创造过程的起点，它是新的价值创造过程的投入价值。从国民价值到国民价值，循环不已，这是产品作为国民价值来实现时的特点。以价值为主线的全过程是：

$$\cdots\cdots\text{国民价值}\xrightarrow{\text{销售}}\text{国民价值}\xrightarrow{\text{生产}}\text{国民价值}$$

$$\xrightarrow{\text{销售}}\text{国民价值}\xrightarrow{\text{生产}}\text{国民价值}\cdots\cdots$$

这里销售与生产二阶段是循环的特征之一，价值的创造、形成或增加唯一地来自生产阶段是循环的特征之二。这是封闭经济的价值运动过程，也可称为价值内循环过程。

在以国际价值作为价值实现目标的开放经济的价值运动过程中，产品实现的是国际价值，从而产生了与价值内循环过程不同的价值外循环过程：

$$\cdots\cdots\text{国民价值}\xrightarrow{\text{出口}}\text{国际价值}\xrightarrow{\text{进口}}\text{国民价值}$$

$$\xrightarrow{\text{生产}}\text{国民价值}\xrightarrow{\text{出口}}\text{国际价值}\xrightarrow{\text{进口}}$$

$$\text{国民价值}\xrightarrow{\text{生产}}\text{国民价值}\cdots\cdots$$

在这一循环中，再生产周期表现为出口、进口与生产三阶段。同时，不仅生产过程是价值增值过程，而且销售过程分化为出口与进口两个阶段，并且也是一个增值过程。在价值内循环过程中，虽然销售后必须有采购，新的生产阶段才能开始，但是销售所实现的国民价值总是可以假定为下一个生产过程的投入价值。作为生产过程的准备，它包含在生产阶段之中。在价值外循环过程中，出口阶段所实现的国际阶段，是不能简单地作为生产过程的准备阶段的，因为这里包含着一种选择，即生产投入是用国内市场的要素还是用国际市场的要素。而且，从外循环过程的本质来看，只有采用进口的生产要素，出口的意义才体现出来。这里消费品的进口可以简化地看作劳动力再生产要素的进口。特别重要的是，在外循环三阶段中，生产过程构成价值创造过程，而出口、进口阶段构成价值增值过程。

由此可见，价值创造从国民价值扩大到国民价值与国际价值，价值增值也从生产扩大到生产与交换。

从劳动要素到非劳动要素

劳动创造价值，一商品的价值量与生产该商品的社会必要劳动时间成正比；生产一商品的社会必要劳动时间又与该生产的劳动生产率成反比，更高的劳动生产率意味着更少的社会必要劳动时间。这样，劳动创造价值，价值实体是商品中所凝结的人类抽象劳动这一命题，与价值量的决定就成为相关而不等同的两个问题：价值的实体是劳动，而决定等量劳动所能形成的价值量的则是劳动的生产率。重要的是，决定劳动生产率的并非仅仅是劳动，而是包括劳动在内的一切生产要素：资本、自然资源、生产技术（非劳动者个人技能）以及生产的组织管理等。决定价值量的不只是劳动的持续时间和复杂程度，而且还有非劳动要素的质量。非劳动要素通过决定劳动生产率而决定社会必要劳动时间，进而决定劳动创造价值的量。因此，当分析价值的质的时候，可以集中于分析劳动要素怎样唯一地作为抽象劳动而形成价值实体，然而当分析价值的量的时候，却必须全面分析劳动要素与非劳动要素的作用。承认非劳动要素在价值量决定中的作用，与劳动创造价值的命题并不是矛盾的，而恰恰是统一的。

在价值创造问题上，非劳动要素之所以突出出来，是国际经济问题本身的性质所决定的。

在国内经济分析中，可以假定一个社会平均劳动生产率水平，由此出发分析不同的生产者在不同的劳动生产率上的相互之间的价值关系。但是国际经济分析的根本不同在于，正是各国之间的劳动生产率水平的不同，决定了全部国际经济联系的内容和特点；正是各国劳动生产率结构的不同，决定了国际交换的结构。因此，关于决定劳动生产率的因素的分析，关于这些因素的国际差异的分析，就构成了国际经济分析的基础，构成了价值问题的基础。

社会必要劳动时间这一概念的意义（注意不是定义）也发生了变化。在国内经济问题中，它的减少意味着商品价值量的下降。但是，在国际经济问题中，一国的一商品的社会必要劳动时间的减少却意味着可实现的价值增值的扩大（出口商品）或缩小（进口商品），进而影响国际交换关系。因而国际经济分析必须致力于研究它的变动及决定它的变动的因素，而国内经济问题却可以把它作为常量而致力于各个生产者的劳动生产率的变动。

既然非劳动要素所决定的劳动生产率在国际经济分析中如此重要，那么就必须对劳动生产率概念本身进一步严格界定。在国内经济分析中，不论企业产出的增长是由劳动还是非劳动要素所提供的，都可以称之为劳动生产率的提高，因为所关心的主要是价值量。事实上，这里的劳动生产率应是生产率（productivity），而不是劳动生产率（productivity of labor）。当需要区分各要素对产出增长的贡献时，就应当分别考虑各要素的生产率，如资本生产率、劳动生产率，而它们的综合则是全要素生产率。

非劳动要素生产率在劳动创造价值中的作用，是解决“一个劳动日与三个劳动日相交换”之谜的关键，也是“价值规律发生重大变化”的核心。

在一国经济中，可以假定，非劳动要素的生产率是处处一致的，即唯一的，因为资本运用的水平、生产的管理水平、资源富裕程度以及科学技术水平一般地取决于一国的整体发展水平，地区性和企业间的差异可以假定不存在，从而差异唯一地归结为劳动者的直接劳动的生产率差异。但是，非劳动要素生产率的差异恰恰是国与国之间差异的显著标志，如果仍然在“一致”的假定下分析，那么就过于简单化，从而不能反映国际经济分析的特点。如果仅仅把非劳动要素生产率作为隶属于劳动要素的第二级的因素，那么就不利于分析要素差异对国际分工的影响，因为一切都转化为劳动生产率了。在国际间生产率比较分析研究中，必须分别说明每一要素的相对贡献，把非劳动要素作为第二级的方法的结果显然是模糊了生产率变动的真实原因。

在劳动与资本的关系被揭示以后，现在的任务不再是两者何者或是否共同创造价值的政治经济学问题，而是一国在国际交换中如何获得价值增值的世界经济学问题。对象的不同决定了概念的差异。当货币的和实物的资本进入生产过程以后，对它的管理和使用过程已不再是资本自身的属性或职能，而是劳动的职能或者从劳动中分离出来的管理的职能。在实际上，简单商品生产发展为资本主义商品经济，资本主义商品经济发展为世界经济，劳动单要素分析是不足以说明全部问题的。

世界经济作为各个国民经济的结合体，各个国民经济的运行特征及其差异，决定了其运行特征及规律。各国的生产率的差异，首先是作为整体的国民经济管理水平的差异。不论一国采用何种经济体制或政策，它总是在以这种或那种方式进行着资源配置，从而在以这种或那种方式决定着经济效率。整个经济的效率决定了总产出与总劳动投入的比率，从而也决定了单位产出的劳动投入量。这不仅只是直接的劳动投入，而且还有非直接的劳动投入。在以商品生产者为单位的国民经济中经济体制作为既定前提，而在以国民经济为单位的世界经济中，体制和管理水平就作为国际价值决定的一个变量了。体制和管理水平作为一个非劳动要素，因为它们并不取决于经济组织者的劳动投入或能力，而取决于经济法律制度和经济政策。

对于劳动创造价值过程来说，经济体制和管理构成一个乘性变量，在一个简单的劳动生产过程中，增加的劳动力是一个加性变量，但分工深度及水平则构成乘性变量，决定了同量总劳动投入的产出水平，管理要素的这种功能往往在企业层次容易看出而在整个国民经济中不易看出。当经济从体制和政策上得以为生产者在更高效率上获得信息（如价格信号）、投入（如物资供给）和销路（如市场组织）时，生产者的产出效率会成倍增长，劳动投入会大幅减少。

劳动创造价值的形式在这里发展为社会总劳动创造社会总价值的形式，而社会总劳动则是社会劳动总量与劳动组织水平的变量。

非劳动要素的第二类是国际间不可移动的自然禀赋要素。土地的优劣及气候条件，矿藏的富裕度及种类，是这类要素的主要特点。自然要素的国际差异常常被简化为有与无、可与不可的差异；有某种矿或没有某种矿，可种某种作物或不可种某种作物，从而构成天然的国际分工与贸易。事实上，极端的差异只是数量差异的特例。矿藏的差别更多的是富与贫之别，农产品产量更多的是高与低之别。于是，从劳动创造价值的观点看，自然要素也是一个乘性变量：等量的劳动投入有不等量的产出，或等量的产出需要不同量的投入，其间相差一个倍数。

自然要素的不可移动性是国际价值理论必须考虑该要素的原因。在国民价值的创造过程中，这一特性被简化了，因为国内地域相对狭小，而且地区间分工属于产业区位理论所研究而非政治经济学所研究。在国际价值的创造过程中，自然要素的国别差异是贸易的原因之一，而这一原因又是通过国际价值创造过程的差异而起作用的。由此看来，国际分工的地理决定论是错误的，但排斥自然要素国际差异的影响也是错误的。

不可移动的自然要素构成国际价值创造的国民差异，可移动的资本与技术要素也构成这种差异。这类要素虽然是可移动的，但它们的国际差异却永远不会消失。资本的国际差异有量和质两个方面。从数量上看，资本富裕度的国民差异形成各国资本与劳动比率的差异，从而有产业结构的差异，进而有单位劳动力国际价值创造能力的国际差异。从质上来讲，生产资本一部分表现为具体的固定资产形态，不是任意可以改变的。当一国产业结构调整因此而发生困难时，劳动创造价值的过程就受到制约。因产业结构的僵化而失去国际市场的原因，就在于单位劳动力国际价值创造能力的差异。

劳动构成价值实体而资本决定这种构成过程的效率。当企业家决定用机器代替人力时，只因为机器成本低于劳动力成本；当企业家决定搞资本密集型产业而不搞劳动密集型产业时，只是因为前者有更高的利润水平，或者说劳动的更高的价值创造水平。只是由于产业结构的不断变动，市场的不断变动，价格的不断变动等，才使这种差别不十分显见，但却不能否定这一规律。资本的国际差异通过产业结构（企业群）的国际差异，构成一国劳动创造国际价值的效率差异。

技术作为一种要素影响国民劳动的国际价值创造、不在于劳动者技能意义上的技术，这种技术仍是劳动力要素的属性之一。技术要素指的是制造某种产品的专门技术，提高某一产品的生产效率或质量的技术，以及建立某一产业的系统技术。特定产业或特定产品的国际市场优势，决定了更高水平的国际价值量，更高质量的产业意味着更高的价格或更大的市场，更高的生产效率意味着更低的劳动投入，这一切都构成一国的国际价值的创造效率。

能否把劳动与非劳动生产要素相并列，作为国际价值创造的同类性质的因素呢？否。

第一，劳动要素与资本、技术要素的重要区别在于，资本、技术要素可以还原为劳动，而劳动要素则不能还原为资本或技术。不论以何种形态存在，资本总是劳动的产物，或者同时还包含其他要素。资本和技术在新价值创造中的意义在于它们的合理使用会使产品价值大于直接劳动投入量与形成该资本和技术所费劳动量之和。

第二，价值的创造是劳动自身或劳动与任一非劳动要素相结合的作用过程,后者是一般产品生产过程,前者是非直接生产劳动即劳务或服务。非劳动要素自身则不能创造价值,任何一种组合都不能构成产品或劳务。

至此可以概括：一国一产品生产的国际价值总量为：

$$TIV = s \cdot (c + t + r) \cdot L$$

其中 s、c、t、r 分别为经济体制、资本、技术和资源(含土地)的效率系数,L 为世界平均劳动单位的投入量。较高的效率系数意味着同量劳动投入下的一个较大的实物量。

第二篇

价值转移论

——增值的利益规模与价值流失

世界市场是一个发达的市场，也是一个神秘的市场。一些国家利用了这个市场迅速发展起来，另一些国家却相对地衰落下去。这个结局驱使了无数人去探究它的神秘性所在。价值转移、国际剥削、不等价交换，等等，至今未达成共识。从价值增值论看来，一国不能从国际交换中达到正常规模的价值增值就表现为价值流失。这种流失有价格性流失、结构性流失，也有汇率性流失。但是，迄今为止的一些不等价交换理论却并没有揭示问题的实质。

价值流失是一个复杂的概念，应当区分绝对流失与相对流失两种不同的情况。如果贸易过程不仅不能使一国获得国民价值增值，反而损失了一定量的国民价值，那么，这是价值的绝对流失；如果一国获得了价值增值，但增值的规模小于自由贸易或利益均等所能提供的价值增值，那么，这种流失是相对的。显然，不能认为封闭经济无价值流失而丧失贸易机会要比贸易发生而出现相对价值流失更好。

5. 国际交换比

——价格性价值流失

价值流失的第一种类型是价格性价值流失，即通过不合理的国际价格发生的国际间的价值转移。

价格性的价值流失的问题在古典国际经济学中属于国际交换比问题，其特征是用二商品模型讨论交换比例的决定因素。这种分析方法是有意义的，因为它排除了作为中介的货币及汇率因素对交换比分析的干扰，直接反映了交换的利益。同时，在很大程度上，这种分析方法中也能包含供求规律的影响。但是，物物交换与通过货币进行的交换毕竟是有区别的，因此，二商品的交换比分析与直接的价格机制分析也是有区别的。

一旦把交换比分析改为价格分析，比较成本优势必须表现为绝对价格优势，交换才能发生。在古典模型中，一国可以生产相对劣势较小的产品并出口，分工和交换使双方都得利的结论完成了模型的任务。但是，在现实的交换中，相对劣势较小如果不能表现为绝对价格较低，实际贸易过程就不能发生。因此，在这一节的讨论中必须假定汇率被确定在这样一个水平上，在这个水平上贸易可能发生。贸易的基础仍然是比较利益、比较成本差，但价值增值过程却通过绝对价格差来进行。

一般价格机制与国际价格机制

国际市场的价格机制从本质上来说与国内市场的价格机制没有区

别。但是,由于国际市场更广阔,并且是众多独立国家国内市场的组合,因而也有一些不同于一般国内市场的特点。

第一,国际市场的价格竞争更为激烈。价格竞争是一切市场的特征,国际市场的价格竞争更激烈的原因在于各国各商品的诸要素生产率差别很大,具有最大优势国家的产品在价格上可能大大低于其他国家,包括低于部分具有一定优势而仍能出口的国家的产品的价格。这种差距往往要超过一国之内的不同生产者。在国内,由于相同的自然条件,劳动力、资本的自由流动,社会经济条件的一致,各企业之间的价格竞争主要依靠技术与管理。在国际市场上,贸易出口本身就是一国具有他国不可比的诸要素生产率的结果,所以价格差很大。更激烈的价格竞争也因为生产者的数量更多,许多商品都可能由各个国家的生产者所提供,特别是那些不依赖于特殊资源的商品。即使某些资源基础产品也往往来自多个国家。比起国内市场来,国际市场上达到垄断要困难一些。国际市场的买方市场性质也决定了更激烈的价格竞争。从整个世界看来,在大多数情况下大多数商品处于买方市场,各国竞相出口,很少有供不应求、找不到卖主的时候,所以以价格为主的竞争必然激烈。市场的广阔性也造成了更多的替代的可能性。更多的品种、型号、规格,更多的可替代原材料、能源、初级产品和人造产品,更多的国家和生产者造成了更多的产品间的相互替代,也就加剧了价格竞争。

第二,主权国家的存在对纯粹价格竞争的影响。国际市场与国内市场的另一个重要区别来自国家在经济中的作用。在国内市场,除了计划经济体制,一般国家不直接干预价格形成及市场的价格机制的运作。只是在某些产业政策中国家才会借助财政税收工具去影响价格;国家直接经营的公用事业定价也是一个例外。但是,在国际市场上,关税普遍存在。关税成为保护本国产品,抵御外国产品,形成不公平竞争的主要工具。由于关税的存在,比较利益可能无法形成实际贸易过程,具有价格优势可能无法获得市场。国家的作用也可能通过另一种形式发生,那就是对出口的鼓励。由于国家的鼓励政策,不具有优势的商品可能会形成优势，本来不能出口的商品会出口。在发达国家普遍存在对农产品的价格支持政策。当国家间结成贸易联盟等一体化组织时，会形成一个相对独立的价格区，区外商品即使具有优势也无法进入这些国家。这时统一的国际市场的价格机制受到阻碍，区内则形成一个类似于国内市场的区域市场。

第三，国际市场价格受到货币的多样性及汇率变动的影响。在国内市场，货币供应量影响一般价格水平。在国际市场，各国的一般价格水平也会间接影响国际市场价格。当各国物价上涨率不一致时，各国商品的比较优势的结构与大小也就会发生变化，各国生产者向国际市场提供的商品价格也就不同。汇率变动也是这样。一国的汇率贬值会使该国生产者以较低的价格参与国际竞争，从而影响竞争关系。这是国际市场所特有的价格机制。

第四，脱离市场机制的划拨价格。跨国公司在其各子公司之间的划拨价格是一种脱离了市场机制的价格，换言之，它不是由生产成本及市场竞争过程决定的价格，而是由其他各种因素决定的价格。从某种意义上说它不是典型的国际贸易，而是公司内部的记账与核算。为了使自己的子公司以较低的生产费用增强竞争地位或控制市场竞争，跨国公司会压低原料价格。为了使公司在全球的纳税总负担降到最低水平，跨国公司会用划拨价格把利润转到低税国家。公司会通过提高进口货的价格来增加向国外的汇款来对付东道国的外汇管制或者即将发生的货币贬值。跨国公司也可以通过操纵划拨价格以减少与东道国合资企业的利润水平而增加母公司的利润，或减少工会要求提高工资的压力。

在国际市场价格问题上，有两类因素在同时起着作用，其中一类因素使价格趋于统一和符合国际价值，另一类因素则使价格偏离国际价值。究竟商品的国际价格怎样，取决于在一商品上两类因素何者更强，也取决于具体的商品类型。

使价格趋于统一并符合国际价值的是国际市场的价格唯一性规律。这一规律也称为价格的无差别规律（Law of indifference）或替代规律

(Law of substitution)。价格的统一是价值规律的一般要求。一商品的各国民价值不同,但国际价值是唯一的,国际市场价格只能以国际价值为中心,波动只取决于偶然的商业技巧,尽管国际价值本身也会变动。特别是在金本位制时代,货币汇率稳定,各国商品的价值也相对稳定。自由的国际贸易使竞争规律充分发挥作用,商品的供求在地区间的价格差异会因商品的自由流动而拉平。商品价格在时间上的差异也会由于现货市场和期货市场的作用而消除。使商品发生价格差异的主要因素是运费、仓储劳务和关税。如果剔除这些,世界各地的价格是很接近的。运输业的发展,现代通讯业的发展促使运费降低,信息传递迅速,更促进了这一价格统一化的过程,对国际市场垄断价格削弱的一些因素,也加强了上述规律的作用。由于科技革命的成果,新产品对老产品的竞争加强,人造材料对天然材料的替代扩大,都削弱了国际的价格垄断。发展中国家经济的发展、制成品生产的发展、对原料和初级产品生产的国有化等,也都削弱了国际垄断组织的价格控制。

使价格偏离国际价值的因素首先是国际垄断。不论是买方还是卖方,一旦国际垄断形成,就会出现垄断价格。对市场的控制力量使国际垄断组织能够对购买初级产品、中间产品与销售最终产品采用不同的价格政策,对内部交易价格与对外交易价格采用不同的价格政策。国际卡特尔协议使一些商品的产量、市场份额和价格受到控制。只是在国际垄断的份额之外,存在着一个剩余市场(residual market),其价格由国际市场自由调节。国际垄断还可能通过市场的分隔,使同一产品在不同的市场上以不同的价格出售。这种垄断行为也会来自国家。当某一产品特别是初级产品的供给主要来自某一个国家时,该国就可能控制其生产、出口和价格;当产品主要由几个国家生产时,会出现国家间的商品协议以维护有利的价格地位。国家之间的易货贸易协定一般会使贸易比价背离多边贸易的市场价格。

其次,更剧烈的竞争导致更多地采用削价的办法寻找市场。当一国的出口商品是这样而进口商品不完全是这样时就会导致价值流失。这种不对称特别来自一国进出口结构不对称的情况，使出口商品价格疲软，而进口商品价格坚挺。

第三，在不对等的关税与补贴情况下，不利的一方可能会更多地降低出口品的价格，形成价值流失。

第四，跨国公司的划拨价格也具有垄断性质，这时东道国的价值流失通过利润、税收下降而形成。当然这更多属于国际投资问题。

进口需求强度对价值增值的影响

在二商品价值增值分析中，商品的价值与价格是既定的，贸易规模的扩大不影响商品的价值与价格。一旦引进供求与价格机制，情况就不同了。

李嘉图模型的核心是劳动价值论以及“比率的比率”这种数量结构所决定的比较利益。应当指出，其精髓在此但也仅仅在此。一百多年来，中外许多学者企图从这一模型出发探讨“英国与葡萄牙两国毛呢和酒的交换比例”，并未能得出真正令人信服的结论。这里不准备评论所有这些努力。这里只想指出的一点是，许多论述是基于比较利益会在两国间平等分配这一假定出发去讨论交换比的，认为如果不能平等分配两国就不会进行分工。问题是这一假定本身就是不合理的。是交换比本身决定了利益分配而不是相反。模型本身是过分简单的。借助它能够但也仅能够得出价值增值的可能性，比较利益实现的可能性，却不能得出交换比的任何结论。有些分析假定了总劳动力数量，事实上本身就建立了新的模型。

问题的关键在于，交换比的决定不只在于供给方面，即李嘉图所假定的成本方面，问题还在于需求方面，需求的总量和强度与供给一起才决定了交换比。

穆勒首先分析了这一问题[1]，他的分析把李嘉图贸易发生原因的分析推进到交换比的分析，是现代国际价格原理的开始。他采用的模型与李嘉图不同，不是单位产品所费劳动量的国际差异，而是同量劳动成本的产量的差异。这在“比较”的结构上与李嘉图没有区别，但开始脱离劳动单要素论。二国二产品同量劳动成本的产量不等，国际交换比应在二国国内交换比之间，即二国的国内交换比分别为国际交换比的上限与下限。至于具体交换比在哪一点上，则取决于二国之间相互对对方国家产品需求的强度：一国对另一国产品的需求越强，则国际交换比越接近于本国的国内交换比，从而由国际交换所获的利益越小。他的模型是，在英德两国同量劳动成本下，各自的产量是：

	毛 呢	麻 布
英国	10码	15码
德国	10码	20码

这样，两国的国内交换比分别是英国1∶1.5，德国1∶2。

假定在毛呢与麻布的国际交换比例为1∶1.7时，英国对德国的麻布需求为17 000码，德国对英国的毛呢需求为1 000码，这时贸易正好达到平衡，因为17 000＝10 000×1.7；以10码毛呢的劳动成本为单位，即1 000×17×1＝1 000×10×1.7。

如果在1∶1.7的国际交换比例上，英国对德国麻布的需求是800×17码，那么德国所能交换的毛呢也只是800×10码，因为800×17×1＝800×10×1.7。如果德国对英国毛呢的需求量不止800×10码，那么，交换比例会向德国的国内交换比例靠拢，而对英国有利，例如达到1∶1.8。这时英国对德国麻布的需求可能上升到900×18码，而德国对英国毛呢的需求可能从1∶1.7时的1 000×17码下降到900×10码。这时新的贸易平衡建立了：900×18×1＝900×10×1.8。

〔1〕穆勒(John Mill)：《政治经济学原理》(*Principles of Political Economy*, Parker & Co., London 1848)。

穆勒的结论是：一国产品与他国产品相交换的价值，是使该国的出口总价值恰好能支付进口所需的总价值。商品价值总是调整到使需求恰好等于供给。所有贸易，不论国家间还是个人间，都是商品的相互交换。一国的供给能力构成对他国的需求能力。因此，需求与供给是相互需求的另一种说法。价值的自行调整使一方的需求与他方的需求相等。

穆勒采用的分析方法是国际交换价值的方法。它既不像他自称的"国际价值法则"那样具有国际价值的概念，也没有价值的货币形态。他没有把国际价值的基础确定在各国劳动成本的基础之上，交换比完全是由相互需求的强度来决定的。各国国内交换比决定的国际交换比上下限仍然只是国内交换价值或替代成本而不是国际价值。他看到了需求对国际价值的调节作用，但他没有看到由此变动的国际价值与国民价值的关系，因此，他未能指出当一国对国外产品需求趋强，从而国际交换比朝不利于本国的方向变动时意味着什么。在这种情况下，他国产品的国际价值上升了，本国为了获得这一上升了的国际价值的更高的量，必须出口更多数量的本国产品，而单位产品的国际价值已经下降。

但是，穆勒相互需求理论中关于供求对价值影响的分析仍然是有意义的。在他看来，国际价值法则只是供求方程式的更一般的价值法则的扩展；商品价值总是自行调整到使需求恰好等于供给。在国际市场上，商品的国际价值只是由诸要素平均国际生产率决定的国际价值在供求关系下经过调整而已。穆勒的分析是在金本位制条件下进行的，他没有采用现代价格的方式使问题更加抽象化。但是，其中说明的规律是与现代价格原理相一致的：在某一价格水平上如果本国对他国的进口需求大于本国向他国的出口需求，那么汇率就会下降，使本国以较低的价格出口和以较高的价格进口。本国的出口只是获得自己的进口能力，而本国的进口则只是将一定的进口能力赋予外国。

马歇尔用另一种方法表达了穆勒的同一种原理，即提供曲线的方法。[1] 两国的提供曲线相交达到供求均衡，相应地有国际交换比。均衡贸易条件取决于两国各自对他国商品的需求强度。

据此，我们发现一般价值增值中的三种不同的情况。一种是在各国的诸要素生产率决定的国际价值基础上的国际交换和价值增值，这种交换取决于供给的相对成本，各国获得以这一标准为依据的平等的价值增值，并不是说这里没有需求，而是指相对需求强度一致，没有使国际价值脱离供给相对成本决定的点。在这一点上的交换有价值增值，而没有任何意义上的价值流失。第二种情况是，在诸商品的国际价值水平上，本国的进口需求强度超过出口可能，或曰超过他国对本国出口品的需求强度。这时国际价值被调整，其方向是本国出口品的价值下跌，他国出口品的价值提高。变化的结果是，虽然在转移未超过国内价格比之前价值增值仍然可能实现，但价值增值的幅度已经下降。与第一种情况相比，这时出现了价值流失。第三种情况与第二种情况相反，本国获得了更高的价值增值，即价值流入。

价格扭曲下的增值规模

价格性价值流失的另一种形式是由价格扭曲导致的增值规模的下降，即在扭曲的价格上形成不足的或过度的贸易规模，使一国所获得的实际贸易利益低于最优贸易规模所能达到的水平。

价格扭曲即价格对价值的背离。运用二商品模型的语言来说，是价格比对机会成本的背离。在开放经济条件下即对帕累托最优状态的背离。帕累托最优状态的公式可表示为：

---

〔1〕阿尔弗雷德·马歇尔(Alfred Marshall)：《对外贸易的纯粹理论》(*The Pure Theory of Foreign, Trade*, London School of Economics, 1930)。

$$DRS = DRT = FRT$$

其中 DRS 为国内消费边际替代率，DRT 为国内生产边际转换率，FRT 为国外边际转换率。当不存在价格扭曲时，国内商品价格比 P_d 应与消费边际替代率一致，边际成本比 $\frac{MC_1}{MC_2}$ 应与生产边际转换率一致，且国际市场价格比 P_w 应与国外边际转换率一致。因而公式为：

$$DRS = P_d = DRT = \frac{MC_1}{MC_2} = P_w = FRT$$

当消费的边际替代率与价格比不相等（例如存在着消费的外部性）时，会出现消费扭曲。当价格比与边际成本比不一致（例如存在着生产垄断）时，或当边际成本比与边际转换率不一致（例如存在着生产的外部性）时，都会出现生产扭曲。当国内外价格比不一致（例如一国在国际贸易中有垄断力量）时，会出现对外扭曲。另外，当各生产要素在各产业间的边际替代率不相等（例如存在着要素的价格差异或要素的一般外部性）时，则会有要素扭曲。

以下假定本国的比较利益在商品 1，因而出口商品 1 而进口商品 2。贸易前的国内价格比 $\frac{P_1}{P_2}$ 即 P_d 小于国际价格比 P_w。贸易引起生产转换和成本递增，直至 $P_d = P_w$ 为止。

价格扭曲首先会引起生产的过度转换与贸易的过度出口。如果国内出现的价格扭曲形式为：

$$P_d < DRT < P_w$$

此时，贸易的发生就导致生产转换，使商品 2 的生产减少，商品 1 的生产扩大。但生产转换不会在 $DRT = P_w$ 的 Q_2 点上停下来，而会继续转换，直至 $P_d = P_w$，在 Q_1、Q_3 或 Q_4 点上停下来（图 5.1），这时 $DRT > P_w$。在这种情况下，贸易使一国能达到的福利水平不在 U_F 上，而只在 U'_F 上。虽然高于无贸易时的福利水平 U_A，但低于无价格扭曲时的 U_F。这还是假定

生产转换到 Q_1 点时的情况。如果生产过度转换到 Q_4 点，则贸易后福利水平甚至可能低于无贸易时的 U_A（未画出）。

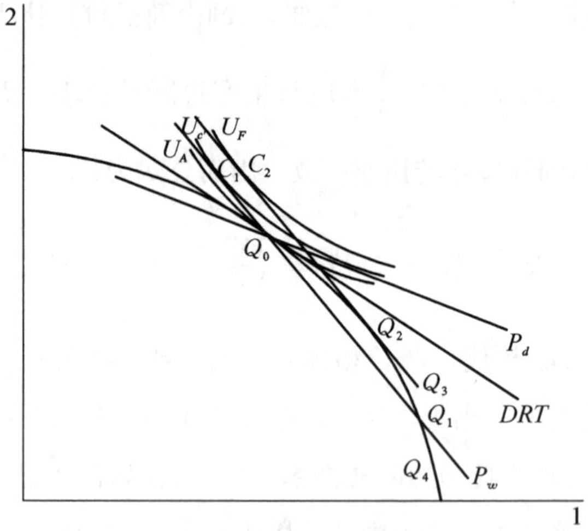

图 5.1　价格扭曲下生产的过度转换与福利下降

价格扭曲也会引起生产的不足转换与贸易的不足出口，从而使比较优势不能得到充分利用，如图 5.2 所示。这时价格扭曲的形式是：

$$DRT < P_d < P_w$$

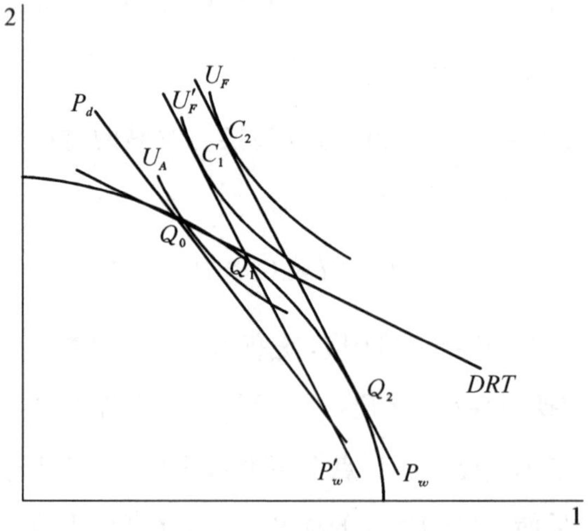

图 5.2　价格扭曲下生产的不足转换与福利下降

即商品 1 的相对价格偏高，实际比较优势更大些。在这种情况下，贸易引起的生产转换，会在 $P_d = P_w$ 时停下来，例如在图中的 Q_1 点上。这时 DRT 仍小于 $P_w = FRT$，所以福利水平只能达到 U'_F。这一水平虽然高于无贸易时的 U_A，但却低于进一步转换到 $DRT = P_w$ 时的 Q_2 点生产的 U_F 福利水平。

基于类似的原因，价格扭曲甚至会导致错误的贸易结构。如果价格扭曲的形式是：

$$DRT < P_w < P_d$$

如图 5.3 所示。假定商品 1 被确定在合适的价格水平上，但商品 2 的价格偏低。即 $P_1 = MC_1$，$P_2 = MC_2$，则：

$$\frac{MC_1}{MC_2} < \frac{P_{w1}}{P_{w2}} < \frac{P_1}{P_2}$$

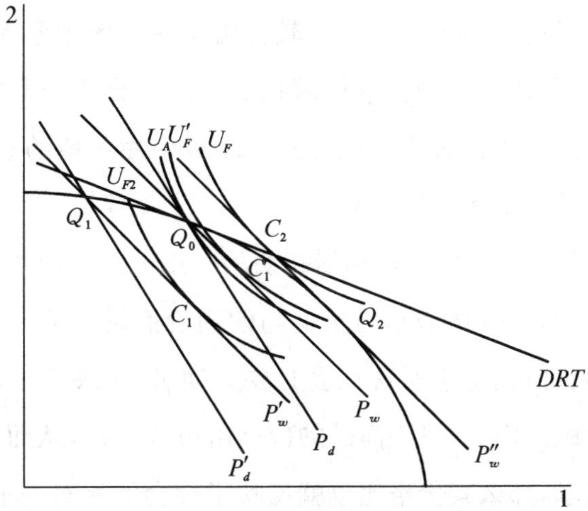

图 5.3　价格扭曲下的错误贸易结构与福利下降

这使得本国的比较优势在商品 1 而错误地表现在商品 2 上。这时，本国生产会从商品 1 向商品 2 转换，生产更多的商品 2 并出口而进口商品 1。结果是，贸易后的福利水平 U_{F2} 甚至还低于贸易前的 U_A；也低于无生产转换而有贸易的 U'_F，更低于无价格扭曲而且有合理生产转换和贸易规模

的 U_F。

以上关于价格扭曲对外贸收益影响的分析，是战后国际贸易理论的重要成果之一。[1] 它运用的是开放经济的一般均衡方法和福利经济学的无差异曲线方法。现在的问题是，无差异曲线低于无价格扭曲时的水平（在前三图中为 U_F）是否意味着价值流失。

回答这一问题首先需要说明无差异曲线的性质及意义。在图中所用的无差异曲线是社会无差异曲线，它是个人无差异曲线的推广。虽然在把千差万别的个人无差异曲线推广到社会无差异曲线这一问题上仍然可作进一步研究，但物质的社会福利水平是基于所享用商品的数量和结构这一事实表明，用同一无差异曲线反映不同结构商品的相同福利水平，用不同无差异曲线反映不同商品总量的不同福利水平是有意义的。不论社会形态怎样，使用价值总是构成社会的物质财富。无差异曲线的基础是效用理论，同种商品的效用量大小可以用使用价值量来比较，不同种商品的效用量大小可用边际替代率来比较。由于序数效用原理，商品的边际效用递减，边际替代率递减。这样就构成了无差异曲线凸向原点的基本特征。无差异曲线的方法可以说是关于多种使用价值的总效用理论，使用价值的可比性理论和量化理论。

关于无差异曲线组中与价格线相切的一条无差异曲线反映最高社会效用水平的原理，可以认为是与价值与使用价值统一于一商品的原理相一致的。商品价值决定于所含社会必要劳动量，又决定于社会需求对社会总劳动的分配。因而，只要商品的价格由市场决定，从而反映社会对各商品的相对需求，那么其价格比也就反映了社会的相对需求。与此同时，价格线又来自生产的边际转换率，即反映了商品生产的相对成本。只要在这一点上坚持劳动价值论，那么价格线与无差异曲线相切也就可以反

[1] 这方面的主要文献参见：巴格瓦提（Jagdish N. Bhagwati）：《扭曲与福利的一般理论》（"The General Theory of Distortions and Walfare", in *Trade Balance of Payments and Growth*, Amsterdam, North-Holland）；利亚德斯（M. Chacho Liades）：《国际贸易理论与政策》（*International Trade Theory and Policy*, New York, McGraw-Hill Book Co.）等。

映价值与使用价值的统一了。所以，撇开这一方法原有的理论基础，那么方法论本身就不是与马克思主义经济学原理相抵触的。

关于生产可能性边界线的边际转换率递增的性质，已经在不完全转换分析中涉及。事实上，边际转换率是递增还是不变与本问题尚无多大差别。

上述分析方法假定了国际价格比是既定的，本国不影响国际价格比。这是一种小国模型的方法。虽然按照国际价值规律来说这是一个缺陷，但仍不妨作为近似接受，因为如果考虑到本国对国际价格比的影响，只要把国际价格线 P_w 向国内价格线转动即可，不影响其他分析。

现在可以直接回答上述问题了：在充分的和自由的贸易时，福利水平达到 U_F 是否实现了充分的价值增值？在其他贸易量和结构上，价值增值量是否低于 U_F 时的价值增值量？答案是肯定的。

前面关于无差异曲线的分析证明，无差异曲线组以使用价值总量的相互比较反映价值总量的大小，因此，贸易后无差异曲线与贸易前无差异曲线之差越大，贸易所带来的价值增值量也越大。在所有以上三个图中，假定的无价格扭曲时的无差异曲线 U_F 为最高，所以该时所实现的价值增值也最大，消费点 C_2 与生产点 Q_2 之差所反映的进出口量为最优贸易量。这一贸易量是市场（消费者）依据价格比（国内外一致）选择最大效用的结果，这与无贸易时最大效用水平为无差异曲线与价格线相切的原则是一致的。在 P_w 这一价格线上，在既定的生产可能性边界线上，C_2 点与 Q_2 点之差所代表的贸易量是能达到最高效用水平的贸易量，因此也是实现了最大增值的贸易量。反过来，非此生产点和贸易量都不能达到这一效用水平，从而未达到最大贸易价值增值。在图 5.1 中，当 P_d 与 P_w 一致时，生产点已超过 Q_2 点。在这一点以后的二商品生产的相对成本，已经不再是商品 1 具有相对优势，而是商品 2 具有相对优势，因为相对优势只能由 DRT 与 P_w 相比。所以 Q_2 点以后的生产与贸易，只是相对优势产品生产的减少和进口，而相对劣势产品生产的增加和出口，其结果必然减少由 Q_2 点的适度生产贸易所能形成的价值增值总量。在图 5.2 中，错误的价格信号过早地中止了生产转换，缩小了贸易规模，使比较优势未能充分发挥，所以价值增值的可能水平必然不能达到。在图 5.3 中，增加生产和出口的是具有比较劣势的产品，而减少生产和进口的是具有比较优势的产品，因而价值增值的贸易转化为价值减值。

在价值增值的最简单表述中，本书并未假定贸易引起的生产转换会导致成本与价格的变化。换言之，价值增值是以贸易前的不变价值计算的。沿用上述一般均衡方法，价值增值可表现为图 5.4 预算线的移动：P'_d 与 P_d 间的面积反映了贸易的价值增值总量。

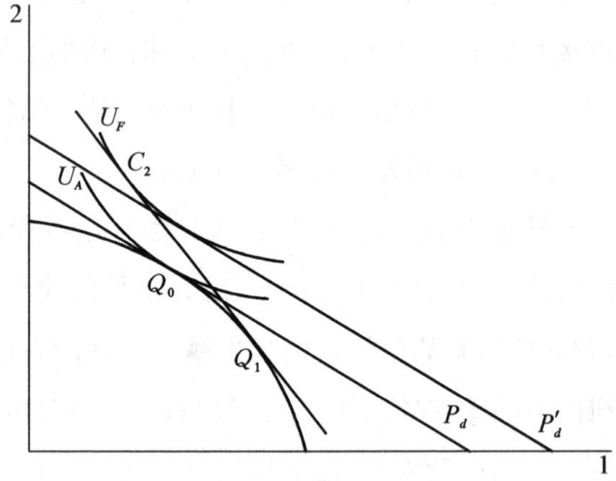

图 5.4　价值增值总量的表现

6. 不等价交换理论评述

讨论价值的国际转移问题，几乎不可能不涉及不等价交换理论。从表面上看来，不等价交换似乎是国际间价值转移的首要形式。事实上，不等价交换虽然确实会导致国际间的价值转移，但二者的重要区别却在于价值转移在正常的国际市场运行机制中发生，而不等价交换却违背了国际交换的通行法则。在国际市场上，不等价交换确实存在，但是试图从国际交换的一般规则中推导出内在的不等价交换必然性却是错误的。如果说不等价交换是国际市场的某种意义上的内在规律的话，那么世界经济作为商品经济也就失去了它的最基本特性。可以证明，国际不等价交换是存在的，但它是国际市场本身不完善的产物。不等价交换论所提出的国际间贫富差别及其扩大的原因的探究恰恰不应在国际交换的不等价中去找，而应当在国际交换的等价中去找。正是等价交换中的不等利分配决定了国际贫富差别的扩大。

国际等价交换的经济学原理

不等价交换与等价交换不应是一个具有某种感情色彩的用语，而应当是一个有严格经济学涵义的专门术语。只有当概念本身得到明确界定以后，问题的讨论才是可能的。显然，解释不等价交换可从解释等价交换入手。

等价交换这一概念的分歧在于“价”的涵义，而不在于交换之“相等”。

“价”可以是“价值”，也可以是“价格”；“价值”在本问题中可以是“个别价值”、“国民价值”，也可以是“国际价值”；如果是“国际价值”，则又涉及国际价值的定义之争。这是问题的第一层次。

等价交换之“价”能否是“价格”呢？不能。任何一笔国际交易，除了商业欺诈，都是按照该商品的价格支付货币。从这一点上讲，不等价交换几乎是不存在的，问题也没有这么简单。主张“价”为“价格”者指的是“世界市场价格”，等价交换即按世界市场价格进行的交换。问题是什么是“世界市场价格”？在无数的一产品的国际交易中，成交价格虽然差别不大，但各不相同。有竞争形成的价格，也有垄断或国家干预所形成的价格；即使竞争价格，也时常随时间波动甚至剧烈波动。因此，如果把“价”定义为“世界市场价格”而不作进一步的规定是不能解决问题的：可以说根本就没有什么等价交换，也可以说根本就没有什么不等价交换。

这一价格能否是所谓“国际生产价格”呢？也不能。国际生产价格的形成可能性归结于世界经济中是否存在一个形成平均利润率的机制。平均利润率规律是部门间的规律而不是国家间的规律。同时，在有机构成不同的各部门间，剩余价值率相等是造成利润率不等的原因，在一国之内可以假定这样，但在几个不同的国家间却不能作这一假定。因为在一国之内可以认为社会劳动生产率比较均衡，单位劳动力所创造的剩余价值与劳动力价值之比各部门相等。但在世界经济中劳动生产率的国际差异却是最基本的国际现象，从而也就没有相应的平均利润率逻辑。平均利润率规律最主要的基础是劳动力与资本的流动机制。在国际间劳动力虽然是流动的，但不是因部门间利润率不同而引起的短期流动；资本的国际流动也只能以超额利润为目标，而不只是以平均利润率为目标。最后，国际平均利润率规律如果存在，那么比较利益就将不存在。因为正是具有比较优势的产业可以实现比国内更高的价值。如果国际间利润率是平均的，那么比较利益也就不存在了。

等价之“价”不能按任何意义上的价格解，就只能按价值解。但作为价值又不应当作国民价值解，因为在国际交换中，国民价值只是个别价值。如同商品交换的一般规则，以社会价值为标准而不以个别价值为标准一样，国际交换只能以国际价值为标准。虽然这一点应是易于接受的，但不少学者的理论中似不自觉地在国民工资与劳动等概念上把国民价值作为论证不等价交换的标准。

以国际价值为标准的国际等价交换原理，又进一步归结为国际价值的定义问题。本章附录将专门阐述世界平均劳动单位、国际社会必要劳动时间、非劳动要素生产率的作用、供求与替代对国际价值的调整等问题，定义本身应是清楚的。这里有待说明的是，国际价值在实际贸易中表现为国际价格。当世界市场产品的竞争是充分的，贸易是自由的，并且各种货币的汇率也是完全浮动的时候，各个交易所环绕的一个价格中心即表现国际价值的国际价格。

在国际价格表现国际价值时，国际价值会出现又一次转化，即转化为由主要生产国决定的国际市场价值，然后再表现为国际价格。这时国际价格不再是由世界所有生产者共同决定的国际价值的直接表现，而已是由主要生产国的国际市场价值的直接表现。但从表面上来看，国际价值原理未贯彻到底，但事实上正是这一原理的展开过程。根据国际价值论原理，一商品的国际价值由生产该商品的国际社会必要要素投入量所决定，以各国的产量为权数。各个不同商品的国际价值量之比构成国际价值比，各国的国民价值比与国际价值比的差别决定贸易结构。在实际过程中，价值比之差别通过价格比之差别来决定贸易结构：一旦价格是扭曲的，贸易结构也是扭曲的。一国的产量越高，国际价值量越接近于其国内价值量。国际价值量决定的这一原理与国民价值是一致的。但是国际市场与国内市场有一个显著区别：在国内市场上，生产者的所有商品都必须在市场上出售而不能留作生产者自己消费，因而生产量等于投入市场的供给量。在国际市场上，在不完全分工的情况下，具有相对优势的产品进入国际市场，不具有相对优势的产品留在国内市场，总产量分为国内市场供给量与国际市场供给量两部分。这一特点决定了，国际价格不直接等于国际价值，而转化为各国供给国际市场价格的加权平均数。在这里，出口国不是以国内价格向国际市场提供商品,而是以国际价值为基础提供商品,因而国际市场价格不会低于各出口国的国内价格。

不等价交换(non-equivalent exchange)一词的涵义与不平等交换(unequal exchange)本不相同。从字面上看,前者是纯粹的经济概念,后者似为政治概念,因为平等具有社会的政治的涵义。但从各学者提出的实际内容来看,二者是同一个论题。所不同的是,不等价交换论所讨论的是某种价格或价值是否相等的问题,而不平等交换论所讨论的则是价格或价值之外的某种东西的相等问题。因而只是结论与观点的不同,而不是论题的不同。

不平等交换论主要论述的问题在于贸易各国能否从出口中"取得同等数额的收入","已经实现的比较利益平等地分配在贸易各国之间"。[1]应当承认,这一问题的研究是十分有意义的,可以说自从有了国际贸易理论以来这一问题一直在被研究而且从未被解决过。任何一种贸易理论表面来看似是纯理论,事实上所关心的都是作者本国在贸易中所获利益之大小。但是,不管结论如何,是肯定还是否定,贸易利益的分配不应当表述为交换本身的平等或不平等。只要不是在某种政治压力下进行,国际交换应当说是平等的。至于利益分配的不平等,那只是交换的结果而不是交换本身,是交换以外的因素所决定的。所以应当称为利益分配的不均等。进一步而论,本书将要说明的是,贸易利益、比较利益并非是一个既存的定量而在各贸易国之间分配的问题。贸易利益本身就是一个变量,它不仅取决于贸易的规模和价格比,而且取决于贸易国国内的一系列条件。换言之,在同样的贸易价格与数量上,贸易国国内的条件若不相同,实际贸易利益也就不同。所以,这一种不平等交换论讨论了一个很重要的问题,但却用了一个不恰当的题目。当然,应该指出,在某些国际关系中,特别是在帝国主义时代的贸易关系中,不平等交换确实是存在的。发达国家与发展中国家、帝国主义与殖民地之间在国际权力结构不平等

[1] 茨尔科(Lajos Zelko):《国际价值与国际价格》(中译本),对外贸易教育出版社1986年版。

基础上的贸易是不平等贸易，当然也就必然有不平等交换、不等价交换以及不等利分配。

同一论题的另一种提法是不平衡交换（disequalizing exchange）或不对称交换（asymmetric exchange）。这一理论指出贸易对双方经济发展的影响不同，导致双方不平衡的发展。贸易可能有利于一方经济的增长与发展，而对另一方产生消极影响，使之处于不发达的依附状态。这种观点与以上不平等交换论相近，强调结果而不强调内容。这种提法和结论都是可以接受的，但它不再是不等价交换或不平等交换的问题。

不平等交换论中最有代表性的一种，是通过各种方式证明存在着不等量劳动的交换，或者与此类似的、相关的涵义来证明不平等交换的存在。这种理论的各个作者的观点有待下文细评，这里要指出的是这一理论在很大程度上是用"国民价值相等"的标准来衡量，因而属于国民价值相等论。至于把劳动量的不等称为不平等也同样是不确切的。

不等价交换——市场规则的背离

不等价交换是客观存在的，不仅在历史上，而且在现实中。不等价交换的基本特征是完全竞争市场规则的背离而不是存在于这种市场规则本身之中。完全竞争的市场规则，那就是公平竞争的规则，买卖双方在没有垄断和非经济因素影响下的讨价还价的规则，商品按质论价、买卖双方诚实履行货款义务而无商业欺诈的规则。

市场不发达是商品能够进行贱买贵卖的重要原因。在资本主义生产方式尚未形成以前，世界市场同样也未形成。商业资本不能在国内进行贱买贵卖，因为国内市场已经有一定的发展，商品的价值比较易于估计。但是在国际贸易中情况就不同了。刚发展起来的国际间商品交换，各国生产者和消费者较难以估计商品的价值，少数进行国际贸易的国家及其商业资本也居于垄断地位。商业资本不同于产业资本，后者是靠等价交换在生产过程中创造剩余价值，而商业资本则是靠买卖过程获得利润。商业资本时期是资本主义生产方式的史前时期，是世界市场的史前时期。资本主义的等价交换原则、世界市场的等价交换原则不是商业资本时期国际交换的原则，相反是它所创造的：商业资本时期所进行的资本的原始积累为通行等价交换原则的资本主义生产方式的确立创造了条件；商业在国际间的发展建立了世界市场和国际价格。当年荷兰对国际转运贸易的垄断，英国东印度公司对印度与中国的贸易就是典型。从东印度输入的10万英镑商品在英国市场上销售可获得的利润可达39.4万英镑，这在现代国际贸易中是不可能的。

在西欧殖民主义者用暴力建立起来的早期国际分工体系中，交换是不等价的。这一时期的国际贸易的基础，是殖民统治和超经济强制。殖民地的农产品被确定在相当低的价格水平上。帝国主义国家对工业品的销售居于垄断地位，同时也对殖民地农产品的购买居于垄断地位。这一特征直到垄断资本主义的形成以前一直没有改变。

垄断资本主义形成以后，帝国主义与殖民地之间的垄断被垄断关系没有变化，但增加了经济强制的内容。垄断组织在经济上的地位使它们能够对原材料和产品分别实行垄断价格。垄断的另一个结果是垄断价格出现在任何一种被垄断的产品上，而不仅是与殖民地之间。

第二次世界大战以后特别是20世纪50年代以来，世界发生了一个根本的变化。殖民体系崩溃了，殖民地国家纷纷独立，独立的民族国家逐步开始掌握自己的经济命脉。这使得以政治统治为基础的不等价交换基本结束。战后科技革命的发展，国际通讯和运输的发展，整个世界市场的发展使国际竞争空前发展，这就为消除以市场不发达为基础的不等价交换的可能性创造了条件。这样，当代国际贸易中的不等价交换主要表现为两种类型。第一，历史遗留的初级产品的相对较低的价格，这一因素正在继续随时间推移而消除。初级产品的不稳定价格以及相应的交换不利地位已经是市场本身的内容而不再是本来涵义上的不等价交换。第二，国际垄断。垄断依然是不等价交换的主要原因，但是也应当看到垄断之间的相互竞争普遍存在，替代品的竞争以及国际社会制约垄断的因素等。应当说，在当今世界市场上，竞争是占主导地位的，市场是发达的。特别是在工业制成品领域中竞争是主要的大跨国公司所控制的主要是一些初级产品的生产。

由此可见，不等价交换是对完全竞争的市场规则的背离，包括市场不成熟，市场规则尚未充分运作，或者是市场竞争产生了与竞争相反的力量垄断。市场规则的背离导致价格与价值的背离是不等价交换的本质与起源，世界完全竞争市场规则的背离导致国际价格与国际价值的背离则是国际不等价交换的本质与起源。只有当世界市场上存在着完全竞争时，世界市场的供给曲线才取决于各国的生产成本曲线，世界的需求曲线与该供给曲线的交点才反映该商品的国际价值。一旦卖方垄断形成，世界市场的供给就取决于垄断利润的极大化，或垄断组织控制世界市场的其他目标，这时供求之平衡不再反映该商品的国际价值。一旦买方垄断形成，供给的价格弹性很小，出口国不得不以垄断低价销售产品；垄断组织的需求也不主要取决于其价格，而取决于其产品的需求和生产规模，或者其销售市场的大小。在两种情况下，垄断组织都可能直接使价格背离供求均衡价格。

如果世界市场运行在某一时点不充分，也会导致这一结果。例如买卖双方的一方对市场信息了解不充分，另一方则乘机抬高或压低价格。这不是市场理论中所作的假定，而是国际商业实践中的常见现象。一方企业对另一方政府官员的贿赂也会有类似结果。这与大量国际买卖中各成交价格与中心价格有微小离差的情况不同。

发达国家对不发达国家的不等价交换是存在的，但主要是商业实践中的问题，而不是由发达不发达的某些经济规律所决定的（如同下节所将论述的那样）。所谓商业实践，是指发达国家的公司企业往往有较丰富的市场经验，遍布全球的分支机构，充分的市场信息与决策能力，而不发达国家的进出口商往往不如发达国家，从而在实际上使发达国家获得较大的利益，不发达国家甚至上当受骗。

不发达国家的单一经济结构,初级产品的不稳定的价格动态,对发达国家高新制造业产品的较强的需求等,确实会导致不利于不发达国家的价格状况,但这仍然属于世界市场本身的运行结果,而不是它的规则的背离从而不等价交换。因为单一的或片面的经济与出口结构使一国依赖于少数产品的生产出口。当世界市场需求不振时,只能主要依靠价格的降低来出口。这是由经济结构造成的不利的价格地位,而价格本身则仍然是由供求决定的。如图 6.1 一国的出口本在价格 P_1 水平上,出口量为 Q_1,国际供求均衡点在 E_1。由于国际需求下降,需求线由 D_1 向左移到 D_2,新的均衡点将在 F。在 F 点上,该国的出口收入过低,不能满足进口需要,于是降价出口。这表现为供给曲线从 S_1 向右移到 S_2。在新的供求曲线的交点 E_2 达到新的价格 P_2,出口量为 Q_2,出口总收入为 $P_2 \cdot Q_2$,等于原出口总收入 $P_1 \cdot Q_2$。

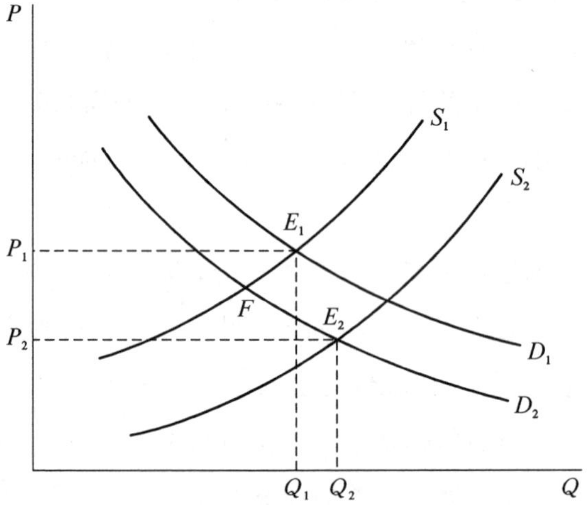

图 6.1　需求下降导致出口国降低出口价格

初级产品的价格不稳定也来源于需求的下降,其经济学原理同上。跨国公司的买方垄断常常是初级产品价格压低的原因,但即使在没有这一因素时,初级产品本身的产品性质和短期生产调整的困难也会导致上述供求规律而发生同样结果。至于对发达国家制成品需求趋势导致的价格变动过程可以用上一节的需求强度同样的原理来解释。

不平等交换论的症结

国际贫富差别的严重存在迫使人们致力于探索其存在与扩大的原因,而在其相互间的贸易中是否存在着不等价交换或不平等交换完全有理由作为一个重要方面。系统的不平等交换理论的研究是从希腊经济学A. 伊曼纽尔开始的。[1]

伊曼纽尔把国际不平等交换分为“广义的”和“狭义的”两种,而把各国产品在世界市场上的生产价格都等于其产品的价值作为平等交换的标准。他的平等交换的模式的特征是:富国与穷国之间的不变资本、可变资本与剩余价值三者的比例均相同,从而剩余价值率与利润率也都相同。这样,两国产品在世界市场上的生产价格就都等于各自产品的价值,这种交换为“平等的交换”(表 6.1)。

资本的有机构成在富国高于穷国是广义的不平等交换的原因。伊曼纽尔为此设计了模式 2。在该模式中,富国的资本有机构成为 $\frac{240}{60}$,即 400%,穷国的资本有机构成仅为 $\frac{120}{60}=200\%$。假定两国的工资相同,均为 60;剩余价值率也相同,均为 100%,那么两国产品的国际生产价格将分别为 190 与 150,其交换比例为 1∶1.267,富国在国际交换中得利。两国产品的价值量相等而国际生产价格不等是这一形态的国际不平等交换的特征。

资本有机构成与工资率均不相同,是伊曼纽尔狭义的不平等交换模式的原因。在该模式中,富国的剩余价值率为 20%,穷国为 500%,但增加价值均为 120。在国际平均利润率作用下,富国产品的生产价格为 230,穷国为 110,交换比例为 1∶2.09,构成不平等。

---

〔1〕伊曼纽尔(A. Emmanuel):《不平等交换》(*Unequal Exchange*, Monthly Review Press, New York, 1972)。

表 6.1 伊曼纽尔的不平等交换模型

模式的分类	国别	K 投资总额	c 不变资本消耗额	v 可变资本	m 剩余价值	$V(=c+v+m)$ 价值	$R(=c+v)$ 生产费用	$T\left(=\frac{\sum m}{\sum k}\right)$ 利润率	$P(=T\cdot k)$ 利润	$L(=c+v+p)$ 生产价格
1. 平等的交换	A 国(富) B 国(穷)	240 120	100 50	50 25	50 25	200 100	150 75	20.83%	50 25	200 100
2. 广义的不平等交换(不平等交换的第一形态)	A 国(富) B 国(穷)	240 120	50 50	60 60	60 60	170 170	110 110	$33\frac{1}{3}\%$	80 40	190 150
3. 狭义的不平等交换(原有意义上的不平等)	A 国(富) B 国(穷)	240 120	50 50	100 20	20 100	170 170	150 70	$33\frac{1}{3}\%$	80 40	230 110
4. 狭义的不平等交换之二(相同的有机构成)	A 国(富) B 国(穷)	240 240	50 50	100 20	20 100	170 170	150 70	25%	60 60	210 130

可以看到，伊曼纽尔的不平等交换实质是指不等价交换，因为同样国民价值的两国的商品在国际市场上有不同的国际生产价格，从而按国际生产价格的交换表现为不等的国民价值的交换，因而是不等价交换。至于两国的资本有机构成、工资率的不相等即使可算作“不平等”，显然也只是指原因而不是交换的实质。

国际生产价格规律的存在是伊曼纽尔理论可以成立的主要基础，但如前所述，这一点是有问题的。如果这一规律不存在，或最多只存在其趋势而永远达不到结果，那么两国产品的利润率就是不一致的，从而利润也就不唯一地取决于投资总额，就不会出现广义的不平等交换中的二生产价格比，狭义的不平等交换中的二因素之一也不存在。

伊曼纽尔的主观意图是把马克思主义经济学原理应用于国际交换分析，作为当代马克思主义学派。但他的模式分析并没有国际价值概念，而是以国民价值加平均利润作为国际生产价格。在两种不平等交换模式中，都没有世界劳动的平均单位的概念，不论剩余价值率相等还是不等都不是从这一点上进行假定的。伊曼纽尔自己提出，他该书所要完成的任务，是“把国际价值结合到一般的价值理论中去”，但从上述情况来看他并没有完成这一任务。如果富国与穷国生产的是同种产品，那么富国的较高的生产价格应当表示较多的使用价值，即在总的生产价格中包含更多的不变资本消耗额和更多的剩余价值。但是模式 2 和模式 3 均假定了同样数量的不变资本消耗额；在模式 2 中剩余价值率相等，在模式 3 中甚至倒过来，富国的剩余价值率为 20%，而穷国为 500%。这样，国际价值由不同劳动生产率的各国共同决定的原理不见了。如果富国与穷国生产的是不同种产品，那么根据投资总额的假定，富国的产品资本密集度更高，穷国的产品劳动密集度更高。大量统计证明，资本密集度高的产业具有更高的增加价值率，即剩余价值与所费资本的比率更高，这是产出表现为更高的价格总量的原因。但是在伊曼纽尔的模式 2 中，两类国家的产品的增加价值率是相等的，在模式 3 中，富国为 $\frac{20}{150}$，而穷国反而为 $\frac{100}{70}$。再进一步而论，根据马克思国际价值理论，不同量国民劳动的同种产品，在国际市场上只作为同量劳动对待。这样，在模式 2 中，两国的产品具有同样的价值(170)，在国际市场上也只作为同样的价值而不是不同的生产价格。在模式 3 中穷国的更高的剩余价值率表现了更高的劳动生产率，从而具有较高的国民价值优势，能获得更高的国际价值，而富国则相反，这就应导致与伊曼纽尔相反的结论：穷国会在国际贸易中获得更大的利益，其利润来自富国较低的剩余价值率。

在伊曼纽尔的模式 2 中，不平等的涵义是有机构成的不平等(剩余价值率是平等的)。[1] 所谓富国剥削穷国在于富国的有机构成高的产业剥削穷国有机构成低的产业。这里伊曼纽尔用了资本劳动力二要素方法，正好与赫克歇尔—俄林模型一致。我们知道，有机构成高低也就是资本密集度的高低，换言之，资本密集度较高的国家剥削资本密集度较低的国家。根据列昂惕夫之谜，美国的出口是更加劳动密集型的，那么岂不是说美国在国际贸易中是受剥削的呢？

伊曼纽尔在说明他的模式时指出，生产循环中投入不变资本和消耗不变资本的差别可以给分析带来更多的有利条件，从方法论的观点来看，只要假定后者在所有部门都是相等的，就能更好地让前者对价格产生影响，这样可以消除后者的影响。可见，他的使平均利润率规律起作用从而两国的生产价格不等，完全在于模式本身所设计的投入资本的不等而消耗资本的相等，也就是说不等的平均利润是模式本身所为。根据本书前述要素生产率原理，更多的资本投入会带来更高的全要素生产率，使产品中包含更多的新创造的价值，或者说在同价值产品中可变资本的比重更小，剩余价值的比重更大，不变资本转移价值的比重也更大。这一特征并不能从伊曼纽尔的模式中体现出来。如果承认这一点，他的模式就不能假定穷国的相等的或更

---

[1] 这里可以发现，不平等(unequal)一词在不同的地方使用涵义是相混的：两国的有机构成的差异显然只是数学意义上的不"相等"而已，在模式 3 中的工资率也是这样，并不包含与交换的"等价"以至地位上的"平等"的任何涵义。如果正是因为这种不相等而说交换是不平等的，那么全部理论都没有意义了。如果说明这种不相等是交换 unequal 的原因，那么不如说交换是不等价的(non-equivalent)。

高的剩余价值率，或同价值量产品中富国的更高的或相等的工资量。同时，如果说按投入资本设计富国更高的有机构成是正确的话，那么这一点也必须反映在所消耗资本中；而在伊曼纽尔的模式 2 中，两国的所消耗资本的有机构成是相同的，在模式 3 中穷国的有机构成竟高于富国，显然也就不合理了。最后，随着世界生产力的发展和产业的转移，现在的穷国将更多发展需要大量投资的传统制造业，而先进国家、富国将更多发展第三产业、知识密集型产业。如果伊曼纽尔的模式及理论可以成立，那么世界的不平等交换关系似乎会倒过来。但本书的研究将证明，先进国家将在未来的国际分工中获得更大利益，即使依靠的是平等的与等价的交换。

伊曼纽尔还认为，狭义的不平等在于剩余价值率的不平等。他为此设计的模式 3 就在于证明这一点。他还在模式 3 的基础上进行了一些修改，把穷国的投入资本也改为 240，这样平均利润率变为 25%，两国的利润量相同，均为 60，于是生产价格分别变为 210 与 130，不平等交换仍然存在。他据此得出结论：工资的不平等是引起不平等交换的唯一原因。确实，生产价格最终的不同完全在于两国工资率的不同和剩余价值率的不同。如果不接受他关于穷国剩余价值率更高的假设，显然也不能作相反的假设，否则就会有富国工资更低的结果。事实上，伊曼纽尔所假设的这一套数字具有很大的任意性。如果我们按照两国增加价值率相等的原则来设计一套数字，则不平等交换就不再存在，甚至出现相反的不平等交换，即穷国剥削富国，见表 6.2。在三种模式中，均保留了伊曼纽尔主张的穷国的剩余价值率高于富国的假定，而工资率低于富国的假定：在模式 1 中，穷国的工资 50 小于富国的工资 70，穷国的剩余价值率 $\frac{60}{50}$ 大于富国的剩余价值率 $\frac{60}{70}$；在模式 2 中，剩余价值率穷国 $\frac{75}{45}$ 大于富国 $\frac{85}{65}$。于是模式 1 按伊曼纽尔的标准成为“平等的交换”，而模式 2 成为反向的“不平等交换”：富国与穷国的交换比为 $\frac{A}{B}=\frac{165}{175}$，$1A=\frac{165}{175}B$。可见，采用伊曼纽尔相同的方法也可以得出相反的结论，从而说明他的结论不是唯一的。

表 6.2　用伊曼纽尔方法得出的相反结论

模式的分类	国别	K 投资总额	c 不变资本消耗额	v 可变资本	m 剩余价值	$V(=c+v+m)$ 价值	$R(=c+v)$ 生产费用	$T\left(=\frac{\sum m}{\sum k}\right)$ 利润率	$P(=T\cdot k)$ 利润	$L(=c+v+p)$ 生产价格
1. “平等的交换”	A 国(富) B 国(穷)	240 240	40 60	70 50	60 60	170 170	100 100	25%	60 60	230 230
2. 反向的“不平等交换”之一	A 国(富) B 国(穷)	240 240	20 50	65 45	85 75	170 170	85 95	33.3%	80 80	165 175
3. 反向的“不平等交换”之二	A 国(富) B 国(穷)	410 390	20 50	65 45	85 75	170 170	85 95	20%	82 78	167 173

唯一需要说明的是表 6.2 对伊曼纽尔模式的修正是否合理，回答是肯定的。在同价值产出中，不变资本转移价值相等的假定是没有必要的，也是不合理的。正因为这样，模式 1 把两国不变资本均等于 50 改为 40 与 60，模式 2 则改为 20 与 50，在两种模式中均为富国小于穷国。这一假定的依据在于：富国的更高的劳动生产率决定了在单位产出中包含了更高比重的新创造的价值，在模式 1 中为：$\frac{70+60}{170}>\frac{50+60}{170}$，在模式 2 中为：$\frac{65+85}{170}>\frac{45+75}{170}$。这部分价值不仅是由活劳动所创造的，还取决于非劳动要素的更高的生产率。非劳动要素生产率可能来自更多的资本投入即更高的有机构成。但即使把这一因素包含进去，如表 6.2 中模式 3 那样，也会得出反向的"不平等交换"。在该模式中，两国的投入资本不等，其余均同模式 2 一致，但交换比将为 $1A=\frac{167}{173}B$。

以上假定与分析不是为了得出反向的不平等交换的结论，而是为了说明伊曼纽尔的方法是不科学的。

伊曼纽尔的理论在国际经济学界产生了较大的反响，马克思主义经济学家企图用类似的方法证明这一点，但是都没能达到令人信服的结论。〔1〕

〔1〕 参见褚葆一、张幼文：《世界经济学原理》，中国财政经济出版社 1989 年版。

7. 出口产品选择

——结构性价值流失

国际等价交换规律的证明并不旨在说明国际间无价值流失、价值转移现象的存在。国际价值转移是存在的，后进国在不适当贸易政策下的价值流失是存在的，但它不是通过国际不等价交换机制而发生的。相反，价值的流失恰恰是在等价交换过程中发生的。除了价格性价值流失外，还有结构性价值流失。结构性价值流失具有三方面的含义：第一，在比较利益结构中，出口相对劣势较小的产品（而不是相对优势更大的产品）的国家，一定量的国民劳动只被看作较小量的国际价值，出口存在着价值流失；但这种价值流失是整个价值增值的准备阶段。第二，由于初级产品的特殊的供求和价格变动规律，初级产品生产出口国也需要经常承受价值流失。第三，出口的较低产业层次与进口的较高产业层次的贸易结构使贸易只实现较小的增加价值而付出更多的投入价值，从而降低了整个价值增值的规模。

作为增值过程必要阶段的价值流失

比较利益论与绝对利益论相比，根本的差异在于它得出了一国具有绝对劣势的产品如果相对（比较）劣势较小则也能够出口。即所谓在两国二商品模型中的"两优相比取其重，两劣相比取其轻"。尽管这里贸易的发生是对称的，两国各出口一种商品而进口另一种商品，但在价值关系上却是不对称的：出口优势更大的商品的国家其商品的国际价值会高于它的国内价值，而出口劣势较小的商品的国家其商品的国际价值则会低于它的国内价值。这里注意到国际价值与国内价值并不具有直接的可比性，所以较高指的是用等量国民劳动为标准看，一国的一定量的国民劳动的国际价值高于他国的同量国民劳动的国际价值。较低则相反。或者用等量国际价值为标准看，与一定量国际价值相当的优势国的国民劳动量低于劣势国的国民劳动量。于是可以发现：出口优势产品的国家在出口阶段就发生了价值增值，而出口劣势产品的国家则在出口阶段发生的是价值减值。用货币价格的语言来讲，如果贸易尚未消除内外价格差，则出口优势产品的国家的产品的国外价格会高于其国内价格，出口劣势产品的国家则相反，产品的国外价格低于其国内价格。在自由贸易情况下，前一种情况会逐步消除价格差。至于后一种情况，在实行计划经济的条件下特别明显：一国会以远低于国内价格的国际价格出口一些商品，也不是因为国内价格定得太高的缘故。当存在高估汇率时，这后一种情况必然存在。为了保证市场调节下的出口可能，劣势国必须把汇率调到购买力平价上，以便使产品能够出口。于是，以货币价格表现的出口的价值增值掩盖了实际上的价值减值。

二商品模型会使一国表现为二商品均处于劣势。在实际经济中，后进国仍然可能有部分商品处于绝对优势(先进国也可能有部分商品处于绝对劣势)，但是除了出口具有绝对优势的产品外，仍需出口具有较小劣势的产品。其中原因包括，单有绝对优势产品的出口尚不能满足一国的进口需要；优势产品的国际市场容量有限；国内资源配置尚未能使生产全部转向优势产品；出口多样化的需要等。这样，劣势产品的出口相对于优势产品的出口所能获得的国际价值量而言存在着价值流失，如等量国内劳动投入的优势产品 A 在国际市场售出 10 美元，而劣势产品 B 只售出 8 美元，价值流失相当于 2 美元。这就是劣势产品出口的相对价值流失的一种涵义。

价值增值过程虽然总是要包括出口与进口两个阶段，但优势产品在出口阶段已包含价值增值，而劣势产品则只是价值减值，这一点可以用一定量国民劳动所获得的国际价值量的差异来表述。这是价值流失的又一涵义：相对于国际价值而言的价值流失。如表 7.1，由于四国的劳动生产率水平不等，各自的劳动在国际市场上获得不等的国际价值量。对于 N_1 国来说，200 个单位的劳动投入量只获得 106 单位的国际价值量，平均每 100 个单位的劳动投入得 53 单位的国际价值量。类似的是，N_2 为 66，N_3 为 133，N_4 为 166。可见，与平均的（合计行）每 100 单位国民劳动投入可获得 100 单位的国际价值比，N_1 与 N_2 国存在价值流失，而 N_3 与 N_4 国则存在着价值增值。同样这一张表，如果依次让本国作为 N_1、N_2、N_3 与 N_4，每次均假定一种不同的商品，即商品 1、2、3、4，那么表明，本国在出口商品 1、2 时分别发生不同程度的价值流失，而在出口商品 3、4 时则分别发生不同程度的价值增值。

如果一国不得不出口劣势产品，那么其出口成本必然大于进口该产品的机会成本。假定国内为 15 元的劣势产品出口得 2 美元，而进口该 2 美元的产品却只需 10 元。这是在购买力平价汇率上的假定。所以出口存在着价值流失。它是出口品国内价值相对于进口同一产品的国内机会成本而言的价值流失。

由于国内价值与国际价值无法直接比较，不妨用要素投入量来分析一国的贸易利益的结构。可以理解，一个要素生产率水平相对较低的国家在生产一产品时会比一个要素生产率水平相对较高的国家投入更多的生产要素。在购买力平价汇率上，如果再考虑生产转换消除内外价格差，那么要素投入量的这种差异会被掩盖。但是，汇率可以消除内外价格水平的绝对差异，生产转换可以消除部门间成本的相对差异，二者均不能消除两国投入要素量的绝对差异。

令商品 i 的国内生产和国外平均生产所需要的要素投入量分别为 I_i^d 和 I_i^w，则当本国要素生产率相对较低时，有：

$$I_1^d > I_1^w, I_2^d > I_2^w$$

或：

$$I_1^d = I_1^w + a, I_2^d = I_2^w + b$$

表 7.1　劳动生产率水平决定的价值流失与增值

国别	劳动生产率水平系数 (*a*)	单位产品所耗国别社会必要劳动时间 (*b*)	投入劳动总量 (*c*)	产品数量 (*d*)	产品交换在世界市场中的比重 (*e*)	单位产品的个别国民价值 (*f*)	产品的国民价值总量 (*g*)	单位产品的国际价值量 (*h*)	国际价值总量 (*i*)	国际社会必要劳动总量 (*j*)	在国际社会必要劳动总量中的权重 (*k*)	交换所获国际价值总量 (*l*)	每 100 单位国民劳动投入所得国际价值 (*m*)
		$b=\frac{1}{a}$		$d=\frac{c}{b}$	$e=\frac{d}{\sum d}$	$f=b$	$g=f\cdot d$	$h=\frac{\sum d\cdot f}{\sum d}$	$i=h\cdot d$	$j=a\cdot c$	$k=\frac{j}{\sum j}$	$l=\frac{\sum i}{\sum d}\cdot j$	$m=\frac{1}{c}\times 100$
N_1	0.8	1.25	200	160	0.106	1.25	200	0.662	106	160	0.106	106	53
N_2	1	1	300	300	0.199	1	300		199	300	0.199	199	66
N_3	2	0.5	400	800	0.530	0.5	400		530	800	0.530	530	133
N_4	2.5	0.4	100	250	0.166	0.4	100		166	250	0.166	166	166
合计			1 000	1 510	1		1 000		1 000	1 510	1	1 000	100

设本国商品 1 的相对劣势小些，商品 2 的相对劣势更大，则会有贸易结构：

$$\frac{I_1^d}{I_2^d} < \frac{I_1^w}{I_2^w}$$

取合适的商品单位，可使国外平均二商品生产要素投入量相等，即 $I_1^w = I_2^w$。可以导出：

$$b > a$$

上式表明，当本国商品 1 出口发生价值流失 a 以后，进口将发生价值流入 b，$b-a>0$ 为整个贸易的以要素量表示的价值增值。出口商品 1 的要素投入量 I_1^d 作为进口商品的机会成本，小于国内生产该进口商品的边际成本即要素投入量。在这里，后进国出口阶段的价值流失表现为较多的要素投入只被作为较少的要素投入在国际市场上实现价值。价值流失是必要的，因为它是整个价值增值过程的必要阶段。

初级产品出口中的价值流失

由于初级产品的特殊的价格规律与供求特征，初级产品出口国往往需要承受一种特有的价值流失。

世界的初级产品贸易[1]大部分是在价格每时每刻都在波动的可变价格市场上进行的，与此不同的是，工业产品的贸易则大部分在固定价格的市场上进行。[2]

供给和需求都缺乏短期价格弹性是初级产品的基本特征。许多初级

〔1〕 这些初级产品品种甚多，其中最重要的约 40 种，包括谷物(小麦、大米、玉米)；热带饮料(咖啡、可可、茶叶)；砂糖与蜂蜜；肉类主要是牛肉；油脂、油籽和油籽饼；蔬菜；香蕉和桔类水果；干果；酒类；烟草；胡椒；纤维(棉花、羊毛、黄麻、西沙尔麻)；橡胶；皮革；林产品特别是木材、木材制品和虫胶；原油与天然气；矿产品(矾土、铁矿砂、锰、云母、磷酸盐)；有色金属(铝、铜、铅、镍、锡、钨、锌)等。

〔2〕 只有少数例外，包括香蕉、化学工业的某些初级产品、果品和铁矿石。

产品是基本生活必需品，而不是奢侈品，其需求取决于生理上的需要，从而价格的变动不会引起需求量的很大变动。另一些初级产品是生产投入品，其投入系数主要取决于技术因素，如果生产本身没有需求的变动，初级产品价格的变动也不会在多大程度上改变需求量。从供给面来看，农作物的生产周期决定了短期的需求变动无法改变产量，在需求增加时不可能增加种植而在需求减少时也不可能减少种植。对于矿产品来说，矿产的开采规模也不是可以在短期内调整的。除了少数外，大部分初级产品的这种供求特征决定了出口国的更大的价值流失的风险。如图 7.1 所示，初级产品的供求曲线都比一般制成品的供求曲线要陡，即价格的变动可能引起的供给或需求的变动较小。但是这不是指供求曲线本身不会移动，由于某种原因决定的供给或需求的变动仍然会使整个供给或需求曲线移动，从而引起价格的变动。供求的价格弹性较小指的是由价格变动引起的供求数量在原供求曲线上的变动较小。现假定，由于气候的有利原因，农产品的供给增加，供给曲线从 S 移到 S'，这时均衡价格会从 P_0 移到 P_1，使初级产品出口国的出口量从 Q_0 增加到 Q_1。问题是，由于需求缺乏价格弹性，从 E_0 点移到 E_1 点，价格下降幅度较大，而销售量增加幅度较小，因此出口国的出口总收入 $P_1 \times Q_1$ 可能反而低于 $P_0 \times Q_0$。即使不考

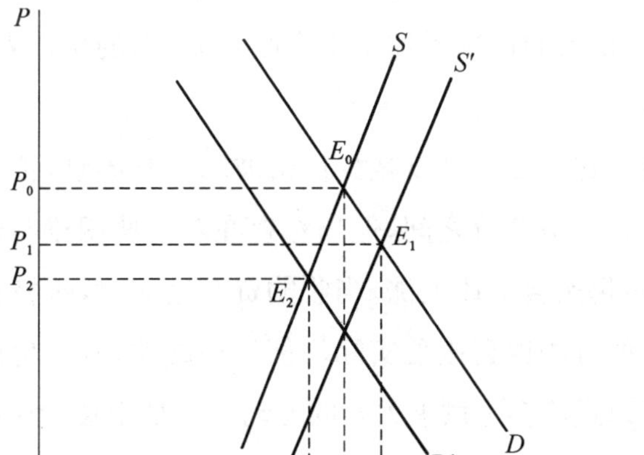

图 7.1　初级产品的供求规律

虑出口国可能在其中付出的更高的生产销售成本,这也会降低出口国的进口能力从而减少价值增值的量,形成价值流失。再假定由于某种原因使需求发生变化,例如人造原材料供给的增加减少了对天然原材料的需求,这会使需求曲线从 D 移到 D'。由于需求的价格弹性较小,价格须有较大幅度的下降才能维持一个略小于 Q_1 的 Q_2 的需求量。这就使得在 E_2 点上出口收入有较大幅度的下降。出口国不但承受了资源配置的浪费,而且承受单位出口价格下降,从而使价值流失。

尽管初级产品的价格波动也会对出口国带来价格上涨的有利影响,例如发达国家经济的周期性繁荣会增加对金属与矿产品的需求,部分国家农业的歉收也会使其他国家享受到价格上升的好处,但其中仍然包含整个经济受波动冲击的不利影响,价格上涨中潜伏着价格下跌。而且,价格上涨给生产者的信号会使之扩大生产,为下一时期的下跌造成了可能。

初级产品市场的投机活动可以平缓供求矛盾,因为投机商在价格下跌时购入而在价格上升时售出。但是,投机者是出口国与进口国之间增加的环节,其投机收入部分来自出口国的价值流失。出口国在低价时出口量较多,而在高价时却出口量较少。

通过限制供给来达到维持初级产品市场价格的办法并不容易。由于供给缺乏弹性,所以无论生产者、企业还是整个国家,都很不愿意减少市场份额。同时,供给的控制增加了生产收益率,新的生产者会进入,致使供给更加困难。

缓冲库存的建立虽然可以减少价格波动及其影响,把初级产品的价格限制在最高价与最低价之间,但仍然存在着一些困难与问题。当库存用完以后,价格仍然会迅速上涨,当收购资金用完时,价格仍然会继续下跌。缓冲库存的方法也会掩盖实际均衡价格的波动,使生产不能作出及时正确的调整以适应实际供求关系的变动。于是用缓冲库存方式来维持价格归结为对世界市场供求的预测,而这一点却是困难的。

稳定初级产品价格的政策对出口国来说不同情况下会有不同的结果。由于价格低时多出口,价格高时少出口,所以总的来说利益为负,价值净流失。当价格不稳定因素来自需求方面时，价格稳定政策会降低出口国的利益；当来自供给方面时，才会增加出口国的利益。与此不同，初级产品进口国获得的总利益却为正。如图 7.2 需求的不稳定表示为较低的需求曲线 D_L 和较高的需求曲线 D_H，这样就可能有需求较低时的均衡价格 P_1 和较高需求时的均衡价格 P_2。稳定价格的措施是在需求较低时买进数量 AB，在需求较高时卖出数量 BC，$BC = AB$；从而价格被稳定在 P_s 水平上。这样，不论在需求较低时期还是在需求较高时期，出口国的生产者剩余均为 $a+b+f$。如果无稳定价格措施，则两个时期的生产者剩余分别为 f 和 $a+b+c+d+f$。所以稳定价格措施使出口国的总的生产者剩余减少 $-a-b+c+d$，此数值大于零。

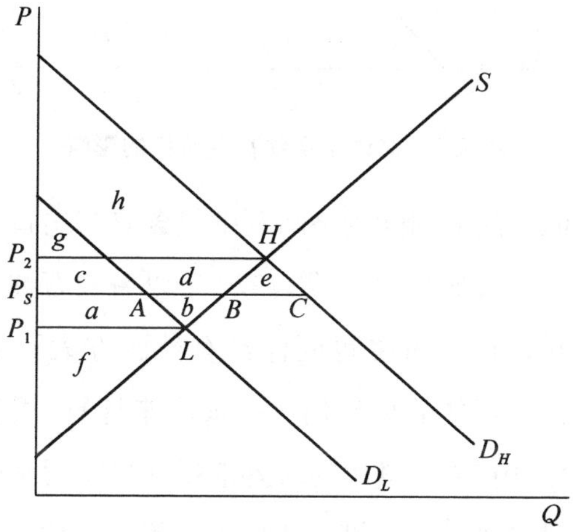

图 7.2　对需求变动稳定价格的影响

相反，对进口国来说，消费者剩余发生了变化。在未实行稳定价格措施前，低需求时消费者剩余为 $g+c+a$，高需求时为 $g+h$；实行稳定价格措施以后，低需求时为 $g+c$，高需求时为 $c+d+e+g+h$。两者相比，实行稳定价格措施使消费者剩余增加 $c+d+e-a$ 量，此值为正。

对来自供给方面的变动采取稳定价格措施对出口国的利益要好些。在图 7.3 中，稳定价格措施使低供给时期的生产者剩余为 $c+f$，高供给时期为 $c+d+e+f+g$，与不采取稳定价格措施相比，前者为 $a+c+f$，后

者为 $f+g$。前后相比，稳定价格措施使出口国生产者剩余增加 $c+d+e-a$ 量，此值为正。对于进口国的消费者剩余来说，稳定后与稳定前相比为 $2(h+a+b)-h-(h+a+b+c+d)=a+b-c-d$，此值为负。

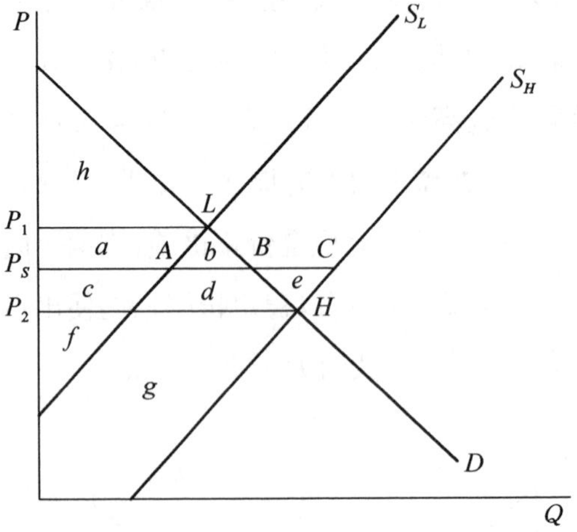

图 7.3　对供给变动稳定价格的影响

不可再生资源产品的国际价格问题中包含着与出口国出口利益有关的许多理论问题。以石油为例，尽管 1973 年以后的石油价格具有卡特尔的性质，但 1973 年以前的价格也同样具有被西方大石油公司垄断的性质。资源产品的价格不能简单地用生产成本来计算，因为资源要素生产率不能被充分地估计在内。资源的级差地租如果定得太低就会降低生产成本和价格。当最贫瘠资源未投入开采以前就会低估富裕资源的资源地租。按等量劳动投入计算，富裕资源应取得资源要素生产率所形成的价值倍加。同时，不可再生资源的价格动态也有一个特殊规律，它作为一国的财富保存于地下应当像资本价值以利率的速度上升一样上升它的价格，即随着开采价格逐年上升，以取得资源的资本本息。这不是由于开采难度的提高的缘故，而是与资本的现期值与未来值不同的同样原理。至于价格上涨的速度则应依据动态最优化原理。正如资本的时间价值一样，如果不可再生资源不能取得最优动态价格，则包含着出口的国民价值流失。这一分析是依据石油出口国对控制石油价格的理由之一提出来的，应当说，它符合不可再生资源的价值原理。资源要素是国家的既有财富，它与过去劳动不同，可以计算转移价值，更与直接劳动不同，应计算劳动的投入量。资源要素作为一个劳动生产率的乘性因素，要求一个表现为价格的级差地租。

产业等级差异中的价值流失

国际分工中的产业等级差异、初级产品与制成品的分工、传统制造业与新兴制造业的分工、一般制造业与高技术产业的分工，这些分工中的利益分配的不均等，曾引起无数经济学家的注意。虽然各人的解释有所不同，但人们比较一致地认为，分工的不对称是利益分配不均等的根本原因，是后进国与先进国差距不断扩大的一个重要因素。

那么，这一结果的原因是什么呢？为什么产业等级差异会导致利益分配的不均等呢？价值分析可以很好地说明这一点。

一产品在市场上实现的价值，为其投入要素的价值与增加价值之和，这一点在国际市场上并无变化。很容易理解，这里所说的增加价值与本书所说的价值增值中所增加的价值，是完全不同的两个概念和对象。一产品即使在本国市场销售也能实现增加价值，但其中不包含价值增值。当该产品投入国际市场完成了价值增值过程以后，也包含了增加价值的实现。这部分增加价值是在出口阶段实现的。根据前面的分析，出口能实现的增加价值与在国内市场上实现的增加价值相比，是更大、更小还是相等，并不能作唯一的结论。重要的是，在国际市场上实现增加价值也是实现价值增值过程的必要阶段，而实现的增加价值越高，整个贸易过程所能实现的价值增值也就越大。从单位要素投入而言，出口品的增加价值越高，进口的能力也越高，进口品的国内价值也越大，进口品的国内价值减去出口品的投入价值之差也越大。这后一个差是一般生产增加价值与贸易的价值增值之和，为生产贸易的全部利益，可理解为总增加价值。当等量生产要素投入进口品生产时，产出不可能达到上述进口品价值，否则不必进行贸易。或者说，国内等量进口品生产所需的要素投入量，必须大于上述出口的单位要素投入量。

问题的关键在于，国际分工中的产业等级差异，实际上也是产品的增加价值率的差异：等级较高的产业具有较高的增加价值率，等级较低的产业只具有较低的增加价值率。正是这一点决定了，以较高等级产业参与国际分工的国家在贸易中获得较高的价值增值，而以较低等级产业参与国际分工的国家只获得较低的价值增值。

产业的等级差别很大程度上与资本密集度相一致，即资本密集度越高产品等级也越高。资本密集度高的产业人均增加价值也越高，所以以劳动力作为投入要素的增加价值率较高。即使在同一等级的产业中，只要资本替代劳动力可以提高增加价值率，资本密集度就会提高。这样同样等级产业的国际分工中，资本富裕的国家也能获得更高的增加价值率。

技术密集度与产业等级的关联更为密切，在现代，新产业大部分是技术进步的结果，而工业化初期的产业往往是资本集聚的产物。技术进步是研究与开发费用投入的成果，一旦形成产业和产品，研究与开发费用要求通过产品的更高赢利来收回。正是这种市场的价格机制诱导社会资本投入研究与开发之中。技术含量高的新产品往往具有比传统产品更高的需求，从而在价格上居于优势，实现更高的增加价值。

较高的产业等级也与使用更多的熟练劳动力相联系，非熟练劳动力只能从事传统的技术普及化的产品生产。在同一国家中，熟练劳动力工资虽高于非熟练劳动力，但其创造的增加价值率也必然高于非熟练劳动力。

于是我们看到由产业等级差异引起的价值流失的内容和特点。在等量出口品价值中，后进国家的产品中包含了更多的投入价值。流失是相对的：后进国家运用更高的投入价值与先进国家相交换，获得较低的增加价值，而先进国家则相反。这种价值流失意味着，后进国家由贸易积累财富的速度必然慢于先进国家，因为等量出口中实现的增加价值较低。在进口阶段，两类国家都可以获得价值增值，但意义却不同。由单位出口所获得的进口品的国际价值是相等的。如果它们的国内价值（不可比）分别是各国出口品的$(1+a)$倍，即获得$a\%$的价值增值，那么与出口品的投入价值比，先进国家的价值总增量仍然高于后进国家。价值流失的相对性涵义在于，国际贸易对二类国家利益分配的不均等。

相对的价值流失也可能扩大为绝对的价值流失。由于后进国家的贸易利益主要在进口阶段，出口阶段会采用各种政策鼓励，如减税、出口补贴和廉价公用事业费等，实际出口品投入价值（社会价值）可能高于出口价值，尽管私人（企业）投入价值仍低于出口价值。这会使出口品价格下降，先进国也就获得更廉价进口，即更高的价值增值。

相对价值流失也可以用贸易与投资的区别来说明。用于出口的投入如果能转移到等级更高的产业，途径是引进技术，那么等量投入就可能有更高的产出。不论是否进一步进行贸易，增加价值总是高于原生产。

世界性的产业结构调整过程是国际价值转移关系的调整过程，但是由世界市场机制所主导的这一过程却维系着现存的价值转移关系：后进国家由初级产品向传统制造业前进一步，先进国家由传统制造业向高技术产业、信息产业、服务业前进一步。后进国家仍然处于增加价值较低、市场需求较弱的产业等级，尽管它们总的贸易量增加了。先进国家传统制造业向外转移本身就在于，这些产业在先进国家增加价值已经相对较低，其原因或者是因为工资太高，或者是因为污染等社会成本（有时是企业私人成本）太高。高技术等新产品的迅速发展已吸收了越来越多的社会资源。在后进国家这一面，接受传统产业会加速工业化，并且同时获得发达国家让出的国外市场，扩大出口，但却同时背上了一些新的包袱：依赖大量资金、社会污染成本、劳动密集型的生产出口结构、逐步萎缩的出口市场。

显然不能简单地否定工业化的必要性和作为一个必经的阶段，同时参与国际分工和解决就业问题的必要性也使上述过程具有现实的合理性。但是，以上的世界市场机制表明，它本身不引导后进国家的产业跨越，它本身只会维持后进国的价值流失地位，因此产业跨越的实现有赖于后进国自身的产业政策。以缩小与先进国家分工的产业等级差异为目标，后进国家应当在总政策中鼓励资源向高技术产业流动。应当尽量吸收高技术产业的国外投资。

8. 货币汇率与汇率性价值流失

在国际金融与国际经济学中，汇率问题得到大量研究，广泛涉及汇率决定与汇率调整的经济影响。但是，汇率中所反映的国际价值关系却未能得到必要的揭示。事实上，正如商品流通是第一性的，货币流通是第二性的一样，国际贸易关系是第一性的，而国际货币关系及其汇率是第二性的。国际货币关系中反映着国际贸易关系，从而反映国际价值关系。汇率这一表面看来十分简单的国际间货币比价数字中包含着极为复杂的国际价值关系，进而它的变动中包含着复杂的价值转移关系，在国际交易大都通过货币进行的今天尤其是这样。一定点上的汇率表面看来依据某一汇率理论，事实上却存在着大量的偏离因素。汇率贬值表面上看来有利于出口，事实上却往往是以价值流失为代价的。贸易收支虽然可以通过汇率变动来调整，但是其中所包含的国际价值关系的变动却远非像收支变动那样简单。

汇率中的国际价值关系

汇率是外国货币的本币价格，或曰两种不同货币之间的比例。各国货币是各国商品的一般等价物，是各自商品的价值尺度。因而汇率是各国价值尺度之间的比例或曰换算关系，正如长度、重量等计量单位的公制、英制与市制之间的换算关系。就“比例”而言，汇率就是这样简单。但是各国货币作为一种不同的尺度，它们所衡量的是各国商品的价值，因而汇率所反映的也就不只是各国货币之间的比例，而且还是各国之间的价值关系了。国际价值问题的复杂性也相应地反映到汇率中来。

假定同一商品在中国的价格是10元，在美国的价格是2美元，那么人民币对美元的汇率就是5元=1美元。汇率是根据两种货币各自在国内的购买力而定的。这里包含了"一价定理"的理论前提：同一商品在世界各地的价格是一样的，因为如果不一样，价格低的地方需求必然增加，价格上升；价格高的地方需求必然减少，价格下降，这一过程直至各地的价格相等为止。[1]

汇率与一价定理使国际价值关系发生双重转型。第一，该商品在两国是不同劳动量的产物(假定非贸易产品)，一般来说是不同的，相同只是极偶然的情况。而且"相同"本身就很难说：如果说是等量劳动，又涉及不同的质、不同的工资水平、不同工资的不同购买力，等等。是一价定理认定二商品价格只能相同，相同又以汇率折算，这样汇率所表现的国际间价值关系的意义就在于，它建立了各国不同劳动量的不同货币表现之间的联系，使不同的劳动量等同。汇率的这一功能的基础是一商品具有唯一的国际价值。

不仅如此。就贸易商品来说，汇率还使本来不具有价值优势的商品具有价格优势以至能够出口。在比较优势结构中，劣势相对较小的产品也能出口。但理论上揭示的这一互利规律在实践中只有使劣势商品表现为绝对的价格优势，劣势商品的出口才有可能。劣势商品的国外货币价格必须不大于国外同一商品的价格，出口才有可能。汇率所发挥的功能正是在于，它使理论上的比较优势原理变为实践上可能运行的贸易过程。在这里，国际同一价格是在贸易中达到的；在该同一价格上各国一商品的供求之差即贸易。

上述转型还只发生在单一商品上。当考虑所有各种商品时，问题就

---

〔1〕一价定理又称为无差异规律(Law of indifference)或替代规律(Law of substitution)，是由杰文斯(W. S. Jevons)在《政治经济学原理》一书中提出来的。

复杂了。各国国内的各种商品的本币价格是本国各商品相对劳动生产率的表现，即价格比反映了相对劳动投入量比。然而，各国的劳动生产率结构是不一样的。假定两国间任何两种商品的劳动生产率之比均不相同，那么无论汇率精确地反映了两国某一商品的价值比，还是经过上述转型反映某一商品的价值关系，都必然以其他不同的比例反映别的所有商品的价值关系：当商品 A 是 10 元和 2 美元时，5 元＝1 美元的汇率准确地反映了中美两国的价值关系，但是，这一汇率却不能准确地反映其他商品的价值关系，在两国，商品 B 分别是 11 元和 3 美元，商品 C 分别是 9 元和 1 美元，如此等等，只要劳动生产率存在着结构性的差异，汇率永远不能解决这一问题——不可能采用一商品一汇率的办法。如果贸易使各国发生生产转换，各商品的生产成本均发生变化，最后世界各国均等，汇率的这一问题似乎是解决了。但实际上这一点不可能达到。汇率只以唯一的换算率折算所有商品的价值比，从而在以汇率作为国际交换媒介的过程中也就必然存在着各种不同的价值转移关系了。

当然，汇率从来没有采用一种商品的国际价格而定，也没有一种理论这样提出过。以上叙述只是为了方便与清晰起见。现在转到一种比较通行的汇率理论——购买力平价理论(PPP)上来(当然也还仍然在理论阶段而未进入按实际汇率决定来分析)，但是可以发现上述问题仍然没能解决，并且随着偏高购买力平价汇率的因素的出现，也进一步出现了汇率对国际价值关系表现的转型。

购买力平价原理指出，两国的货币汇率为各国国内价格指数之比。以 P^d 表示国内价格指数，P^f 表示外国价格指数，则汇率：

$$E=\frac{P^d}{P^f}$$

这一表达式也称为绝对购买力平价。问题的首要困难归结于各国价格指数的计算。各国各商品的国内价格比不一样，各国消费者的消费结构不一样，各商品的权数设定有主观性等，使得价格指数的意义存在一定问题。同时，价格指数中也包括非贸易商品，而汇率只对贸易商品有作用，因此用价格指数作为汇率计算的基础，使汇率中包含了更多的偏离国民价值比的因素。当非贸易商品价格发生变化时，价格指数也会发生变化。但是汇率不应因此而变化，因为贸易商品的价格可能没有同时发生变化。运费和关税是另一个影响因素。非分工（但可贸易）商品的国际价格差可能是因为运费的存在，运费使相对价格优势不能转化为贸易优势。贸易产品加上运费和关税会出现价格差；贸易产品价格又进而影响非贸易产品价格。所以用价格指数证明 PPP 的成立也更加困难。

除了购买力平价汇率对商品实际国民价值比的偏离以外，实际经济过程又使实际汇率偏离购买力平价汇率。假定两国两种商品间的相对价格发生了变化，消费结构也会发生变化，如果设定总的消费支出不变，即不存在通货膨胀，则商品在两国间的相对价格也会发生变化，从而使实际汇率发生变化。设有两国二商品模型如表 8.1 所示。在时期 0，美国商品 a、b 的价格分别为 5 美元与 2 美元，消费量分别为 4 个单位与 2 个单位。中国的价格分别为 20 元与 20 元，消费量也是 4 个单位 a 与 2 个单位 b。对于同样这个消费量的购买，在美国为 24 美元，在中国为 120 元，因而购买力平价汇率为 1∶5。在时间 0，按单个商品价格计算的汇率商品 a 为 1∶4，商品 b 为 1∶10。虽然购买力平价汇率为 1∶5，但实际汇率将随二商品的进出口及相互需求强度形成，中国可能出口商品 a 而进口商品 b。只有在偶然的情况下实际汇率会正好是购买力平价汇率。在时期 1，二商品的相对价格发生变化，在美国均为 4 美元，在中国分别为 18 元和 30 元。因二商品可相互替代，两国的消费结构与数量也发生变化。为假定购买力相同，即两国的购买力平价汇率不变，设消费量均为 5 单位 a 与 1 单位 b。这样 24 美元的购买力等于 120 元的购买力，相同的购买力使购买力平价汇率仍为 1∶5。但是，各商品的实际价格比发生了变化，商品 a 为 4∶18 = 1∶4.5，商品 b 为 4∶30 = 1∶7.5。因而实际汇率将会由这两种实际价格比及相互贸易量所决定，一般来说不会与时期 0 相同。[1]

表 8.1　相对价格变化影响汇率的途径：改变国际价格比

时　期	0					1				
	美　国		中　国		汇　率（商品比价或购买力平价）	美　国		中　国		汇　率（商品比价或购买力平价）
	价格	消费量	价格	消费量		价格	消费量	价格	消费量	
商品 a	5	4	20	4	4	4	5	18	5	4.5
商品 b	2	2	20	2	10	4	1	30	1	7.5
消费值	24		120		5	24		120		5

注：价格及消费值单位美国为美元，中国为元；汇率为单位美元人民币价格。

实际汇率对于购买力平价的偏离原因，还在于汇率是一个敏感而且迅速变化的量，而物价的变化却不那么快而频繁。当价格与汇率以不同速度变化时，汇率就与购买力平价不一致。不能把购买力平价理论看作物价或购买力或通货膨胀率之差决定汇率的理论。购买力平价理论只表明了这些因素与汇率之间的均衡关系，它们本身都同时由其他因素所决定。当某一经济事件发生时，汇率会立即作出响应，发生变化，但商品价格在短期内不会变化，库存商品的价格是既定的，只是在一个时期以后各种商品的价格才会上升。在这一时期中，实际汇率必然偏离购买力平价。

汇率是国际间价值交换的媒介，其本质是反映国际价值关系，多种因素却又使汇率偏离实际商品价值比，这一矛盾的结果是复杂的国际间价值转移关系。

关于相对价格变化对汇率的影响，国外有人进行过研究，并得出相对价格变化会影响汇率的结论。[2] 但是仔细分析其所用的模型可以看到

〔1〕 上述分析并没有从假定一价定律成立出发。
〔2〕 布鲁诺（S. Bruno）：《国际平价条件和汇率风险》（"International Parity Conditions and Exchange Risk", *Journal of Banking and Finance*, 1978, oct. ），转引自 M. 梅尔文：《国际货币与金融》（中译本），三联书店上海分店 1991 年版。

存在着一些问题。该模型如表 8.2 所示：

表 8.2　相对价格变化影响汇率的一种解释

	法　国				日　本			
	时期 0		时期 1		时期 0		时期 1	
	法郎价格	消费量	法郎价格	消费量	日元价格	消费量	日元价格	消费量
葡萄酒	1	9	0.111	8	1	1	1.5	0.333
米　酒	1	1	0.741	1.5	1	9	1	9.5
消费值	10		10		10		10	

注：时期 0 汇率法郎/日元＝1，时期 1 汇率法郎/日元＝0.741。

作者的逻辑是假定供给发生变化，使时期 0 二商品的相对价格 1∶1(在两国相同)都发生变化，从而消费量发生变化。为保持相同购买力，排除通货膨胀因素，作者假定消费值不变，仍均为 10。在假设相对价格在两国均变为 1.5∶1 和消费量以后，分别解出二商品在两国的具体价格。于是，二商品的法郎价格和日元价格之比从均为 1∶1 变为葡萄酒1.111∶1.5，米酒 0.741∶1，汇率(法郎比日元)为 0.741。购买力平价汇率不变，价格水平不变，从而实际汇率对购买力平价汇率发生偏离。

作者设计的模型是以一价定律成立为前提的，并假定了两国保持同样的价格比。但是在假定的不变消费值上，并未能设计出相同的购买力，两国在时期 1 的同样消费值购买的实物量是不同的，而且与时期 0 也是不可比的。这样就放弃了购买力平价的原则。同时，相对价格变动并不一定导致实际汇率变动，只是在作者假定的消费量上会有变动。如果假定时期 1 法国的消费量为 5.8 单位葡萄酒和 1.3 单位米酒，则法郎价格分别为 1.5 与 1。在一价定律下二商品的汇率仍为 1∶1。所以该模型事实上在假定二商品的相对价格变动的同时假定了两国价格水平的相对变动，只是后者才是导致实际汇率变动的真正原因。现象的消费值的不变没有使实际购买力不变。此外，在作者所设计的模型中，各国的消费结构不同，问题是这样就使购买力无法进行比较。

研究表明，如果一价定律成立，相对价格变动两国相同，则在相同购买力的模型中，购买力汇率不变，各商品汇率也不变。如表 8.3 所示，设美国二商品的相对价格变为 4 与 4，消费结构变为 5 与 1。按不变的购买力汇率 120 元与购买结构，5 单位商品 a 与 1 单位商品 b，二商品价格比也为 1∶1，则必然均为 20 元，实际汇率也必然仍为 5 元比 1 美元。

表 8.3　相对价格变化不影响汇率：一价定律

<table>
<tr><th rowspan="3">时　期</th><th colspan="5">0</th><th colspan="5">1</th></tr>
<tr><th colspan="2">美　国</th><th colspan="2">中　国</th><th rowspan="2">汇　率（商品比价或购买力平价）</th><th colspan="2">美　国</th><th colspan="2">中　国</th><th rowspan="2">汇　率（商品比价或购买力平价）</th></tr>
<tr><th>价格</th><th>消费量</th><th>价格</th><th>消费量</th><th>价格</th><th>消费量</th><th>价格</th><th>消费量</th></tr>
<tr><td>商品 a</td><td>5</td><td>4</td><td>25</td><td>4</td><td>5</td><td>4</td><td>5</td><td>20</td><td>5</td><td>5</td></tr>
<tr><td>商品 b</td><td>2</td><td>2</td><td>10</td><td>2</td><td>5</td><td>4</td><td>1</td><td>20</td><td>1</td><td>5</td></tr>
<tr><td>消费值</td><td colspan="2">24</td><td colspan="2">120</td><td>5</td><td colspan="2">24</td><td colspan="2">120</td><td>5</td></tr>
</table>

注：同表 8.1。

如果一价定律成立，必须假定消费结构发生变化，实际汇率才会发生变化。但在这样的模型中，购买力也发生了变化。在表 8.4 中，美国时期 1 对时期 0 的变化同前，实际汇率变动的原因是中国的消费结构发生变动，消费量变为 4 单位 a 与 1 单位 b，这是时期 0 的 120 元的购买力。时期 1 美国与中国的购买量已不相同，所以 24∶120 不能用作计算购买力平价。如果假设相同的购买力，即 5 单位 a 与 1 单位 b，则需 144 元，购买力平价汇率也为 6，与实际汇率相同。也就是说，实际汇率没有偏离购买力平价汇率。

为此，本书前文采用的模型是，一价定律未起作用，各商品有各自的价格比，购买力平价汇率由实际消费结构与数量决定。这样，在相对价格发生变化以后，不变的购买力决定新的两国间的价格比。实际汇率在两个时期都由两国价格比决定，所以，才与购买力平价汇率偏离。

表 8.4　相对价格变化影响汇率：购买力变动

<table>
<tr><td rowspan="3">时　期</td><td colspan="5">0</td><td colspan="5">1</td></tr>
<tr><td colspan="2">美　国</td><td colspan="2">中　国</td><td rowspan="2">汇　率（商品比价或购买力平价）</td><td colspan="2">美　国</td><td colspan="2">中　国</td><td rowspan="2">汇　率（商品比价或购买力平价）</td></tr>
<tr><td>价格</td><td>消费量</td><td>价格</td><td>消费量</td><td>价格</td><td>消费量</td><td>价格</td><td>消费量</td></tr>
<tr><td>商品 a</td><td>5</td><td>4</td><td>25</td><td>4</td><td>5</td><td>4</td><td>5</td><td>24</td><td>4</td><td>6</td></tr>
<tr><td>商品 b</td><td>2</td><td>2</td><td>10</td><td>2</td><td>5</td><td>4</td><td>1</td><td>24</td><td>1</td><td>6</td></tr>
<tr><td>消费值</td><td colspan="2">24</td><td colspan="2">120</td><td>5</td><td colspan="2">24</td><td colspan="2">120</td><td>5</td></tr>
</table>

注：同表 8.1。

汇率中的国际价值转移

在贸易商品中，汇率作为一个折算率对商品价格进行折算。不论该商品在各国的国内价格是多少，汇率只使它们成为同一个价格。这一机制与国际价值决定机制不同。在国际价值决定机制中，商品的相对国际劳动生产率差异是关键因素，一商品以怎样数量的国际价值进入国际市场，多少国民价值量被承认为多少国际价值量，只取决于该商品本身的相对劳动生产率。但是，汇率的折算机制却不同。它以一个不直接取决于该商品的相对劳动生产率的比率对该商品进行价格折算，使折算偏离由商品本身的相对劳动生产率差异和名义货币标度所决定的比率。一个 10 元的商品以 2 美元出口，不是因为中美两国的货币标度为 5 比 1 而两国的劳动生产率相同，不是因为两国的货币标度相同而劳动生产率为 1 比 5，也不是因为两国的货币标度为 2 比 1 而劳动生产率为 1 比 2.5，如此等等，而是因为汇率是 5 比 1。这个汇率是由所有贸易商品的两国相对价格（即相对劳动生产率和货币标度），以及贸易供求关系共同决定的，是一个被调整了的平均数。这个平均数是高于、低于还是恰好等于该商品在两国国内的价格比，取决于该商品在本国全部商品中的相对劳动生产率水平，而不是该商品相对于他国的本国劳动生产率水平。这就决定了，除了少数偶然情况，大部分商品的贸易过程包含着价值的流入或流出：当内外价格比高于汇率时是流出，低于时是流入。当汇率为5元等于1美元时，对于价格分别为8元、10元和12元的a、b、c三种商品，如果国际价格都是2美元，那么商品a出口将获得价值流入，商品c（如果有某种因素促使它出口的话）为价值流出，而商品b（若有贸易）既无流入也无流出。

这还只是一个简化的假定。这个假定没有以比较利益论的核心为基础，即没有假设一国整体劳动生产率相对较低。现假定中国劳动生产率低于国外平均水平，a、b二商品的要素投入量分别为8与15个单位，国外平均则为4与5个单位。根据比较成本说：

$$\frac{8}{15} < \frac{4}{5}$$

中国应出口商品a而进口商品b。但是如果单位要素的价格国内外相同，那么出口就不能发生，因为没有一个企业会愿意把8个单位的成本按4个单位成本产品的价格出售。[1] 再设国外二商品价格分别为4美元与5美元，人民币对美元的货币标度之比为2比1，即由黄金价格体现的两种货币的单位的大小之比。这样，中国二商品的要素成本分别为16元与30元，有：

$$\frac{16}{30} < \frac{4}{5}$$

这一比式虽然成立，但若实行2∶1的汇率，中国商品a仍然无法出口。于是必须把汇率确定在二商品国内外价格比之间的某个值，例如5∶1上，出口才可能发生。这个汇率等于货币标度之比与内外劳动生产率平均比率的倒数（2.5）的乘积。

在这个汇率上，商品a可以出口。生产者出口在国内值16元的商品，

---

〔1〕 除非在计划经济下才会发生出口。这也就是为什么计划经济下汇率问题不突出的原因。

售价 4 美元，获得 20 元。但是这个价值增值过程是虚假的，因为设商品的要素成本为 8 美元，实际上存在着 4 美元的价值流失。

之所以要把汇率定在这个水平上，是为了创造一个通过市场的价值增值过程。当国内进口商用 20 元向外汇银行买入 4 美元后，它可以进口 $\frac{4}{5}$ 单位的商品 b，在国内的要素成本价值为 $15 \times \frac{4}{5} = 12$ 美元。整个贸易过程是 8 美元要素成本开始到 12 美元要素成本结束，净价值增值 4 美元。如果按人民币计算，则出口为 16 元成本，进口为 $30 \times \frac{4}{5} = 24$ 元收益，净增 8 元。净增值二货币之比仍为 2∶1，与货币标准相同而与汇率不同。

这一分析表明，对于一个劳动生产率绝对落后的国家来说，汇率造成的出口增值是虚假的，真实的增值在进出口全过程。出口阶段包含着绝对的价值流失，而进口阶段则包含着绝对的价值流入。当然，在部分产品具有绝对优势的情况下，这种情况与以上出口实际增值的情况并存。

购买力平价汇率理论以各国对各商品的实际购买价格为基础说明汇率，这样以上分析的货币标度与投入要素成本差被同时包括在内，汇率也就不反映绝对劳动生产率的差异与价值流失了。

人们作过大量研究验证购买力平价理论，结果发现多种使汇率偏离购买力平价的因素，这已如上节所述。问题是不论汇率对购买力平价是否偏离，由汇率所决定的国际间价值转移问题始终存在。

如果不考虑由劳动生产率的绝对差距造成的以上调低汇率的需要，货币标度就成为决定汇率的基本因素了。即使这样，购买力平价汇率仍然不可能确定在一个点上，使价值转移只发生于本国那些存在相对劳动生产率差异的产品上，如本节讨论的第一类情况，产品 a 与 c 发生价值转移。在此类情况中，产品 b 是一种标准产品，两国的劳动生产率完全相同，价格的不同和汇率只取决于货币标度。购买力平价的计算方法把非贸易商品包含在内，又无法消除各国不同的消费结构的因素，只有极偶然地才会使汇率落在标准产品的内外价格比上。这样，即使购买力平价获得验证，其中仍然包含着价值的国际转移：当汇率高于标准产品的内外价格比时，出口价值流入减少；当汇率低于标准产品的内外价格比时，则进口价值流入减少。如图 8.1 所示，其中 $R=5:1$ 为标准产品内外价格比。高于 5∶1 的汇率为 *XI*/*MO* 汇率，即出口价值流入，进口价值流出；低于 5∶1 的汇率为 *XO*/*MI* 汇率，即出口价值流出，进口价值流入（见图中①）。如果被验证的购买力平价汇率在 $R_1=4.5:1$，则出口价值流入段（*XI*）缩短，进口价值流入段（*MI*）不变，但出现了一个进口价值流出段（*MO*）（见图中②）。在这里，汇率确定以后，不再假定同一汇率上同时存在进口与出口两种可能，而是只有一种可能，内外价格比低于汇率值的出口，内外价格比高于汇率值的进口。在内外价格比为 4.5∶1 与 5∶1 之间的商品，现在只有进口而价值流出的可能。与此同时，由于出口价值流入段的商品减少，整个经济的价值增值规模缩小。所以，高估汇率引起双重价值流失。在汇率为 $R_2=5.5:1$ 时（见图中③），价格比为 5∶1 与 5.5∶1 之间的商品可以出口，但这些商品是出口价值流失的商品（*XO*）。同时进口价值增值段（*MI*）缩短，也减少了一国整个经济价值增值的规模。与此不同，如果汇率在标准产品的内外价格比 5∶1 上，则无进出口价值流出段。这时在 5∶1 以上段为 *XI* 段，5∶1 以下为 *MI* 段。在其他情况相同的条件下，一国的价值增值最优。

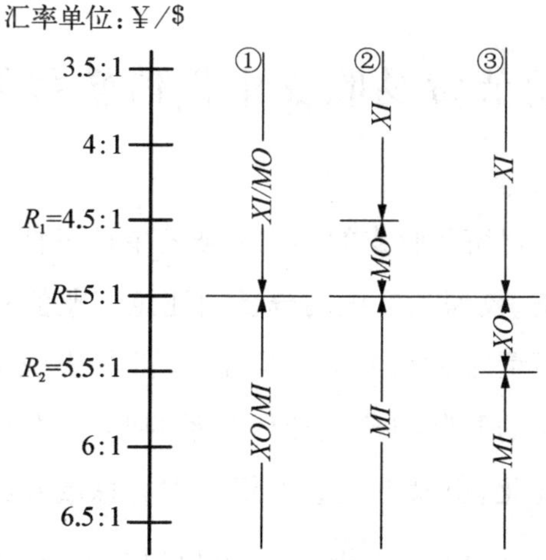

图 8.1　汇率变动对价值转移的影响

当然,如果价格指数中能够消除前述不合理因素,购买力平价还是一个比较接近于标准产品内外价格比的汇率标准。这是与在资本流动、供求影响、内外均衡等因素影响下形成的汇率相比而言的。

相对价格变动是价值结构的变动,如上节指出,这会使汇率偏离购买力平价,也就是说使标准商品的内外价格比移动,偏离现行汇率。如图 8.2 所示,R_0 为现行汇率,在相对价格变动以前也假定为购买力平价汇率。相对价格的变动分别使标准产品的内外价格比移到 4.5∶1 和 5.5∶1。在前一种情况下(见图中①),出现了出口价值流失段,在后一种情况下,出现了进口价值流失段。

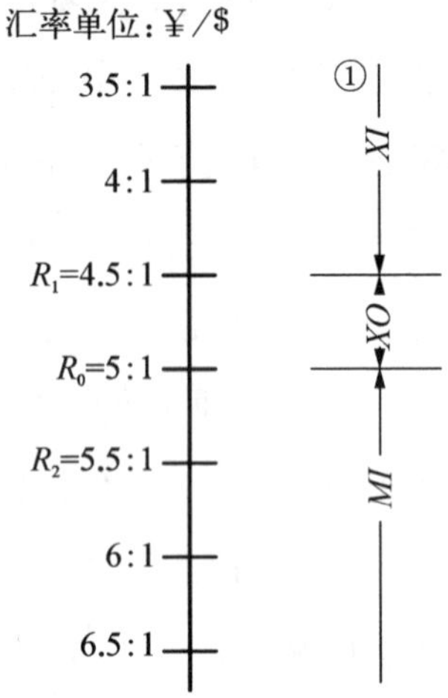

图 8.2　实际汇率偏离现行汇率时的价值流失

当经济事件发生,物价变动滞后于汇率变动时,情况与此相反。在短期内,商品的价值及内外价格比都没有变化,变化的是汇率本身。这时的价值流失情况如图 8.1 所示。当汇率上升时为图中②,当汇率下降时则为图中③。

贬值调节贸易收支中价值转移的变化

货币汇率贬值对贸易收支的影响常被简单地概括为扩大出口缩小进口而改善贸易收支,较深入一些的分析则注意到贬值后一个短期内甚至出现相反影响即所谓"J 曲线效应",但是,一般都未说明在贸易收支总量差额变化中所包含的国际间价值转移关系的变化,即贬值所导致的价值流入流出关系的变化,也没有注意到贸易收支总量差额变化对一国价值增值的整体影响。本节先研究前一个问题,后一个问题在下一篇中分析。

贬值对国际价值转移关系的影响取决于三方面的因素。一是贸易商品供求的价格弹性，二是贬值后各个不同时期的差别，三是商品实际价值的变动。不妨假定，在一个短期内，一国的劳动生产率结构不变，即各商品的生产成本不变，价值不变。虽然贬值后会引起价格的变动与贸易数量的变动，但仍假定这种价格变动不是价值变动的结果，贸易数量的变动不要求生产转换和生产成本变动。

当一国出现贸易差额(赤字)时，往往会采用货币汇率贬值的方式。如果没有其他因素，货币贬值会提高进口品的价格而抑制进口量，会降低出口品的价格以扩大出口量，从而减少贸易赤字。但是，这一过程需要时间，同时取决于内外供求的价格弹性，在这里是汇率弹性。在弹性不足的情况下，在贬值效应发生作用以前，贸易赤字甚至可能扩大。如果出口主要用本国货币计价，进口主要用贸易伙伴国货币计价，则贸易收支差额在原出现赤字的情况下继续扩大。只是在一个时期以后贸易收支才会改善。在以时间为横坐标、贸易收支差额的变动量为纵坐标的坐标系中，贸易收支变动最初为负，而后为正，呈现"J"型。这就是所谓"J 曲线理论"。

汇率贬值后首先出现的问题是已经签订的贸易合同的支付。这时，贸易合同所采用的货币种类以及本国货币的可兑换性会影响贸易收支的变动。对于一个货币可兑换的国家来说，如果待支付贸易合同是用本币计价的，那么出口的收入不会变化，进口的支出也不会变化，所以该部分合同不会对贸易收支产生影响。如果贸易合同是用外币计价的，那么在以本币计算的国际收支表中，出口的本币收入与进口的本币支出均会增加，对整个贸易收支的影响为正或为负取决于进出口合同数量的差额。对于一个货币不可兑换的国家来说，国际收支一般以美元计算。如果已订合同以本币计价，那么出口合同的美元收入就会减少，进口合同的美元支出也会减少。贸易收支的净影响取决于两类合同的相对数量。如果合同以美元计价，则无论进口或出口都不会改变原美元收支，从而不影响贸易收支。但是，出口商的本币收入增加，进口商的本币支出增加。如果合同以美元以外的可兑换货币计价，只要该种货币与美元的汇率不变，结果同以美元计价一样。在以美元或其他外币计价的情况下，货币贬值不影响内外价值转移关系，但影响国内进出口双方的利益调整，出口得益而进口受损。在以本币计价的情况下，出口收入减少，价值流失；进口支出减少，价值流入，两者的总利益为正或为负取决于贬值后支付合同进出口净差额，顺差则价值净流失，逆差则价值净流入。

所以，对一个贸易主要以美元或其他可兑换货币计价的国家来说，贬值后合同履行期内的价值转移关系并不重要。重要的是贬值后内外价格变动的及其适应的穿越期（Pass-through）。所谓穿越即价格因货币贬值而发生变动。

贬值后穿越期存在的原因是，贬值虽然使进口品价格提高，但进口商尚未找到替代品，反应有个过程，在一个短期内需求弹性较小。出口方面也会有相似情况，外国进口商在短期内尚未能增加购买，或以这种低价进口品替代其他进口品。所以，在穿越期内贸易收支尚不会改善。如果国际收支和贸易计价都采用美元而本国货币非自由兑换的话，就是这样。如果采用本国货币计算国际收支，或者对于美国来说，则贬值后该穿越期贸易收支还可能恶化，因为进口支付增加而出口收入减少。

先来看供给或需求完全无弹性情况下的价格穿越。在图 8.3 中，图 a 为本国进口需求无弹性。本国的进口需求原为 Q_0，因无弹性，不随价格而变动，故需求曲线为垂直线。货币贬值后以本币计算的进口品价格会提高，但以美元计算不会变化，所以供给曲线在贬值前后为同一条，外国供货商不可能再提高价格。因此，在这种情况下进口的美元支出不会变化，对贸易收支也无影响。由于价格与数量都不变，所以在这一方面价值转移关系也不变。如果进口价格以本币计算，本币为可兑换货币，外国供货商愿意获得本币的话（即假定这里讨论的是美国）则情况就不一样了。因为美元贬值，外国供货商会要求提高对美国出口品的价格，贬值后的供给线会左移，如图虚线所示。价格提高量为原供给线与新供给线之间的距离。由于需求无弹性，出现进口价格的穿越，穿越幅度即美元的贬值幅度。这一结果会导致价值流失，因为本币的更多流出即外国对本国更高的购买力。

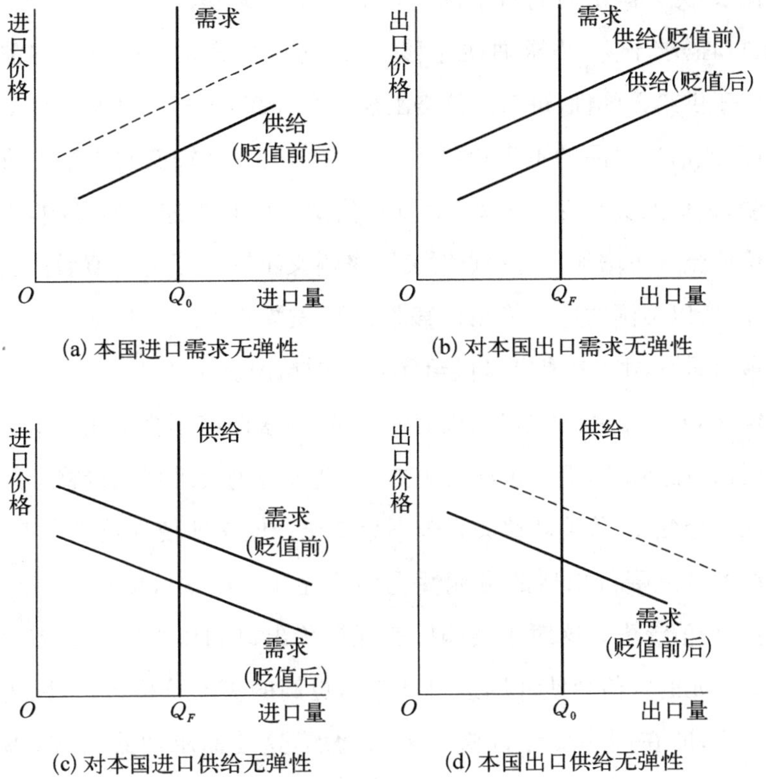

(a) 本国进口需求无弹性　(b) 对本国出口需求无弹性

(c) 对本国进口供给无弹性　(d) 本国出口供给无弹性

图 8.3　供给与需求无弹性时的价格穿越(价格均为美元)

图(b)为对本国的出口需求无弹性的情况。由于本币贬值,本国出口商会降低出口品的美元价格,这使供给线右移。但是,由于外国对本国的出口品需求无弹性,出口价格的下降不能提高需求量。出口价格按汇率贬值幅度下降后,出口量仍固定在 Q_F。这就形成了出口品价格的完全穿越。以不变的数量在一个较低的价格上出口导致出口美元总收入的下降,因而对贸易收支产生增加逆差的影响。由于数量不变,产品的价值不变,所以出口形成价值流失,或曰减少了增值量,同时进口能力下降,也减少了增值量。价格完全穿越后本币的出口值将不会变化,所以对于美国或者以本币计算国际收支的国家来说出口收入将不会变化。但价值流失的情况不会变化,因为等量的出口美元或本币收入将只能用于购买较少量的进口品。

图(c)为外国出口商对本国进口品的供给无弹性的情况。贬值后本国的进口需求下降,需求曲线左移,即在同一个美元价格上本国需求减少。由于供给无弹性,进口品价格出现完全穿越,价格下降幅度即本币贬值幅度,或曰进口品的本币价格不变。由于在一个较低的价格上进口不变的量,进口的美元支出下降,对贸易收支产生减少逆差的影响,进口阶段的价值流入也增加。这一点对美国来说又不同。因为贬值后的美元价格不变,所以美国的进口美元总值也不变,贸易收支没有影响。

最后看图(d),本国出口供给无弹性的情况。由于供给无弹性,出口量固定在 Q_0 上。由于出口品以美元计价,需求曲线不会变化。本国虽然可能对出口品降价,但因供给无法扩大,供求差仍会维持原价格。这样出口收入不会变化,价值转移关系也不会变化。但是即使导致供求差异,在不变供给量上降价出口的可能性也仍然存在。这就可能使价格单纯下降,造成价值流失。这对于美国以美元计价出口和作为国际收支计算又不同。美元的贬值会使外国进口商愿以更高的美元价格进口,因为外币价格不变,即在同一美元价格上需求增加,这使需求曲线右移(虚线位置),这样以美元计算的出口增加,对贸易收支产生减少逆差的效应,价值流入。价格提高的幅度即汇率贬值幅度,价格完全穿越。但是出口时增加的美元会在进口时完全付出,进口时会以同样增幅的美元支出,又形成价值流出,所以总的来说也无价值转移的变化。

上述分析可以概括为表 8.5。可以发现这与美国经济学家以美国为例,美元贬值的结论很不相同。[1] 该表把进出口供求均无弹性组合为四种情况,其中进出口供给均无弹性为最好,进出口需求均无弹性则为最差。在出口需求和进口供给均无弹性的情况下,总的贸易收支效果取决于原贸易收支状况。由于进出口价格均会下降,所以整个收支影响取决于进出口原先的相对规模。原顺差即出口量超过进口量,则出口总价格下降量会超过进口总价格下降量,这样必导致顺差减少及价值流失;反之

〔1〕 美国经济学家的分析参见 M. 梅尔文:《国际货币与金融》(中译本),上海三联书店 1991 年版。

则价值流入。

表 8.5　以美元计算国际收支国家本币贬值后穿越期的价值转移

	进口供给无弹性	进口需求无弹性
出口供给无弹性	出口不变(d) 进口价格下降(c) 贸易收支改善 价值流入	出口不变(d) 进口不变(a) 贸易收支不变 价值转移关系不变
出口需求无弹性	出口价格下降(b)价值流失 进口价格下降(c)价值流入 原先顺差则顺差减少，价值流失 原先逆差则逆差减少，价值流入	出口价格下降(b) 进口不变(a) 贸易收支恶化 价值流失

注：表内括号中的字母代表图 8.3 中相应的图示说明。

穿越期过去以后，供求会呈现出弹性。在一般理论的分析中，往往只看到此时贸易收支的改善，而不能揭示其中更不利的价值转移关系，如图 8.4 所示。该图由图 8.3 演变而来，但由于供求均有弹性而且只考虑外币(美元)价格，所以原图(a)变动结果同图(c)，原图(d)同图(b)。在图(a)中，贬值前进口均衡价格为 P_0，进口量为 Q_0。贬值使进口品本币价格上升，从而在同一美元价格上需求量下降。这表现为需求曲线的左移。新的均衡价格为 P_1，进口量为 P_0。根据假定，P_1 点的美元价格低于 P_0，但本币价格等于贬值前的 P_0 点，因而价格降幅即汇率贬值幅度。进口美元价格下跌和进口量减少对贸易收支的影响为改善，但是，总进口规模减小

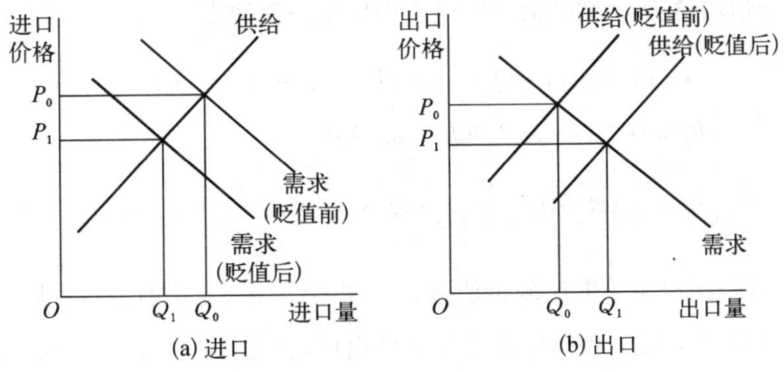

图 8.4　供求有弹性时贬值引起的价值流失(价格均为美元)

的结果是进口价值增值量的减少。进口价值增值减少的百分比 v' 为：

$$v' = 1 - \frac{P_1 \cdot Q_1}{P_0 \cdot Q_0}$$

令贬值幅度为 r'，则：

$$P_1 = \frac{P_0}{1 + r'}$$

这是因为在 P_1、P_0 上的本币价格相等(设为 A)，而美元价格不等。令原汇率为 R，则 $P_0 = \frac{A}{R}$，$P_1 = \frac{A}{R(1+r')}$，即得上式。再令进口供给价格弹性为 e_{ms}，则：

$$\begin{aligned} Q_1 &= Q_0 \cdot (1 + \Delta Q) \\ &= Q_0 \cdot (1 + e_{ms} \cdot \Delta P) \\ &= Q_0 \cdot \left[1 + e_{ms}\left(\frac{P_0}{1+r'} - P_0\right)\right] \end{aligned}$$

所以，

$$v' = 1 - \frac{\frac{P_0}{1+r'} \cdot Q_0 \cdot \left[1 + e_{ms}\left(\frac{P_0}{1+r'} - P_0\right)\right]}{P_0 \cdot Q_0}$$

总体看进口价值增值量是增是减，取决于由进口品价格下降导致的价值净流入同进口量减少导致的价值增值减少何者更大。令每 1 美元进口的价值增值为 a，则贬值后的进口增值量净变动为：

$$\begin{aligned} V &= R \cdot (P_0 - P_1) \cdot Q_1 - a \cdot (P_0 \cdot Q_0 - P_1 \cdot Q_1) \\ &= [RP_0 - (R - a)P_1]Q_1 - aP_0Q_0 \\ &= \left[RP_0 - (R-a)\frac{P_0}{1+r'}\right] \cdot Q_0 \cdot \left[1 + e_{ms}\left(\frac{P_0}{1+r'} - P_0\right)\right] - aP_0Q_0 \end{aligned}$$

同时，出口也可能出现价值流失。在图(b)中，贬值前出口价格为 P_0，出口量为 Q_0。贬值使本国出口商降价出口，美元价格从 P_0 降到 P_1，本市价格 $P_1 = P_0$。出口数量上升，但是这是在一个降低了的出口价格上的出口扩大。这种出口扩大可能改善国际收支，但是却可能包含着价值流失。假定 P_1 的内外比价仍高于前述标准商品内外比价，则整个出口仍可能有价值增值，增值规模取决于出口量；如果已低于标准商品的内外比价，则出口为净价值流失。在后一种情况下，出口净价值流失量为出口商品的内外价格比与标准商品的内外价格比之差去乘以出口的美元值。在前一种情况下，增值规模下降的百分比 v' 为：

$$
\begin{aligned}
v' &= 1-\frac{P_1\cdot Q_1}{P_0\cdot Q_0}\\
&= 1-\frac{\frac{P_0}{1+r'}\cdot Q_0\left[1+e_{XD}\cdot\left(P_0-\frac{P_0}{1+r'}\right)\right]}{P_0\cdot Q_0}
\end{aligned}
$$

其中，e_{XD} 为出口品的需求弹性。

价格增值的净减少量为：

$$
\begin{aligned}
v &= a\cdot P_0\cdot Q_0-a\cdot P_1\cdot Q_1\\
&= a\cdot P_0\cdot Q_0\left\{1-\frac{1}{1+r'}\cdot\left[1+e_{XD}\left(P_0-\frac{P_0}{1+r'}\right)\right]\right\}
\end{aligned}
$$

此式可正可负。

附录 2 国际价值的性质、计量与形态

价值——商品经济的基本范畴，价值规律——商品经济的基本规律。经济学几乎是随着价值学说的发展而发展起来的。到了马克思，则更因为价值、劳动力价值、剩余价值等一系列概念的揭示，使整个资本主义生产方式得以阐明。价值规律（社会必要劳动时间决定价值量、等价交换）决定了整个商品经济的运行过程。几乎商品经济的一切现象都可以从价值规律出发得到解释。

然而，国际价值和国际价值规律的"命运"却截然不同。国际价值无论在国际经济学中还是在世界经济理论中，都不是作为基本范畴或核心概念而存在的。国际价值从它最初被提出时，就遇到了不能用原有价值理论解释的现象。在现代马克思主义的著作中，国际价值理论更是被用以证明国际不等价交换的，似乎国际价值规律作用的结果本身就是不等价交换。然而问题是，世界经济是商品经济，商品经济的规律本身（在无政治因素情况下）怎么竟然是以不等价交换为特征和内容的呢？对于世界范围的商品经济，为什么国际价值分析法竟是无能为力的呢？这只能归因于国际价值理论本身的不成熟。

国际价值概念的分歧

国际价值理论的历史起点，很难绝对地予以确定。在古老的价值理论中，国民价值与国际价值是不予区别的，抽象的价值思想，既是国民价

值理论的起点，也可以说是国际价值理论的起点。在价值理论中，大部分没有引进“国民经济”的限定。重商主义追求对外贸易的顺差，把外贸获得金银货币看作除了开采金银外的财富的真正源泉，事实上把金银货币唯一地看作为国际价值，因为获得金银才等于从国际交换中获得了价值。对劳动价值论作出重要贡献的斯密，提出了国际分工对各国都有利的论断，在各国不增加劳动量的情况下可以增加使用价值总量，这一过程可以在把劳动价值论推广到国际价值论中给予解释，但斯密没有这么做。李嘉图在国际贸易理论上作了历史性的推进，然而在国际价值面前却止步不前。穆勒企图解决李嘉图留下的交换比问题，提出国际价值取决于国际交换条件，而这个国际交换条件则是由国际相互需求均等原理所决定的相互交换比例。他认为国际价值规律只是一般价值规律的推广。所以在穆勒看来，国际价值是在商品的国内交换比基础上由国际需求比决定的。可惜的是他在推进国际价值理论时脱离了劳动价值论。

马克思的国际价值理论是劳动价值理论在世界范围内的推广。劳动价值理论中的核心概念“社会必要劳动时间”被推进到“世界劳动的平均单位”：“每一个国家都有一个中等的劳动强度，在这个强度以下的劳动，在生产一种商品时所耗费的时间要多于社会必要劳动时间，所以不能算作正常质量的劳动。在一个国家内，只有超过国民平均水平的强度，才会改变单纯以劳动的持续时间来计量的价值尺度。在以各个国家作为组成部分的世界市场上，情形就不同了。国家不同，劳动的中等强度也就不同；有的国家高些，有的国家低些。于是各国的平均数形成一个阶梯，它的计量单位是世界劳动的平均单位。因此，强度较大的国民劳动比强度较小的国民劳动，会在同一时间内生产出更多的价值，而这又表现为更多的货币。”〔1〕本引文中的“价值”显然指国际价值。在这里，“社会必要劳动时间”与“世界劳动的平均单位”并不是两个对应的概念，而是同一思想的两种不同表达方式。“社会必要劳动时间”是在社会平均劳动

〔1〕 马克思：《资本论》第1卷，人民出版社1975年版，第613－614页。

熟练程度和劳动强度下生产单位商品所需持续的时间，其单位是时间单位，例如劳动人时。“世界劳动的平均单位”是各国劳动强度的水平系数，无单位。一国的劳动强度越高日生产率水平越高，该系数也越大。一国的系数越高，生产单位使用价值所需的劳动时间越少。可见，两个概念是成反比关系的。马克思所说的“情形不同”是指（国民）社会必要劳动时间不再是（国际）价值的尺度。但是，在两个不同概念中所要表达的思想则是一样的：在构成“阶梯”的各国“平均数”中，计量单位或曰系数为1的国家，其生产某种使用价值所需的劳动时间，即“世界的社会必要劳动时间”。所以，马克思的国际价值理论与劳动价值理论在原理上是一致的。

现代经济学界的国际价值理论大致可以分为五种类型。

第一，根据社会必要劳动时间决定国民价值的原理，提出相似的国际价值确定原理。科尔梅（Gunther Kohlmey）指出，一商品的国际价值量，是以各国的该商品的出口量或可供出口的生产量为权数的各国国内社会必要劳动时间的加权平均数。他还认为，马克思所说的“世界劳动的平均单位”就是一个单位的国际价值。〔1〕 可见，他既肯定了以时间单位定量的国际价值量，也肯定了世界市场的特殊定量方法即各国中等劳动强度阶梯法。法明斯基一方面认为，商品的国际价值由在世界平均水平的正常社会生产条件下制造该商品所需的社会必要劳动时间所确定，即取决于世界平均的劳动强度和平均的劳动生产率；另一方面，他又指出，国际价值是根据向世界市场提供主要部分或绝大部分该种商品的国家的生产条件来调节的。〔2〕 事实上，后者只是前者加权平均思想的一个特例，即个别国家是该商品的世界市场的主要供应者的情况。因为他强调，国际市场与国内市场的一个重要不同是，后者主要生产者即主要供应者，而前者则非主要生产者是主要供应者。法明斯基的后一方面论点

〔1〕 科尔梅：《卡尔·马克思的国际价值论》，东柏林1961年。
〔2〕 法明斯基：《当代国际贸易》（中译本），中国对外贸易出版社1983年版。

事实上认为加权平均的权数应当是各国该商品的全部出口量而不是全部生产量。

第二，肯定世界社会必要劳动时间决定国际价值，强调国际价值形成是的特殊性。在我国，不少学者基本上属于前一种观点，但他们不赞成简单地把国民价值确定原理运用到国际价值确定中去。姚曾荫认为，商品的国际价值和国民价值是有其共性的，但必须指出国际价值的特殊性。各国国民经济的相对孤立性，即劳动力、资本、技术甚至一般商品在国际间不能自由转移，使国际价值理论与国内价值理论不能合二而一。凌星光认为，国际价值规律是一般价值规律在国际商品的生产和交换中的延伸，它表现为一般价值规律的修正。所谓修正就是价值规律不直接作用于商品生产和交换，而以国民价值(各国的社会必要劳动时间)的差距为媒介发生作用，因而它不是价值规律本身的修正，而是价值规律作用过程的修正。高涤陈认为，国际价值的形成和国际价值规律作用的特殊性主要表现在：一、国际价值形成的根本特点是，在国际市场上一个国家作为一个商品生产者，一切商品都有两种价值决定，两种价值尺度。二、两种价值尺度相互作用、相互矛盾的具体反映是，交换按国际价值衡量是等价的，而按国内价值尺度衡量又是不等价的。三、由于国家间生产条件垄断的相对稳定性，国际价值通常被生产中位成本加垄断利润所决定；在由多个国家生产同种商品时，经常由稍低于中位成本，即比“世界劳动的平均单位”稍低的劳动时间所决定，这是竞争的结果。[1] 被称为德国学派的布什(Klaus Busch)、许勒(Wolfgang Schöller)和西洛夫(Seelow)也认为不应当忽视价值规律在世界市场上的“修正”。[2]

第三，用国际生产价格分析代替国际价值分析，认为存在一个国际平均利润率从而存在国际生产价格。这是被称为“法国学派”的马克思主义经济学家在探讨国际不等价交换问题时所依据的国际价值理论。伊曼纽

[1] 《关于国际价值理论的讨论》，《世界经济》1983年第6期。
[2] 布什、许勒、西洛夫：《世界市场和世界金融危机》，1971年。

尔的不平等交换论已在前文评述，其假设存在国际平均利润率规律，国际交换是按国际生产价格进行的，而国际生产价格是各国产品的国民生产费用加上国际平均利润。[1] 阿明(Samir Amin)虽然批评了伊曼纽尔忽视国际生产率差距的问题，但他一方面仍然采用国际生产价格原理，另一方面把国际不等价交换归结为生产力后进国家的30个劳动小时在世界市场上只能当作先进国家的20个劳动小时来实现。他指出了这一事实，本可以用国际价值论来解释，但他认为这就是不平等。所以这等于说国民社会必要劳动时间仍然被看作为国际价值。[2] 帕洛瓦(Christian Pallois)的分析更为明朗。在他的“从国际价值向世界生产价格转移”理论中，国际生产价格与国际价值的背离被看作国际间的价值转移，而所谓国际价值，就是各国产品的不变资本、可变资本和剩余价值之和这个显而易见的国民价值。[3] 除了几个作者所采用的方法各不相同之外，法国学派的共同点是采用国际生产价格范畴。不等价交换论作者的国际价值定义，事实上是从一个有待证明的结论(国际间存在着不等价交换)出发，去寻找和定义一个国际价值，由此而被定义的当然只能是国民价值。

第四，国际价值并不存在。这种论点认为，马克思所说的“世界劳动的平均单位”并非指“世界社会必要劳动时间”。而且，“世界社会必要劳动时间”也无法计量，实际上并不存在。王赛惠认为，马克思说国民劳动的平均强度有差异的各国有不同的国民价值，但他并没有说国际价值必须是不同的国民价值的平均数。在以各国作为组成部分的世界市场上，各国的社会经济形态不同，经济发达的水平不同，劳动生产率的差异很大，无法取平均水平，发达国家一小时的劳动不等于不发达国家一小时的劳动，只能如马克思所说的，不同国家在同一劳动时间内所生产的同种商品的不同量会有不同的国际价值。所以不否认“国际价值”这个概念，但

---

〔1〕 伊曼纽尔(A. Emmanuel)：《不平等交换》(*Unequal Exchange*, Monthly Review Press, New York, 1972)。

〔2〕 阿明：《论不平等交换》,《世界范围的积累》(第一卷),《国际专业化与资本流动》，每月评论出版社，纽约1974年。

〔3〕 转引自中川信义：《不等价交换与国际价值论》，日本《经济》杂志1983年第6期。

世界市场不能形成一个国际价值。[1]

第五，用作为国际市场价格吸引中心的“统一价值”取代国际价值。这是东欧国家中关于国际价值问题的一个很有见解的观点，集中反映在匈牙利经济学家兹尔科（Lajos Zelkó C. Sc）的《国际价值与国际价格》[2]一书中。兹尔科认为，从简单商品生产模型中可见，国民价值的加权平均数不能是价格波动的中心。由于国际价值概念不能解释国际价格和国际收入分配，所以不能像在国内定义国民价值一样在世界上定义国际价值；国民价值没有国际的对应物。就这一方面而言，兹尔科的论点与第四种是相近的，但是他提出了一个作为国际市场价格吸引中心或曰价格引力点的概念“统一价值”（unified value），按统一价值确定交换比例可以使贸易双方平等分享比较利益。这个统一价值就是：一商品的实际国民劳动投入乘以表示平均国民劳动生产率水平的数，是用反映各国的一般或平均劳动生产率差异的生产率指数调整了的商品的国民价值。统一价值论虽然否定了法国学派定义的国际价值，但它同样是从一个有待证明的结论（国际交换比的引力点是比较利益的均等分配）出发，用统一价值来代替国际价值的。这里同样存在着方法论的问题。

除了马克思主义经济学界以外，西方经济学中偶尔也论及国际价值问题，但是，如同古典政治经济中不分价值与交换价值一样，现代西方经济学的倾向也是把国际价值与国际交换价值等同。这种分析认为，国际价值论是以进出口商品交换比率如何决定为主题的，因为决定交换比率的不外是决定进出口商品的国际交换价值，所以又称为国际价值论。[3]这种说法把国际价值的决定原理和国际价值论可以讨论的一个主题国际交换问题混为一谈了。

---

〔1〕《关于国际价值理论的讨论》，《世界经济》1983 年第 6 期。
〔2〕 Lajos Zelkó C. Sc，*International Value, International Prices*，布达佩斯 1980 年英文版。该书有中译本，由对外贸易教育出版社 1986 年出版。
〔3〕 小岛清：《对外贸易论》(中译本)，南开大学出版社 1987 年版。

国际价值概念的展开

国际价值概念的研究，应当从国际经济过程的实际出发。从抽象的商品交换到具体的国际交换，可以依次看到以下几个重大的转化或曰变形。

第一，价值转化为国际价值。不论最终得到证明的是等价交换，不等价交换还是等价交换中的不等利分配，一定量价值的交换总是交换的实质内容。既然交换是在国际间进行的，那么价值便只能是在世界市场上得到承认的价值即国际价值。如果把劳动看作唯一的生产要素，如果不考虑逐步展开和走向具体的各种相关因素和以货币为媒介的现实模式，那么国际价值就是世界范围的人类的抽象劳动，相应地说，商品的国际价值量就是生产该商品的世界社会必要劳动时间。国际价值与价值的这种定义上的对应，完全是因为一旦排除各种具体的相关因素，世界经济只是一种在空间上扩大了的简单商品经济；而在简单商品经济理论中，也从来不需要作空间范围的界定。

但是，简单商品经济理论把它的价值、社会必要劳动时间等概念建立在国民经济的基础上，那么世界经济中的相关概念便只应当在国民经济的基础上去定义。这样，国际价值是国民价值的加权平均数，世界社会必要劳动时间是各国民社会必要劳动时间的加权平均数，其权数为各国该商品的总产量。

价值向国际价值的转化导致了国际价值规律的第一类特殊性：国民意义上的社会必要劳动时间不再直接决定商品的价值量，等量劳动不再创造等量价值，交换并不遵循按国民社会必要劳动量相等的等价原则。

然而，这一变化并不是实质性的，只是因为两种意义上的价值和社会必要劳动时间所带来的文字表述上的混乱而已。如果在文字上严格一些，上述特殊性只是国民价值理论的逻辑延伸：商品的国际价值量由世界社会必要劳动时间决定而非由任何一个国民社会必要劳动时间决定,不同国民的等量劳动时间不创造等量价值而等量的世界社会必要劳动时间创造等量的价值,交换奉行国际价值量相等的原则而不奉行国民价值量相等的原则。

重要的是,如果国际价值规律就是如此简单,那么它在复杂的世界经济现象面前将是贫乏的。这不仅因为世界经济的根本特殊性——分为各个主权独立的,从而影响着内外经济过程的国家,而且因为把世界经济归结为国际交换,把国际交换归结为国际价值,把国际价值归结为劳动,从而导致企图从劳动这个唯一生产要素出发解释复杂世界经济过程的不合理简化。

对世界经济的各种特殊因素的考察,使我们发现国际价值规律不同于一般价值规律的真正所在,那就是,从国民价值定义上和逻辑上推演出来的抽象的国际价值或曰简化的国际价值定义及其量的规定性还远不能说明国际交换过程和世界经济运行。抽象的国际价值论必须推进到具体的国际价值论,即把世界经济的各种特殊因素包含在内,它才是现实的和符合实际的,由此确定的国际价值规律才有广泛的理论意义。

在分析了抽象的国际价值后来分析具体的国际价值作为叙述过程,只是逐步展开,逐步引进相关因素,只是一个表述问题。然而,由于抽象的国际价值与国民价值在决定因素和决定逻辑上没有本质的差别,而具体的国际价值却有着许多本质的不同,因而这是一个根本性的转化。只有这个转化,国际价值的概念才真正具有世界经济的意义。

抽象的国际价值概念之所以是抽象的而不是具体的、现实的,在于它只包含了生产商品本身所必要的劳动时间,而没有包含所付出的这些劳动时间对世界社会来说是否必要的或是否达到了必要的水平;它只包含了国民劳动生产率和劳动强度这一创造国际价值的主要因素或曰抽象人类劳动这一国际价值实体,而没有包含劳动对象的国民差异,诸非劳动要素的国民差异;正是这些差异,使相同劳动生产率和劳动强度的不同国民的劳动有不同的产出,从而有不同的国际价值总量。以世界社会必要劳动时间量决定国际价值的理论假定国际间的技术差距能通过世界社会必要劳动时间而被平均掉，而事实是短期内难以消除的巨大国际技术差距使国际价值的确定发生变形。它只考虑到各种商品自身的价值决定，而没有考虑相关商品在价值上的相互作用，国际条件引起的替代效应通过国际供求规律影响着商品的国际价值。

在国际价值的创造中，生产要素在国际间的不均匀分布修正了"等量劳动创造等量价值"的原理。这里所说的生产要素，指非劳动生产要素，包括土地、资源、资本、管理和技术等。由于生产要素的不流动性或流动上的某些困难，国际价值的形成规律也产生了一些重要特征。这种生产要素富裕度的差异导致了国际价值形成中类似于级差地租性质的规律。为什么等量的劳动能创造更高的价值量呢？除了级差地租的生产方式基础外，这就是它的物质基础，即土地等级的差异，土地中追加投资引起的劳动生产率的差异。这就产生了劳动价值理论的进一步展开形式：等量劳动投入于不同富裕度的劳动对象会产生不等量的价值；资本会通过提高劳动生产率而使一个不变的劳动量创造出一个更高的价值量。在这里，劳动仍然是价值的唯一源泉，劳动对象和资本则构成所付劳动量与所形成价值量之间的一个投入产出系数。

生产要素在价值形成中的这种作用在世界经济中产生了等量劳动不创造等量国际价值的结果。假定两国具有完全相同的劳动生产率和劳动强度，由于矿产资源丰度的差异，在等量劳动投入下会得到不等量的矿产品。由于国际价值量总是使用价值量的一个正比数，因而定量劳动所得到的国际价值量总是不等的。土地因其地理位置和肥沃程度的不同也会产生相同的结果。至于资本，资本富裕国总是表现为产业中更先进的、机械化或自动化的装备，从而意味着更高的劳动生产率，意味着等量劳动的更多量的产出。这一规律完全不否定抽象的国际价值的形成原理，相反，是国际价值规律展开的现实形式。只有经过非劳动要素富裕度调整了的实际产出，才是现实的国际价值量，才摆脱了单纯由劳动时间（尽管经过强度修正）所简化地决定的抽象规定。现在，既然等量劳动创造不等量国际价值，那么单位产品中所含必要劳动时间也就不等，不仅国民社会必要劳动时间不等，而且世界社会必要劳动时间也不等。

作为劳动外生产要素的进一步考虑，社会经济管理水平对等量劳动创造等量国际价值也产生影响。可以从劳动力价值的国际差异出发来论述这一点。在国民经济中，劳动力价值在取决于劳动力再生产费用的前提下，取决于社会文明发展的水平，诸种劳动力价值的差异只在于熟练劳动与非熟练劳动、复杂劳动与简单劳动的差异。但是在世界经济中情况就不同了。让我们来看一个简单的事实。一个后进国家的劳动者移居到一个先进国家，假定他以相同的劳动强度和时间工作，但他可以获得比自己国家更高的收入，享受更高的物质生活水平，这意味着他的劳动力价值的提高。为什么同一劳动者的劳动力价值会发生变化呢？可以说是两国社会文明发展水平的不同导致了劳动力价值的提高。但如果没有创造更高的价值，是不可能获得更高的劳动力价值的，因为资本无法支付这更高的劳动力价值。同一劳动力的等量劳动创造更高的价值，一方面取决于如前资本富裕度所决定的劳动生产率，另一方面取决于社会的特别是经济的管理，即作为社会经济管理的生产要素。在一个组织不当的社会中，大量劳动成为无效劳动，不创造使用价值和价值，从而不创造国际价值；在一个有效组织的社会中则相反。这样，等量国民劳动在同样资本要素富裕度下也不创造等量国际价值，正如在国民经济中管理水平不同的企业的同等劳动力不创造等量产品一样。国民经济管理要素是国民经济的管理体制，它并不包含在一般劳动生产率和劳动强度中，这样国际价值的创造总量从而个别商品的国际价值量就不再仅仅用等强度劳动的持续时间来衡量了。这一原理决定了，一国的绝对水平较高的劳动力价值并不一定意味着较低水平的剩余价值，并不一定意味着产品的较高水平的国民价值和较低的国际竞争力。相反，如果劳动力价值绝对水平的提高正是一国劳动生产率、社会文明和管理水平提高的结果，则还应得出相反的结论。

第二，国民市场的相对独立性导致国际价值向国际市场价值转化。

在最抽象的意义上，一商品的国际价值总是世界所有生产该商品的国家所费劳动的加权平均数，换言之，不是该商品出口国所费劳动的加权平均数。这一原则之所以是合理的，是因为出口国之所以能出口其产品，在于其所费劳动低于世界平均水平，而世界平均水平则是必须包括劳动生产率较低国家所费劳动量的。如果国际价值量只是由世界各出口国（不包括进口国）所费劳动决定的，那么就无法回答为什么这些国家能够出口其产品，因为出口只是本国所费劳动量与世界平均所费劳动量比较的结果，即个别国民价值低于国际价值的结果，或曰国民价值与国际价值比较的结果。用出口国所费劳动定义的国际价值是无法说明出口国国民价值较低的优势的；作为特例，在只有一国占领世界市场的情况下，国际价值就直接等同于该国的国民价值了，那么也就不存在出口利益了。但是，世界经济与国民经济有一个重要的差别。在国民经济中，只要商品价格不低到某个商品生产者的成本以下，即社会价值不小于个别生产者的投入价值，该商品生产者就能继续存在。在国民经济中，一般不假定现存生产者的技术差距大到会产生这种情况的程度，但是在世界经济中并不是这样，先进国家与后进国家的劳动生产率差距可能大到这样一种程度，在这种程度上，世界社会必要劳动这个平均数所代表的国际价值，可能小于某后进国生产该商品的投入价值（与国民价值相对应的国际价值）。这时，该国产品并不能进入世界市场，但仍可以在高关税保护下存在于国内市场。这样，国际价值便转化为国际市场价值，即由该商品的主要生产国决定的国际价值。如果抽象地假定后进国家不存在并完全分工，那么国际市场价值也就是国际价值。

除了技术原因和劳动生产率因素导致部分后进国家不参与国际市场价值确定外，要素富裕度的国际差异也会导致类似结果。在技术和劳动生产率相同的情况下，天然资源富裕国单位商品中所含劳动大大小于资源贫乏国，于是产生类似于上述的结果。

在这里，国际市场价值决定的逻辑不同于国民价值。在国民价值中，即使商品生产者有消费自己产品的情况，国民价值决定中也必须把他们包括进去，因为商品生产的本质是为市场而生产。如果他们的产品不能进入市场，他们也就没有存在的理由。在世界经济中，国民市场却是商品生产者的第一市场，不能出口也会存在。这样就造成了参与国际价值决定而不参与竞争和国际市场价值决定的情况。

第三，由主要生产国生产单位商品所需的世界社会必要劳动时间所确定的国际市场价值量为该商品的世界总需求和总供给之比所修正。这一论点，涉及政治经济学中未决的争论问题，即商品的价值是唯一地由第一种涵义的社会必要劳动时间所决定，还是由两种涵义的社会必要劳动时间共同决定。可以列举多种理由证明，后一种论点是正确的，而且是马克思的原意。但是，这里不准备重复政治经济学的这一争论，而所要说明的是，一商品的世界总需求与总供给之比对第一种涵义的必要劳动时间的修正，正是抽象的国际价值向现实的国际价值的转化过程。由生产某商品的各国平均的持续时间所确定的国际价值量能否作为现实的国际价值量，只能由世界交换过程来回答。当世界市场该商品的供给大于其需求时，就会有一部分商品的国际价值量不能实现，或者只能实现一个小于抽象的国际价值量的量。这一点正如在国民市场上一样，社会只把一个必要的劳动量分配到某商品的生产上，社会只承认一个由某商品的总需求所确定的价值总量。国际市场的总供给的增加，只是以单位商品的现实的国际价值量的减少为结果。在这里，抽象的国际价值量由世界范围的“社会平均”所决定和现实的国际价值量以世界范围的“社会承认”所决定在“社会”这个本质上是一致的，这就是国际价值的“世界社会属性”。所以，国际价值不仅由各国生产该商品的必要劳动时间所决定，而且由世界市场对这种商品的必需总量所必要的劳动时间所决定。由于世界市场极其广阔，供求变化极其复杂，国际竞争极其激烈，只有经过供求比调整了的国际价值量才是现实的，而凝结着的必要劳动量则是抽象的、潜在的、待实现的和待修正的。这种由世界市场的总供给和总需求之比调整了的国际价值量并非国际价格。国际价格只是环绕着现实的国际价值波动的实际交易的货币表现，它取决于每一笔交易双方的谈判结果，存在着无数的微观变动;而现实的国际价值对抽象的国际价值的背离则是相对稳定的和长期的,取决于供给者的反应速度和生产周期。国际市场不存在一个统一的不变的市场价格,在无数实际交易的不同的价格背后存在着一个价格波动中心,这就是现实的国际价值。对任何一个国家来说,已生产的产品只有得到世界市场的承认才意味着一定的国际价值量,即国际交换过程制约着国际价值量的存在及其大小。只有根据所实现的国际价值量,它才有获得另一个国际价值量,实现比较利益的可能。如果商品的国际价值量是在世界市场上实现以前既定的,供求差影响的只是价格,那么通过出口和进口过程,进口产品与出口产品就是一个不等量的国际价值,国际交换过程就是一个不等价交换过程,只有在偶然的供求平衡情况下才会有等价交换,这显然不是国际价值规律的特征。只有国际价值创造和实现的统一,才是国际等价交换的基础。一个国家的一种使用价值能够用来进行国际交换,只是因为他国对这种使用价值有需要,作为单个产品,交易双方只需考虑各自的必要劳动量的大小;但是作为整个世界市场的供给和需求,那么不仅这个必要劳动量的大小是重要的,而且这个使用价值的供给和需求总量也是重要的。商品的国际价值与国民价值还有一点是不同的:当一国商品因世界市场供大于求而不能实现国际价值从潜在到现实的转化时,它可能也只能实现一定的国民价值,而在国民经济中,商品一旦不能实现其价值,对生产者来说是毫无价值的。这一点也使国际价值的抽象性和现实性有特殊涵义;在一国之内一个现实的价值量(在社会需要之内)还只是一个抽象的国际价值量,只有在世界社会需要之内的价值量才是现实的国际价值量。最后需要指出,现实的国际价值量并非一个实现的国际价值量,后者是完成了交换过程生产国所获得的国际价值量,而前者指一个创造出的抽象的国际价值量经过世界市场总量评估后所承认的国际价值量,它是现实的但还有待于实现,它还未实现但必定能实现。

替代的可能性通过与供求比相似的方式影响国际价值量。替代在国际价值决定中有特殊重要性。替代既是一种影响商品的抽象的国际价值的因素，又是一种影响现实的国际价值的因素。对商品的使用来说，只要其主要效用是相似的、可替代的，其他属性（人造的还是天然的，是小麦还是大米）就是无关的。从经济学上来说它们就可被看作为同一种商品，价值只是生产等量效用所费的社会必要劳动时间，这样它们各自的社会必要劳动时间就需要加权平均。就交换过程来说，诸可替代商品是作为同种使用价值而通过总供给和总需求相互影响的。替代商品的供给的增加不仅降低了自身的价值，而且降低了被替代商品的价值；替代商品的价值越低，被替代商品可实现的价值也就越低。一般商品经济中的这一原理由于下述原因而在国际价值问题中特别显著：在世界经济中，总是可以设想各国具有不同的地理位置和天然资源，从而有不同的作物和矿产。在封闭的条件下，人们各自消费着本国的产品。尽管在使用价值上是相似的，但这些产品的价值是互不影响的。一旦转为开放经济，相同效用的等量使用价值只作为等量价值的承担者，即等量国际价值的承担者。由于国与国之间某种程度的贸易障碍，寻找替代商品常常成为一种必要和压力。一旦某国找到了替代，世界市场被替代商品的国际价值就会降低。这种替代压力在现代技术条件下特别表现为用人造橡胶代替天然橡胶、用塑料代替钢材、用核能代替石油等形式，使得以自然资源为基础的价值形成发生变化。在国民经济分析中，由于地域狭小，产业技术差距不显著，使替代可能性较小，从而可在价值分析中被忽略，但在世界经济中却不再可以忽略。

在传统的对马克思理论的解释中，供求是作为一种使商品的价格对价值偏离的因素，或者说由供求调整的是商品的价格而不是价值。这种解释至少在以下两个方面表现出不合理：(1) 由于供求变动的频繁性，价格对价值的偏离是大部分场合的情况，这样在大部分场合交换就不是按照价值相等的原则进行的，这不符合价值规律的基本要求，即等价交换；(2) 价格只是有了货币后才产生的经济范畴；即使在物物交换的条件下，交换比也会因为供求而变化，在交换价值背后的更基本的实体即价值，交换价值的变化只是价值变化的表现而已。如果供求不断使交换价值以不同量去表现其价值，那么交换价值也就失去了表现形式的意义了。

第四，国际价值在货币表现上再次变形。从价值到价格，通俗的说法是在简单商品经济条件下价格环绕价值波动。即使根据供求影响价值的说法，价值仍然是价格的波动中心。问题在于世界市场的价格包含着一种特殊的变形。

国际价值被表现为国际价格，从逻辑上讲应有一种世界货币，一种币值(汇率)水平不受任何一个国家币值水平影响的世界货币，也许这只能是黄金。但事实上，国际价格总是以某一主要国家货币来表示，这就产生了复杂的情况。美元价格是典型的国际价格，某商品某时点的美元价格是其国际价值的一种表现。假定该商品的主要出口国的货币对美元升值，而出口商又因成本利润缘故维持本币收入不变，那么该商品的国际价格就会上升，显然，该商品的国际价值可能完全没有变化，这样就导致了国际价值与国际价格的不一致即偏离；贬值情况相似。升值完全可能是因为该国国际收支顺差，而顺差又可能是他国对该国其他商品需求的增加。可见，一商品的国际价格的变化可与该商品本身完全无关，而取决于一个国家的全部对外供求，包括资本流动等一切影响汇率的因素。重要的是，既然升值与贬值是经常发生的，那么购买力平价汇率只能是理论的偶然现象，而国际价格对国际价值的背离则是普遍现象。在价格作为商品价值的货币表现问题上，这种性质的价格与价值的背离是世界经济所特有的。总的说来可以概括为这样一种规律：各国出口商首先会力图维持本币收入不变或提高，在各国不同幅度的贬值或升值导致一商品的多种新的国际价格上又会最终形成一种新的加权平均的国际价格，一般不会等于国际价值。

前述国际价值理论中小岛清的论述虽然有把国际价值与国际交换价值等同的失误，但他得出的“在贸易平衡点上决定商品的交换价值”的结论仍有一定的意义。他指出，甲国向乙国进口商品，等于把购买甲国商品的能力给了乙国。这样互相给予购买对方国家商品的能力决定各种商品的价格和数量。国际价值论正确地说应该是关于满足贸易平衡条件的进出口商品交换价值决定的理论，而贸易平衡和进出口商品的交换价值是同时决定的。在这里，他正确地说明了总贸易平衡对个别商品国际价值量的影响，但是他没有指出这种影响是通过汇率和价格表现的，当然从其他方面论述看他不会否定这一点。更主要的是，这样形成的国际交换价值是与前述因素上的国际价值相背离的，不能说这就是国际价值。

至此可以总结如下：从国际价值的创造源泉看，世界社会必要劳动时间决定国际价值。从国际价值的创造率看，非劳动国民要素生产率差异决定国际价值量。从实际对世界市场是否产生作用看，商品的主要生产国决定国际市场价值。从出口国的竞争看，在主要出口国的国民价值基础上形成世界市场价值。从国际价值的实现看，供求和替代修正国际价值。从货币形态看，汇率影响国际价值的货币表现。国际价值的上述特性，不是相互独立的不同的定义，而是相互联系、逐步推进的同一概念的展开，是理论上逐步引入相关因素的逻辑过程和国际价值从生产到实现的过程，每一层意义都包括了前几个因素而抽象了后几个因素。作为国际价值的生产与交换过程总是要通过价格进行的，因而货币形态只是国际价值的现象形态。国际价值问题的复杂性使之不可能采用一种简单的方式去定义。

国际生产价格

价值转化为生产价格，价值规律通过生产价格而起作用。这是市场经济的一般特点。在世界经济中，国际价值是否也转化为国际生产价格，这不仅是国际价格规律本身的基本内容问题，也是世界市场的价格机制，国际等价交换标准的重大理论问题。这是国内外世界经济理论中的又一个争议问题。从笔者看来，答案是否定的：国际价值并不转化为国际生产价格，国际价值规律中并不包含平均利润率规律的内容。

首先，从形成生产价格的基础条件来看，生产价格是生产成本加平均利润，而所谓平均利润即有机构成相异的不同部门相同剩余价值率不同利润率的平均，即利润率平均的起点是剩余价值率的相等；然而，这一起点在世界经济中却是不存在的。世界经济的基本特征之一就是各国劳动生产率的差异，如果抽象掉这一特征，那么世界经济就几乎无法进行讨论研究，因为连国际贸易也不会发生。在各国都实行资本主义生产方式下，劳动生产率差异的结果就是剩余价值率的差异。在马克思的平均利润率理论中，假定各部门间有一个相同的剩余价值率，这在一国经济之内是可以成立的；同一部门企业间的劳动生产率差异也已不再考虑，因为这是商品价值决定这一层次的问题，现在总假定每一部门有一个平均水平。在世界经济中，社会发展水平的差异使劳动力价值各不相等，加上其他影响劳动生产率乃至剩余价值创造的各种因素，使剩余价值率相等的理论起点不存在，也就无所谓原有逻辑上的平均利润率规律了。

其次，从平均利润率的含义看，所谓平均利润率，是指各部门间利润率的平均化，而一部门只假定有一个利润水平。但是，在世界经济中：一部门在各不同国家的部分有不同的利润水平，正是这种利润水平差构成了国际贸易的基础即国际分工。同时，如果在各国民经济中，平均利润率规律都起着作用，在国际上又有一个平均化规律，那么，这个规律就根本不是部门间的利润率平均化规律，而是一个国家间的利润率平均化规律。也就是说，即使规律被证明了，它也只是另一个规律。然而，作为国家间的平均化的利润率即使存在，也是不能与生产成本加在一起作为生产价格的。

第三，从国际价值的特殊性看，国际价值的特殊性包括，资本富裕度的国际差异形成一个抽象劳动投入与国际价值产出之间的不同的创造系数，这个系数的差别决定了同部门不同有机构成的不同国家的产业剩余价值率是不同的，不同国家的不同部门自然也是不同的。在平均利润率规律中，假定一国的劳动力不论在何部门总是创造相同比率的剩余价值，这是以一定的生产力水平为前提的，在不同国家则不能作这个假定。资本要素富裕度（表现为资本有机构成）只是在抽象的国际价值决定中，即在劳动作为唯一要素时才是无关的，而对于涉及国际生产价格这样的现实问题则不能再排除，这样，以国际价值计算，不同国家的不同部门之间反而存在着部门利润率与有机构成为正比的事实。

第四，从生产要素的流动性来看，平均利润率规律作用的形式是生产要素的部门间流动。然而，即使假定国际间存在着完全自由的要素流动，也首先是同部门的资本流动（跨国公司开设分公司生产同样的产品），然后才是部门间的流动（跨国公司的生产多样化）。这就至少说明了国际间要素流动与国内要素流动的部分差别。再就流动本身而言，土地、天然资源在国内本来也是不流动的，所以国际间可能流动的只是劳动力、资本。但是，历史证明，劳动力的国际迁移主要只是长期过程，而不是随产业调整而发生的经常现象。至于资本，虽然现代世界经济证明其是极易流动的，但应注意，只有生产资本的流动才是与利润率直接有关的。而这种跨部门的资本流动除了竞争因素外，显然受制于资本流入国与流出国的政策。同时，生产资本的流动除了追求现期利润外，还由于占领当地市场、多样化、排除未来竞争者等多种原因。由于国外投资的风险，只有超额利润才足以导致资本的国际流动，因而是对不平均的超额利润的追逐而不是平均利润，才成为资本国际流动的原因。

第五，从规律的"趋势"性质来看，平均利润率规律本来只是一种近似的和永远不能确定的趋势。它作为规律存在，也正因为可能得到的是一种近似值，是整个社会资本运动的方向，而不是一个用统计可以证明的规律性的东西。但是，在世界经济中即使这一性质也不存在。由此可见，世界经济中的利润率是一种远离近似值的巨大的差异和更大的波动。这种不确定，也就使作为"趋势"性质的规律不能成立。世界经济之所以能不断运行，贸易不断扩大，资本不断流动，就是因为平均化始终没有起作用，如果平均化起作用，国际贸易也就无必要，资本也就不必流动。如果国际生产价格可能形成，世界市场价格环绕其波动，那么就意味着各国只实现一个缩小了的比较利益，并且趋于缩小。从世界经济看，各国各产业的利润率差异始终存在，作为趋势的，只是这种差异的结构变化乃至各国在国际分工中地位的变化，而不是这种差异的缩小。

第三篇

价值调节论

——世界经济与国民经济的相互作用

价值增值与价值转移说明了国际价值规律作用的内容与特征，国际价值规律的作用又有其客观要求。正如一般价值规律要求商品生产者服从价值规律运行的要求一样，国际价值规律也要求其行为主体——国民经济服从其运行的要求与规则，如果这个国家有意置身于世界经济而又希望获得最佳国民经济效益的话，就应如此。从这个意义上说，国际价值规律是客观的和至高无上的，它要求国民经济服从于它。这就是国际价值规律对国民经济的制约作用、调节作用。这是世界经济中的“看不见的手”，进行着价值的生产、转移与分配的调节。这种调节不仅影响到各国国民经济的生产、交换的各个环节，而且影响到这种生产交换赖以进行的整个经济制度。一国的任何对外经济政策、策略，都只是在依据和服从这种调节下进行的一种选择。本篇是国际价值规律与国民经济关系的静态分析，包括宏观微观分析，下一篇则是这种关系的动态分析。在价值调节问题上至少存在着三个原理，一是总量均衡原理，即在宏观价值总量上对外均衡与国内均衡的相互依存原理；二是机制融合原理，即国际市场的价值规律对本国经济的调节要求国内经济机制适应国际市场的运行机制；三是市场扩展原理，国际市场的运行不断要求冲破各国所设置的贸易障碍。

9. 国民经济的对外均衡

价值增值过程是一国从出口到进口的全过程。虽然这一过程可以分别以出口阶段的增值与进口阶段的增值来说明,但是作为一个经济的整体来说,不可能单单执行一个阶段来达到增值,换言之,不可能长期单靠进口或单靠出口来实现增值,不可能有无限制的黄金与国外货币资源供给无限制的进口,也不可能无限制地出口而使国外货币资源闲置起来。前者是不现实的[1],后者是不经济的。再进一步而言,一国贸易的不平衡可以用资本的反向不平衡来弥补,从而达到总的国际收支的平衡。然而总的国际收支平衡的要求乃是基于与贸易平衡的同样理由。如果总的国际收支不能平衡,同样也会使一国脱离国际的价值增值过程。简而言之,国际收支的平衡是价值增值过程或曰国际价值规律的要求。

国民经济的对外均衡是一个比国际收支平衡更严格的概念或要求,它是包含国内均衡目标在内的表现为国际收支平衡的一种均衡。也就是说,它是要求与国内宏观经济目标同时实现的国际收支平衡目标。

均衡中的不均衡

国民经济对外均衡目标的这一性质,反映了国民价值流量与对外贸

〔1〕 如果一国盛产黄金而始终以黄金购买国外商品,那么这时黄金应看作出口,因为对这样的国家来说黄金是该国的优势产品而不是储备手段或国际流通手段。

易的价值增值流量之间的一种量的关系，其中包含了微观的价值增值表现为宏观的对外交换流量时的规律的展开与数量关系的变形。在一定的国民生产条件下，汇率以一定的效率调节进出口量，因而汇率、国民收入和进出口量是这里所讨论的三个主要变量。

先假定一国只有对外商品贸易，也就是说没有资本流入流出，没有单方面转移支出，甚至也没有劳务。微观的价值增值原理曾指出，一个避免不利的价值流失的汇率应当在标准商品的内外比价上。但问题是，这一水平的汇率不可能恰好为进出口总量相等的汇率，因为这一汇率只取决于该种商品的国内外相对劳动生产率水平和货币标准，而与其他商品的相对劳动生产率水平、相对产量和相对需求强度等无关。如果一国必须保持商品进出口的平衡，那么它就必须使汇率在这样一个水平上，由这个汇率所决定的国际相对价格与其他供求因素共同决定的出口的国际价值总量，正好等于进口的国际价值总量。这一点仍然没有脱离国际价值规律与价值增值原理。价值增值过程是以等量国际价值或者说单位国际价值为媒体的，一国进口的国际价值总量等于出口的国际价值总量，正是价值增值的宏观表现。汇率的作用在于使总进口与总出口这两个不等的国民价值量的国际价值当量相等。于是我们发现，这样的一个汇率是一个偏离了标准商品内外价格比的汇率，它可能包含出口或进口的价值流失（当然在大部分情况下是相对于充分增值而言的）。微观的所有商品都只按照它本身的劳动生产率水平获得充分价值增值的均衡被打破了，现在是贸易总量宏观均衡中的微观不均衡。

劳务贸易与商品贸易无本质区别，劳务只是一种无形商品而已。劳务（运输、保险、旅游等）中包含着更多的劳动力投入和相对较少的实物投入，这是它与实物商品的主要区别。劳务能否出口，同样取决于以劳动生产率为主的诸要素生产率。因此把劳务贸易并入商品贸易几乎不需要作任何新的说明。

经常项目中的转移支出与整个资本项目，是使贸易均衡被打破以及决定贸易均衡对微观的价值增值均衡偏离程度的主要因素。当转移支出和资本项目不平衡而要求国际收支平衡时，必然使汇率再度偏离由单纯贸易均衡所决定的点，因为这时要求的不再是贸易进出口的均衡，而是不均衡。国际收支的均衡中包含了商品劳务贸易的不均衡。当然，实现国际收支均衡的目标对于商品劳务贸易均衡偏离微观增值均衡的程度，可能缩小，也可能扩大。

一国的对外贸易价值总流量与国内生产价值总流量之间存在着密切的联系，这一联系就是一国对外均衡的本质。

令 Y 为国内生产总值，A 为国内总消费，其中包括个人消费 C，企业投资 I 和政府支出 G，出口为 X，进口为 M，则：

$$Y - A = X - M \tag{9.1}$$

上式表明，国内生产总值与国内总消费之差为贸易差额：当国内生产总值大于国内总消费时，出口大于进口，贸易为顺差；当国内总消费超过国内生产总值时，进口大于出口，贸易为赤字。

上式只有在以美元为单位时才是正确的(指美国以外的其他国家)，因为它并没有包括以本币计算的贸易的价值增值。假如以美元表示 $X = M$，则 $X - M = 0$，$Y = A$，从而使一国并不能通过贸易增加国内可消费的总价值。应当指出，贸易会产生一个可供国内消费的价值量 E，这个 E 是进出口的乘数：

$$E\begin{cases} = f(X_F) + (M_F - X_F)_D & (\text{当 } X_F \leqslant M_F \text{ 时}) \\ = f(M_F) & (\text{当 } X_F \geqslant M_F \text{ 时}) \end{cases} \tag{9.2}$$

上式中，下标 F 表示用外币美元计算的进口值或出口值，下标 D 表示以本币计算的进口值或出口值(下同)。当以美元计算的进口大于出口，即存在贸易逆差时，由平衡贸易部分本身形成的价值增值为出口量的函数 $f(X_F)$，由资本流入或储备减少平衡的超额进口部分为净进口价值，其国内价值相当于超额进口美元值的本币值 $(M_F - X_F)_D$。需要指出，在存在着国内外价格差(这是讨论价值增值的基础)时，$(M_F - X_F)_D$ 不等于汇

率值乘以 $(M_F - X_F)$。

这样,内外均衡关系就表现为:

$$Y - A = X_D - M_D \tag{9.3}$$

即进出口值均用本币值本国价值计算,或:

$$Y - A = X - (X + E)$$

$$A - Y = E \tag{9.4}$$

式(9.3)似与式(9.1)没有区别,但式(9.4)比较清楚地表明,国内外均衡中还包括贸易的增值因素。

对外均衡与对内均衡的相互依赖

对外均衡与对内均衡的上述在价值流量上的相互关系,在西方国际经济学中以调节国际收支的吸收论(absorption approach)提出。[1] 虽然其中并不包括进口价值大于出口价值的原理,但是其提出的贬值减少贸易逆差的条件的分析仍然是有意义的。

吸收论提出,由于贸易差额为国内总产出与总消费之差,即:

$$TB = Y - A = X - M$$

所以,贸易逆差的消除或者应增加实际收入 Y,或者应减少实际支出 A,其中 $A = C + I + G$。汇率贬值以后,进出口价格发生跨越,出口增加,进口减少。但是如果贬值前本国处于充分就业状态,或曰生产资源已被充分利用,那么实际收入就不可能再增加,这时增加出口的唯一办法就是减少国内消费即降低吸收量 A。只有当国内生产资源尚未被充分利用

〔1〕 亚历山大(S. S. Alexander):《贬值对贸易平衡的影响》("Effects of a Devaluation on a Trade Balance"),载国际货币基金 Staff Paper,1952 年 4 月;收于 R. E. Caves and H. G. Johnson, eds. ,*Readings in International Economics* ,Homewood, Ill. , Irwin, 1968。

时，才有可能在维持国内总支出的情况下扩大出口，达到贬值改善贸易收支的效果。如果既不能增加总产出，又不能减少总支出，那么贬值的结果将只能是通货膨胀。

在一定的出口需求弹性与对进口替代品的需求弹性下，货币贬值会使出口与进口替代品供给增加，如果这时存在着闲置的生产能力的话。这是贬值提高国民总产出的第一种途径。对于一个国内生产能力已经充分利用，或者说经济正处于繁荣时期的国家，这种途径改善贸易收支的效率很低。可以理解，如果一国仅有较富裕的劳动力，缺乏资本，没有其他促进生产发展的政策与贬值政策相配合，贬值改善贸易收支的可能性也是很小的。当一国同时存在着通货膨胀时，应当同时采用反通货膨胀政策，只有这样才能增加出口，减少进口。如果失业问题与贸易赤字并存，国内扩大投资政策可以扩大就业，调低汇率可以有助于贸易平衡。但这时仍然有一个条件，即世界经济不能处于严重的萧条状况，因为他国的失业和贸易赤字会阻碍本国减少赤字的效率。这时各国只能以动用储备来对付赤字。

货币贬值影响实际收入的第二种可能，来自贬值是使一国的贸易条件得到改善还是使之恶化。如果改善，那么贬值有增加实际收入的可能，如果恶化则反之。根据马歇尔·勒纳条件，这一点完全取决于一国进出口的供求弹性。应当承认，在一国具有大量进出口商品时，各种商品的价格弹性很不相同，在总的贬值效应上也就很不显著。只有当一国的进出口贸易结构明显偏向于某类产品时，弹性效应才会显著。所以，贬值影响贸易条件进而影响收支的效应是比较不确定的。

贬值如果能有助于优化资源配置，减少外贸直接干预所带来的扭曲，那么就也能对实际收入产生积极的影响。这一点往往是可能的。如果说贸易逆差来自相对较高的汇率，而在这样的汇率上必然会有对外贸易的一些直接管制，如出口补贴、进口关税和配额等，那么就会导致经济中的扭曲现象和资源配置的低效。一个比较合理的汇率有助于减少扭曲，优化资源配置，从而提高一国的实际收入。[1] 这一点对于一个对外贸实行过多干预的国家特别有意义，货币贬值为减少干预提供了可能。

货币贬值减少国内总消费的原因之一在于其导致了国内价格的上涨。如果在此同时能够控制货币供应量，那么会使利率上升，投资减少，消费也会减少。

所以，在国内资源充分利用的条件下，紧缩性的财政与货币政策是贬值改善国际收支的必要的配套政策。

至此，一国经济对外均衡与对内均衡的相互依赖关系比较清楚了：对外均衡不能以失去对内均衡为代价，对外均衡须与对内均衡同时实现。对外均衡的概念以上一直仅以贸易均衡为内容，事实上还包括总的国际收支均衡。总的国际收支均衡与贸易均衡的主要差别在于资本流动和转移支出。对内均衡一般指一个较高的需求和就业水平，这是就一般发达市场经济而言的。这个较高的需求和就业水平同时要求较低的通货膨胀率，这就包括了国内宏观经济政策的主要目标。

根据著名经济学家J. 丁伯根的理论，实现两个经济政策目标必须有两个相互独立的经济政策工具。[2] 因此，同时实现国内均衡与国际均衡必须同时有两个政策工具。根据西方经济学家的研究，这两项政策之一应当影响支出水平，即减少支出政策（在贸易逆差和通货膨胀时），其之二应当影响支出构成，即转换支出政策。[3] 减少支出政

---

〔1〕 马克卢普(F. Machlup)：《贬值分析中的相对价格与总支出》("Relative Prices and Aggregate Spending in the Analysis of Devaluation", *American Economic Review*, June 1955)。

〔2〕 丁伯根(J. Tinbergen)：《经济政策：原理与设计》(中译本)，商务印书馆1988年版。

〔3〕 expenditure-reducing policies 和 expenditure-switching policies。参见米德(Meade)：《国际经济政策理论，第一卷：国际收支》(*The Theory of International Economic Policy, Vol. 1: The Balance of Payments*, London: Oxford University Press, 1951)；斯旺(T. Swan)：《依附经济的经济控制》("Economic Control in a Dependent Economy", *Economic Record*, Mar. 1960)；约翰逊(H. G. Johnson)：《国际收支的一般理论》("Towards a General Theory of the Balance of Payments", in *International Trade and Economic Growth*, Cambridge, Mass., Harvard University Press, 1961)等。

策也就是需求管理政策,它包括财政政策工具和货币政策工具。转换支出政策的主要工具是汇率,通过汇率影响商品的国际竞争性。但汇率的这一作用的条件是必须达到实际汇率的下降,即不导致通货膨胀而抵消贬值的效果。当然,转换支出政策也可以采用其他大量的微观的和直接控制的政策工具,例如关税保护、出口补贴及其他出口激励与支持的政策,进口数量限制等各种抑制进口的政策。具体而言,如果在国内生产资源已充分利用的条件下实行货币贬值,支出会转向国内商品,于是国内需求拉起,通货膨胀形成,货币贬值的竞争性也被消除。因此,在国内同时采用减少支出的政策是必要的。

当然,由于贬值可能引发的通货膨胀的程度不同,它一方面仍有转换支出的效应,一方面也有减少支出的效应,因此,如果不适当地实行紧缩政策,也可能反而导致国内资源不充分利用的局面。

运用价值增值原理来看以上内外同时均衡问题,可以指出一些新的特点。由于贸易具有价值增值的性质,它具有增加国内使用价值总供给量的作用,即增加实际国民收入的作用。在一定贸易规模上的内外均衡,是在一定的增值量基础上的均衡。在出口等于进口的情况下,这一增值量取决于美元贸易量和比较价格优势。在贸易逆差情况下,净进口的国内总价值是由资本净流入提供的,等于国内生产的一个增量。因此,不但减少逆差的结果会减少国内的总供给,需要有减少国内总需求的政策相配合,而且贸易的平衡部分也随着其总量的变化而改变其所提供的价值增量,即国内总供给。从一个逆差的贸易转为一个平衡的和较高出口的贸易,由资本流入补偿的净进口净价值供给量消除了,贸易提供的总的增加价值量提高了。但是,与此同时,由于逆差的消除是由汇率贬值降低出口价格实现的,同一贸易量中所提供的增加价值也就减少,贸易对提高国内总供给的作用也就降低。所以,在贬值的同时如何使用控制国内需求的政策,同时也取决于贸易总增值量的变动。

价值量国际不平衡流动的货币原因

国际收支的不平衡是价值量国际流动的不平衡。商品劳务的这种价值性质是显见的，资本与转移支出的价值性质则隐蔽些。价值规律作用的一个重要内容就是商品与货币的对流运动。在货币经济中，作为产生于商品的一般等价物的第二性的货币，又反作用于商品的流动：待流通的商品量决定了所需的货币量，流通中的货币量又反过来决定可能实现流通的商品量。在封闭经济中，待流通的商品量与流通中的货币量之间的比例由一般价格水平的变动来平衡。但是在开放经济中就不同了：相对于货币量而不足的商品量可能由商品的外部流入来平衡，相对于货币量而多余的商品量可能由商品的向外流出来平衡。因此，在一定的国民收入水平上，货币流通量成为一国商品劳务贸易顺差或逆差的原因。同时，货币流通量又通过利率水平影响资本的流入或流出，从而影响整个国际收支。这是关于货币流通的一般价值规律在开放经济条件下的扩展，也是国内价值规律与国际价值规律的联结点。这一原理为一国通过国内货币政策调节国际收支实现对外均衡提供了可能。

当一国出现国际收支赤字时，可以通过调低汇率的办法。但必须注意，在国内经济资源已被充分利用的情况下，贬值政策的副效应是国内的通货膨胀。贬值的直接效应是出口扩大、进口减少、国际收支改善，间接效应则是扩大国内投资与就业，扩大国内经济活动的规模。所以用贬值方式改善国际收支的办法并不是始终可以采用的，这就是对外均衡必须同时实现对内均衡的原则所要求的。

货币量与价格水平的关系原理决定了采用国内货币紧缩政策改善国际收支，实现内外均衡的可能性。当国内经济较热、资源充分利用情况下仍存在国际收支逆差时，货币紧缩政策的结果是，金融紧缩，从而投资减少，经济活动规模缩小，国民收入减少。这时，一方面作为收入水平函数的进口需求会减少；另一方面，货币紧缩的直接结果是国内物价相对于国外物价变得便宜，这不一定通过物价的下跌形成而通过物价上涨率相对较低所形成。相对价格水平的这种变动会改变以多商品内外价格比表示的比较优势链中进出口商品的分界点，即出口商品的序列延长，进口商品的序列缩短，从而形成出口增加、进口减少的效果，改善国际收支，同时保持国内均衡。可以看到，用货币紧缩政策改善国际收支的办法的效果是间接的，这是与汇率贬值政策的区别。

由于对内均衡与国际收支均衡是两个不同的政策目标，根据经济政策原理必须有两个相互独立的政策工具。所以，汇率贬值政策与货币紧缩政策有时需要同时采用或交替采用，才能在改善国际收支的同时维持国内较低通货膨胀的国民收入的较高水平，既避免单纯汇率政策的通货膨胀后果，又防止单纯货币政策的经济萎缩后果。

可见，如果国际收支的失衡主要由贸易量引起，那么就是价值量国际流动的不平衡，而这种不平衡的原因在于国内货币供求的不均衡。超额的货币需求由货币的流入来平衡，从而是价值的流出（不是流失）；超额的货币供给由货币的流出来平衡，从而是价值的流入。需要说明的是，这种流入不是相对于价值流失的价值流入，而是相对于货币流出的价值流入，因而不是无偿的流入或作为贸易利益的流入。

再进一步考虑汇率制度上的差别，上述分析基本上是依据固定汇率制而论的。正因为汇率固定，所以货币间的供求差由货币的流出与流入来平衡，表现为国际收支的不平衡。在管理浮动汇率制下情况有所不同。汇率可以变动，但只是在有关当局的政策与干预下才出现，当局根据需要才改变汇率水平。管理浮动制下的这种汇率变动的效应，又是与浮动汇率制相似的，即由汇率的变动来适应货币的供求差。所以管理浮动制下的货币供求与国际收支间的关系，需要分别从固定汇率制与浮动汇率制来分析，前者相当于有关当局尚未对汇率作出调整，后者相当于当局使汇率适应市场的要求。

在固定汇率制下，如果本国货币当局在国内实行宽松的货币政策，扩大货币供给，那么国际收支就将出现逆差，或者本国的外汇储备会减少。在浮动汇率制下，同样的政策的结果是本国货币的贬值，汇率变化而不形成国际收支的逆差。在管理浮动制下，货币当局具有两种选择或同时选择二者：调整汇率适应市场要求，保持汇率而调整储备。这一政策结论来自于以下分析。

货币市场的均衡是货币需求量与货币供应量的相等，即：

$$L = M$$

其中，货币需求量 L 是本国价格水平与国民收入的线性函数，即货币需求量正比于价格与收入水平：

$$L = kPY$$

货币供给即基础货币(通货加商业银行的存款准备金)，则等于其国内部分即国内信贷加上其对外部分即国际储备：

$$M = R + D$$

再引进汇率，则国内价格水平为汇率与国际价格水平的乘积：

$$P = EP^F$$

这样，货币均衡成立的条件为：

$$KEP^FY = R + D \tag{9.5}$$

现在考虑各个变量的变化。由于各乘数的较小百分率的变化所引起的积的变化百分率，约等于各乘数变化的百分率之和，所以式(9.5)左边也可表达为和的形式。同时假定国际价格水平的变动率为0，而系数 k 为常量，所以，各变量的变动率的关系为：

$$E' + Y' = R' + D'$$

或

$$R' - E' = Y' - D'$$

上式显示了以上政策结论。在固定汇率制或汇率不变情况下，储备的变化率为收入的变化率与国内信贷变化率之差，在国民收入不变时，货币供给国内部分增加导致储备的减少。在储备与国民收入均不变的情况下，汇率的变化率等于国内信贷的变化率，即对内信贷的增加导致货币的对外贬值。这个汇率的变化率即浮动汇率制下的市场汇率变化率或管理浮动制下所要求的汇率变化率。[1]

〔1〕关于国际收支的货币分析法参阅：弗伦克尔和约翰逊(Jacob Frenkel and Herry Johnson)：《国际收支的货币方法》(*The Monetary Approach to the Balance of Payments*, Toronto, University of Toronto Press, 1976)；迈尔斯(Mare Miles)：《贬值对贸易平衡与国际收支的影响：一些新成果》("The Effect of Devaluation on the Trade Balance and the Balance of Payments: Some New Results", *Journal of Political Economy*, June 1979)；帕特南和赛克斯(Bluford Putnam and Wilford Sykes)：《国际调节的货币方法》(*The Monetary Approach to International Adjustment*, New York, Praeger 1978)。

10. 增值机制对国民经济的影响

既然价值增值过程是国民价值以国际价值为媒介的变换过程，那么以国民价值的生产交换为内容的国内经济机制就必然与以国际价值的生产交换为内容的国际经济机制发生联接。可以发现，其中机制的融合，更明确地说是国内经济机制对国际经济机制适应，是有效价值增值过程的必要条件。这种增值机制对国民经济的影响，不仅是微观意义上的价格性的，而且是宏观意义上的体制性的和中观意义上的结构性的。

价格形成机制的融合

价值增值原理是基于商品的相对价值量提出的，即商品的相对劳动投入量或更广义的要素投入量。这一分析的合理性在于这种相对价值量关系是必然存在的，但是其中却包含着一个未经详细分析的假定前提，即相对价值量关系总是表现为同样比例的相对价格关系。更通俗地讲，价格总是反映价值。这种分析方法与古典的比较利益论是一致的，商品所费相对劳动量会自觉地在国际交换过程中被掌握。事实上，这种方法还只是简单商品交换或简单价值形式，因为货币尚未介入其中。一旦货币因素被引入，模型就从理论抽象向现实过程跨出一步，但同时也出现了重要的转换或变形。这种转换或变形是本质意义上的，因为它可以修正以至根本改变比较利益的结构或价值增值过程的内容。

对于任何一个由 V_1 到 V_2 的价值增值过程，应有：

$$\frac{V_{1d}}{V_{2d}} < \frac{V_{1i}}{V_{2i}}$$

假定世界市场相对价格与相对国际价值关系是一致的，而国内市场的相对价格与相对国民价值关系不一致，那么当这种背离达到一定程度时，就可能会有：

$$\frac{P_{1d}}{P_{2d}} > \frac{P_{1w}}{P_{2w}}$$

问题的关键在于，在实际交换过程中，起作用的是价格而不再是价值，因而所发生的将不是出口商品 1 进口商品 2 的价值增值过程，而是出口商品 2 进口商品 1 的价格增长过程。这一过程的本质将是价值减值。

这种现象被称为价格扭曲。以上是由价格扭曲引起贸易逆转的一个极端例子。考虑多商品的情况，价格的微小扭曲也许不完全导致贸易结构的逆转，但也会导致数量结构上的变形。实际价值增值较高的贸易结构也许被实际价值增值较低的贸易结构所代替，从而减少一国的增值总量或总的贸易利益。

如果再考虑到贸易引起的生产转换中的边际成本递增原理并采用一般均衡方法，那么结论也是价格扭曲导致贸易利益的下降。当出口商品价格偏高扭曲或进口商品价格偏低扭曲时，贸易的发生使出口品生产扩大，成本提高；使进口品的生产减少，成本下降。进出口生产的转换会在与国际价格比一致时停下来，事实上按相对生产成本（价值）看，本国出口品仍然具有一定的比较优势，进口品的生产减少仍然是必要的。所以，这时出现了比较利益或价值增值机会未充分利用的情况。相对应的是，当出口商品价格偏低扭曲或进口商品价格偏高扭曲时，出口生产会过度地扩大，使进出口的价值增值的同时存在着一个价值流失的部分，因为实际成本比的变化已经超过了国际价值比，一国的贸易利益同样减少。

因此，价格信号是价值增值过程的基础，准确的价格信号可以导致合理和充分的增值结构，失真的价格信号则导致不充分的增值以至价值流失。

价值增值规律的上述要求决定了机制融合原理的第一层涵义,即价格形成机制的融合。价格形成方式基本上有两大类型,一类是由市场形成价格,或者说价格在市场过程中形成;另一类是由计划形成价格,或者说价格在计划过程中决定。在计划价格体制改革的过程中,从整个经济来讲,曾出现过多种价格形式。这些价格形式的差别只是价格的计划程度和市场程度的不同组合而已,所以计划或市场又是价格形成的二因素。国家采用各种不同方式贯彻价格的计划性,从而又构成了多种价格形成机制。价格形成机制的融合在于,国际市场的价格形成基本上取决于市场因素,价格在市场过程中形成,它不断地把市场形成的因素注入到国内价格形成机制中去,增大国内市场价格形成中的市场作用,最终把国内价格形成融合到国际市场的统一体中去。换一种说法,不论国内怎样设计多种价格形式,国际市场只承认市场的唯一因素,它要求国内价格也主要通过市场来形成。

这一规律的原因在于,当封闭经济转向开放以后,非市场价格的种种价格形式很快暴露出其缺陷和弱点。如果说在封闭条件下价格非市场化主要导致经济效率下降,那么开放以后则导致价值的流失,导致贸易结构的不合理。价格扭曲或者导致必须对进出口加以行政控制,或者导致需要不堪负担的出口补贴。许多外贸中暴露出的问题都根源于国内的价格体制。不从根本上放弃适应于封闭经济的价格形成方式,就无法解决开放中的问题。开放与外贸意味着一部分产品投入国际市场的流通过程,国民经济的紧密的投入产出关系决定了融入国际市场的绝不只是这一部分,而必然是整个国民经济,以及整个价格形成过程。所以,不论哪一种价格形成机制,都会逐步地被市场价格形成机制所融化,只要这种价格形成机制旨在使价格背离价值,而一切非市场价格形成机制的目的正在于此。要么承认市场价格形成机制,要么放弃寻求最高外贸效益,面临的选择几乎就这么简单。

当然应当指出,国际市场的价格形成中也包括一些国家的干预因素,例如出口补贴、进口关税;在高度发达的市场经济中也存在国家对价格的干预。纯粹的市场是没有的。但是,所有这些都是以扭曲和效益损失为代价的,只是出于某些产业政策或社会政治目的。这种现象不应当作为整个价格体制的主体。

价格形成机制的融合过程表现为,开放部门首先被要求价格的市场化,以准确利用比较优势,实现价值增值。然后,作为出口品生产成本的其他部门也被要求价格的市场化,以避免成本价格扭曲导致出口品价格扭曲。同时,进口品的市场价格作为其他部门的生产成本,又逐步增加了这些部门产品价格的市场因素。

价格形成机制的融合决定了,在经济开放过程中企图维持来自于计划体制的种种价格形成机制是不现实的,这是国际价值规律调节的表现。

价格形成机制的融合与国内外价格是否完全一致是两个不同的问题。前者指价格形成的方式,后者指由此所形成的价格。即使价格都是由市场形成的,比较优势的存在决定了国内外价格不一致的必然性。承认价格由市场形成也不等于完全排斥价格干预,包括内外价格的隔离措施以防止经济波动和不合理的经济调整,只是不让非市场因素成为价格形成的主体。

资源配置市场化

机制融合的第二层涵义是资源配置机制的融合,其实质是国内资源配置机制的市场化。

资源配置问题的核心是配置的最优化。当资源配置达到最优时,社会福利达到极大。在这中间包括几个方面的所谓帕累托最优条件:对于任何两个消费者,任何两种商品的边际替代率相等,即消费的最优化;对于同一部门的任何两个生产者,任何两种投入品的边际技术替代率相等,即生产的最优化;对于任何两个经济主体,任何两种商品的边际替代率与边际转换率相等。由于最优的实现,社会福利达到极大。

在消费的边际替代率等于生产的边际转换率时，消费价格比也就等于生产成本比。这表现在一般均衡图上就是，社会消费无差异曲线的切线也就是生产可能性曲线的切线。所以，资源配置最优问题归结为价格的均衡问题。关于计划与市场何者能更好地实现最优资源配置的讨论已有大量文献，对市场的肯定是基本的，因此这里不在这一方面展开。需要论述的是，当经济从封闭转向开放时，封闭经济下的资源最优配置由开放经济下的资源最优配置所替代，这一过程也只能是市场借助价格的调节过程。如果封闭经济本来实行的是非市场的资源配置方式，那么，它也必然被世界经济的市场化、国际贸易的价值调节规律所融合，逐步转化为资源的市场化配置。

不论是贸易的发生与否还是进出口的数量多少，都只是价格信号的作用结果，价格信号决定了价值增值的存在与否，决定了国内市场与国外市场的供求量，从而也就决定了贸易发生对资源重新配置的要求。在这中间，首先价格决定贸易的必要性与合理性，进而决定出口品生产的扩大与进口品生产的缩小，于是资源的重新配置发生。资源的重新配置不一定改变每种产品的生产成本，但必然改变贸易前的国内生产成本结构。一价定律不一定完全起作用，内外价格差不一定完全消除，但各商品相对价格的变化是必然的。本国进出口不一定改变国际市场价格，但内外价格差有缩小的趋势。总之，生产结构由新的成本结构决定，消费结构由新的价格结构所决定。帕累托最优的标准仍然是消费的边际替代率与生产的边际转换率相等，但这时是由含进口的供给、含出口的需求和变动了的成本的均衡。换言之，消费与生产都是在新的价格与成本上的选择。离开了市场过程，离开了价格信号，开放经济的帕累托最优同封闭经济一样是不可能实现的。非市场资源配置的方式面对只取决于价格的国际市场的复杂而经常的变动，所遇到的困难要大大超过封闭经济。如果说非市场的资源配置方式在封闭经济中造成效率降低的话，那么在开放经济中则导致价值流失。当内外价格差提示出口信号后，出口量乃至生产量必须取决于本国生产成本的变动情况。如果资源从其他部门转移到出口部门以及国内消费减少到一定规模是不合理的话，仍然应当由价格信号来发出警报，而非市场的资源配置就做不到这一点。进口的情况也一样。

计划经济与市场经济如果主要看作为资源配置方式的不同的话，那么可以说计划经济至多只适用于封闭经济而不适用于开放经济，而市场经济从封闭转向开放却不存在这种障碍。计划经济主要是对国内资源的计划，它可以把进出口计划在内，但要么把进出口作为国内不平衡的调节器，要么承认进出口对国内经济的调节。前者必然损失效率，后者必须放弃国内资源调节方式，以获得最大价值增值利益来配置国内资源。计划经济只能是封闭经济，而开放经济必须是市场经济。这就是开放对国内资源配置方式的调节。不可否认，这是经济体制改革的外来动力。

要素的充分流动性是资源最优配置的首要条件。只要价格发出信号，要素就应流动，资源就应重新配置。当然，这是指具有长期结构调整要求的与适应真实供求变动关系的调节，而不是指由无数投机性和商业行为引起的短期波动。一个比较成熟的市场可以较好地减少后一种要素的负效流动。贸易利益是一国整体的利益，即建立在整个国家比较优势结构上的利益，而不是各个局部地区贸易利益的简单总和。资源配置首先是国民经济作为精神的配置的优化，然后才是贸易对资源的重新配置。当某种政策体系（差别性地区政策、地区的财政、外贸自主政策）使各地区直接发展对外贸易比国内要素流动利益更大时，一国事实上承受着资源配置非优化的损失，因为这时地区间存在着要素扭曲：各地区间的要素替代率不等，一地区不能从另一地区获得更便宜的生产要素来优化生产结构。这种资源配置的非优化被发展了的各地区对外贸易所掩盖，是整个政策系统偏重于外向刺激的结果。从俄林的理论来看，区际贸易的原理与国际贸易是一致的，都是要素富裕度差异的结果。欧洲经济共同体的发展表明，在发展共同体各国间的商品与生产要素流动，建立统一大市场基础上发展与共同体外国家的贸易带来了巨大的利益。所以，建立国内各地区要素充分流动体制，优化国内资源配置和资源配置机制，是获得更高开放利益的前提。政策系统应当对区际的要素流动与各地区的对外贸易的激励并重。如果政策系统是一般的地区分权和发展国内市场，那么国际贸易的发展就会与国内资源配置优化并行，国际竞争的难度、风险、市场进入障碍、本国货币的可兑换性等都会推进地区资源配置优化，这时一国的贸易结构也会更优，利益更大。

资源优化配置要求要素价格的合理化，并随着外贸结构而有所变动，其中包括劳动力价格、资本价格、自然资源价格、土地价格以及知识产品的价格等。根据要素禀赋理论，一国生产相对富裕要素密集的产品进口相对稀缺要素密集的产品，会使富裕要素的价格上升，稀缺要素的价格下降。价格的变动是资源重新配置的结果，而导致资源重新配置的又是要素的相对价格。所以，从要素密集性角度讲的贸易结构，很大程度上取决于各要素的相对价格。如果某些要素的相对价格是受控制的，例如自然资源的价格被定在较低的水平上，那么就会影响较优贸易结构的实现。要素价格不合理的结果是要素扭曲，即在两个不同产业间要素的边际替代率不等，进而导致贸易效益的下降。

资源配置市场化还在于以国内消费者的选择来决定贸易量，而不是一个既定的贸易量目标而构成国内的扭曲。随着贸易的扩大，国内产品价格会发生变化，消费者会在新的价格上进行选择，生产与消费之差构成进出口。如果价格变化到一定程度，国内销售会优于出口，这可能是正常的价格变动的反映。如果为了出口目标而采用较强的出口激励，那么或者会出现生产扭曲，生产的社会成本大于企业成本，或者会出现消费扭曲，国内消费供给结构性短缺。

增值的总量效应与结构效应

微观层的价值增值可能转变为价值流失，相对流失或绝对流失，出现不利。现在要说明的是,即使微观层的有利的价值增值,也可能形成宏观层的不利或结构层的不利。当然,有利面的统一仍然是首要的。

在价值增值的最初分析中曾指出,价值增值与使用价值量的增加是一致的。也就是说,当微观层主要是价值增值或只包含部分相对价值流失时,贸易总是会提高本国可供使用价值总量,因为单位贸易中用于出口品生产的资源量,总是小于进口品在国内生产所需的资源量。贸易无形中扩大了一国的生产能力。市场商品总供给量的增加在不变货币供应量下会使一般物价水平下降或降低本国物价上涨的幅度。事实上这一点在微观层也很容易看到。出口品生产的扩大一般较少引起国内价格上涨,而进口品的价格却往往低于国内生产的进口替代品。如果进口品的内外差价完全由关税填补,那么政府获得财政收入,也会减少新增货币或投资扩大的压力,降低通货膨胀。在一般均衡论的微观分析基础上这一点不易看清,而在价值增值论基础上却比较显见。

贸易乘数理论证明,开放经济的贸易乘数为:

$$t=\frac{1}{1-c-(x-m)}$$

其中,c 为边际消费倾向,x、m 分别为边际出口倾向与边际进口倾向。在不变边际消费倾向下,边际出口倾向超过边际进口倾向有使国民收入增加的乘数;边际出口倾向低于边际进口倾向则使乘数小于封闭经济的乘数。有两点需要说明:出口扩大乘数增加国民收入的条件必须是国内生产要素未充分利用状态,否则只引起通货膨胀。另一点是,乘数并不反映贸易扩大对实际收入的影响。当进出口边际倾向相等时,开放经济的乘数虽然只等于封闭经济,但如果这时有进出口总量的增加,那么一国从这个总量的增加中获得价值增值,实际收入是增加的。

边际出口倾向大于边际进口倾向的含义在于,出口总量的增加大于进口总量的增加,或曰净出口的增加。净出口增加引进国民收入增加的另一个条件是,起源于出口产品的生产扩展的连锁反应有可能起作用。

这一作用在于经济可能自觉地消除不平衡，或能从一种平衡走向另一种平衡。如果本国的经济体制本身造成不平衡，那么贸易的扩大不仅不能消除不平衡，而且可能加剧不平衡。在市场开始逐步形成，国家对生产与价格的控制尚未完全退出的经济中，结构性的不平衡来源于价格扭曲。价格的低向扭曲导致生产不足，高向扭曲导致生产过度。产生的间接原因来自于旧体制的多个方面，如国家控制部分产品的定价和原材料价格，不合理的税收结构，企业在国家的保护下而未完全进入市场的海洋等。价格扭曲的直接结果是，低向扭曲的商品易于出口，而高向扭曲的商品会扩大进口。价格扭曲的生产效应和贸易效应正好形成一种不利的组合，越是生产不足和短缺，越是出口会扩大，越是生产过度和剩余，越是进口会扩大。所以，贸易产生了加剧国内不平衡的结果。出口增长的乘数作用有赖于各相关部门在需求增加中生产的扩大，这是一种资源重新配置的过程。由于经济系统的这一功能较弱，所以乘数作用会在短缺部门停下来，只形成短缺的扩大而不形成生产的扩大。

在劳动力充裕或不断有剩余劳动力从农业中释放出来的经济中，出口的扩大常常不是现有生产能力的调整，而是对剩余劳动力出路的追加投资。外资向出口部门的投资也引起国内供货部门的追加投资，所以出口的扩大总是伴随着投资的扩大。由于出口受到鼓励，这部分投资所受到的财务约束小于其他投资。

在某些条件下，出口的扩展不能保证出口结构的高技术化或重型化，而会导致轻型化。这些条件如社会既缺乏资本，又缺乏集结社会资本的功能，例如股份制发展不成熟；企业的急功近利短期行为；国家鼓励劳动密集型产业发展的政策；知识产品的商业价值未得到充分承认；劳动力成本相对较低，等等。这些因素导致劳动密集型产品的出口发展具有相对有利的条件，这些产业一般是轻型的。

在计划经济条件下，某些高档消费品的进口曾被作为回笼货币的手段，这反映了前述贸易增加使用价值总量的原理。这些消费品经过高关税进口，关税成为财政收入，销售使流通中的货币量减少。随着经济的发展，这种政策手段的可行性逐步降低。一是因为内外消费品的品种与质量差异减小，高关税会把这些商品抵御在外，过高的差价会使消费者以国产品替代进口品。二是因为经济加入国际自由贸易体系，双边的承诺与多边的协议都使高关税不可行。

11. 市场的扩展性与贸易政策效应

世界市场是一个不断扩展的市场。世界市场的发展史证明它要求不断冲破自给自足封闭经济的藩篱，把一切国家都纳入统一的世界市场中去。商品的价值增值是这种扩展的自始至终的内在动力。当然，在世界市场的形成过程中及形成的前期，这种基于价值增值动力的扩展性采取了殖民主义的、帝国主义的政治形式，增值与价值的单方面转移相伴随，贸易与掠夺相结合，分工与政治统治相配合，商船由炮舰所开导。如同资本主义的形成既是商品经济发展的一般规律，又是一部血与火的历史一样，世界市场的形成也一方面是世界市场扩展性的表现，另一方面是商品生产先发达国家的武力进攻的结果。随着世界市场的发展，世界市场的自身的扩展性不断加强，而政治的武力的因素逐渐削弱。第二次世界大战以后，特别是20世纪50年代世界殖民体系崩溃以后，相对稳定的国际政治环境使世界市场的扩展性以比较纯粹的经济形式所体现。在承认与尊重国家主权的基础上国际交换不断走向自由化，反映了世界市场的这种扩展性要求。所以，从当今世界经济的实际来看世界市场的扩展性比较清楚。

世界市场扩展性来自于世界性商品交换的内在要求，即价值增值的不可遏止的动力，这就是国际价值规律调节力的体现。但是微观的价值增值不是经济目标的一切，其他种种经济目标又要求国家代表整体的经济利益对此进行干预，这就产生了形形式式的贸易政策。需要研究的是，价值的调节作用在国家贸易政策的干预下的作用形式。

外贸干预下的扭曲

微观的价值增值原理表明，只要存在着价值增值的机会，贸易就会继续扩大，直至成本和价格的变动完全消除内外价格差为止。尽管不完全转换规律[1]使它不能充分发挥作用，国际价值规律总是存在着使价格与供求在世界范围内达到一般均衡的趋势。从这一点来说，如果国内市场本身是完善的不存在扭曲，那么对外贸易的干预则总是干扰一般均衡的实现，导致对外扭曲。对外扭曲的存在使一国不能在充分的规模上实现价值增值，或在增值中存在着相对价值流失，或者引起国内资源的不合理配置。问题是，外贸干预政策并不是无缘无故产生的，干预本身来自于某些特定的目标，例如扩大出口，保护国内生产者的利益或幼稚工业，力图建立本国的产业体系，财政收入的需要，纠正国内市场的扭曲等。这些政策本身的积极作用是可以评价的，但正如人类在大自然面前对自然规律的任何抗拒都必须付出代价一样，外贸干预在实现政策目标的同时也必须付出扭曲的损失。

外贸干预的形式首先是关税即进口关税。关税的作用是提高进口品的价格，或使本国较高成本的生产也有市场，或者获得财政收入。在需求量与价格的一定关系下，进口量会减少，如果整个贸易是平衡的，那么价值增值的总规模也就缩小。国内较高成本的生产是在关税壁垒的保护下生存的，较小的竞争压力使之较难提高劳动生产率，这就构成难以测度的效率损失。在生产者得到保护的同时，消费者必须以较高的价格获得商品。一般国际经济学估计了关税的三种效应，即财政的正效应、消费的负效应与生产的正效应，但没有指出下述效应：(1) 价值增值总量减少的负效应；(2) 生产效率降低的负效应；(3) 产业本身发展和存在的不确定效应。这第三种效应之所以是不确定的，因为它可能因此减少进口过多的

〔1〕 参见本篇附录。

贸易逆差，降低出口能力不足的压力，也可能造成长期资源低效配置。

进口配额或许可证管理是进口控制的另一种形式。这种方式的结果是在不充分利用价值增值的同时，造成国内寻求进口特许的寻租行为，进口的特许权力使进口商获得超额利润。寻租的存在导致政治的腐败，大量生产资源流向非生产领域的浪费，同时政府也未能获得相当于关税的收入。如果按某种固定的分配方式分配许可证，则可能会使企业争相扩大不必要的生产能力。以争取较高的进口许可额。免费地提供这种进口许可实际上形成了收入再分配，政府及其他部门的利益转向许可进口的厂商，而公开拍卖进口许可证的办法则可以把存在的租金通过拍卖价格转让到政府手中，并减少寻租行为的损失，进口配额制的一个更坏的结果是它可能造成国内市场的垄断，因为国内具有支配地位的厂商会因此而有更好的条件提高价格，与之竞争的进口商品为配额所限。于是消费者价格更高，国民收入也受损失。〔1〕

降低关税的国际协议使非关税壁垒代替了关税壁垒，并且花样十分繁多。各种非关税壁垒的共同宗旨在于限制进口，但是与关税壁垒相比却有一个共同的缺点，即在限制了进口的同时并不能使政府增加收入。这类措施的政策功能在于紧缩进口以减轻国际收支逆差的压力。

对出口进行限制的政策有时可能为本国带来利益，有时则会像进口限制一样造成损失。假定本国某产品确实具有比较优势，国内价格低于国际价格。如果对出口征税，那么不只简单地会把出口商的一部分利益转移到政府，同时也会使该产品国内生产规模缩小，资源转向其他非优势产品的生产。这时本国所受的是生产减少的净损失。如果本国对该种商品在国际上有一定的垄断权，则情况有所不同。出口税会提高本国产品的出口价格，增加本国的收入，在一定的国外需求弹性下，本国可能获得最有利的收益。如果对出口实行许可证或配额制，那么也相应地会出现寻租现象。

---

〔1〕关于进口配额及寻租行为损失的分析，参见克鲁格(Anne O. Krueger)：《寻租社会的政治经济学》("The Political Economy of Rent-seeking Society", *American Economic Review*, 64, June 1974)。

出口补贴以及其他各种鼓励出口的措施是许多后进国家采取的政策,以增加出口能力,满足外汇需求。这种方式的国际限制是明显的,它会受到关贸总协定的制约或抵消关税的报复,后者使出口补贴归于无效,前者更限制了一国加入国际互利贸易体系。即使不说这一点,出口补贴本身造成扭曲。当出口商品价格本身不存在扭曲时,由政府给予的补贴会增加出口商的收入,使本来按企业成本只能少量出口的产品大量出口,甚至使实际无比较优势的产品出口、补贴与汇率贬值激励出口有一个重要区别,汇率贬值激励出口的作用力是平均分布的,它不影响资源配置仍在市场中进行,而补贴是有选择进行的,往往更多的是行政管理性的。因此,补贴导致扭曲是不可避免的。当补贴的必要性来自于国内价格扭曲时,其不利性还会更多一层。因为补贴的原则会是使一切亏损不能出口的产品有可能出口,或使所有产品都获得相近的收益。但是,由于比较优势的不同,各种产品本来就不应获得相近的收益,这样就不利于使资源转向优势产业。同时,补贴的存在也不利企业效率的提高,并使国内价格扭曲凝固。

对进出口贸易的国家干预的理由,有时来自于纠正国内存在的扭曲,即生产扭曲、消费扭曲或要素扭曲。但是,现代扭曲理论证明了,对于国内扭曲不应当采用对外贸易干预的方式来纠正,而应于直接针对扭曲的起源采用适当的税收或补贴政策。例如,对于生产扭曲采用生产的补贴或税收。这样才不至于在纠正国内扭曲的同时造成政策引致的对外扭曲以及相应的贸易损失。[1]

---

〔1〕 参见:巴格瓦提(Jagdish N. Bhagwati):《扭曲与福利的一般理论》("The Generalized Theory of Distortions and Welfare", in *International Trade: Selected Readings*, MIT, 2nd Edition, 1987);巴格瓦提等(J. Bhagwati, V. K. Ramaswami and T. N. Srinivasan):《国内扭曲、关税与最优补贴理论:一些进一步的成果》("Domestic Distortions, Tariff and the Theory of Optimum Subsidy: Some Further Results", *Journal of Political Economy*, 77, Nov. / Dec., 1969);巴格瓦提和斯里尼瓦桑(J. Bhagwati and T. N. Srinivasan):《实现非经济目标的最优干预》("Optimal Intervention to Achieve Non-economic Objectives", *Review of Economic Studies*, 36, Jan. 1969);芬达莱和威利茨(R. Findlay and S. Wellisz):《项目评价、影子价格和贸易政策》("Project Evaluation, Shadow Prices and Trade Policy", *Journal of Political Economy*, 1976, 84: 543—552);布鲁诺(M. Bruno):《市场扭曲与渐进改革》("Market Distortions and Gradual Reform", *Review of Economis Studies*, 1972, 39: 373—383);科登(W. M. Corden):《贸易政策和经济福利》(*Trade Policy and Economic Welfare*, Clarendon Press, Oxford 1974);劳埃德(P. J. Lloyd):《开放经济价格扭曲的更一般理论》("A More General Theory of Price Distortions in Open Economies", *Journal of International* Economics, 1974, 4: 365—386)等。

产业革命、价值优势与自由贸易

保护贸易还是自由贸易孰优孰劣，绝非由抽象的理论争论所能辩明的，相反，它是一个极富于功利主义色彩的问题。当保护贸易对本国有利时，该国就会主张保护；当自由贸易更为有利时则相反。由于世界经济的格局演变为先进国家所引导，所以世界作为自由贸易时代或保护贸易时代也为之所左右。

由产业革命决定的国际间的相对价值优势结构，决定了先进国家即产业革命发生国主张自由贸易政策，因为这使之在贸易中获得更大的利益。当产业革命的成果为各国所利用，各国产业的国际差距缩小从而国际竞争激烈时，先进国家又会主张保护贸易政策，使世界贸易格局转入一个新阶段。新的自由贸易时代直至新的产业革命发生而到来。这就是表现为长期历史周期的国际价值规律对世界贸易格局的调节。

继重商主义这一贸易学说的“史前期”之后，自由贸易学说首先在英国形成。绝对利益说和比较利益说都是自由贸易学说的关于自由贸易的政策主张。由于比较利益说揭示了更广泛的贸易机会，也许可以说它更自由一些。虽然这些学说在理论史上仍有崇高的地位，但在当年其功利主义倾向是十分明显的。英国的工业革命使之成为世界工厂，廉价工业品的价值优势使之足以与农业经济的手工业产业相竞争而获得巨大的贸易利益。李嘉图的“英国生产毛呢、葡萄牙生产酒”的经典例子，正好是完成了工业革命、纺织业高度发达的英国要求实行的自由贸易的写照。当年的这一自由贸易的结果是，葡萄牙在国际收支中产生了大量的长期的逆差，使其从巴西掠夺来的黄金全部流入英国。由英国所建立的世界自由贸易体系是19世纪70年代以前世界经济的特征。

贸易保护主义基于不存在这种价值优势的世界格局。19世纪以前，本质上属保护主义的重商主义外贸政策是与当时各国经济性质相近所对应的。农业国与自给自足的封闭经济是当时各国的共同经济性质，虽然从现在的观点来看比较优势总是存在的。

当英国独占的世界工业品市场受到后起资本主义国家挑战后，情况就发生了根本的变化。19世纪末的第二次技术革命使欧美各国的开始具备了与英国相竞争的能力，各国相似的经济性质使各国展开了争夺世界市场的贸易战，直至发生第一次世界大战与20世纪30年代的贸易保护主义。在当时的历史条件下，贸易保护主义表现为殖民体系的形式。

第二次世界大战以后，美国经济实力遥遥领先于世界各国，这使它致力于创建新的国际自由贸易体系。20世纪50年代第三次科技革命发生以后，世界又一次发生经济性质差异的局面，成为新的国际自由贸易体系的基础。与前一次不同的是，不是个别国家，而是一批发达国家共同主张国际自由贸易体系。经济性质的差异表现在发达国家与发展中国家之间。掌握第三次科技革命成果的国家，获得这一成果利益的国家，明显在经济性质上区别于其他国家。在发达国家之间，争夺市场主要靠自由贸易下的竞争而不是保护市场，同时也出现了部分发达国家创立更自由的贸易关系的情形，如欧洲经济共同体。贸易自由化主要是发达国家要求其产品进入发展中国家的自由。

随着第三次科技革命的成果逐步扩散，一批新兴工业化国家与地区掌握了这一时代的产品的生产技术以后，开始对发达国家的市场构成竞争威胁，发达国家的贸易保护主义开始抬头，战后自由贸易时代可能再次转向保护贸易。当然，由于历史的发展，保护主义不只是简单采用历史上的形式。

由此可见，国际间的比较优势是始终存在的，但绝对优势则不一定始终存在。科技革命会导致一国显著的价值优势，这就构成持续的比较优势中的绝对优势阶段。这时具有明显绝对优势的国家就会要求并有可能要求国际贸易的自由化。当国际间的绝对优势逐步减弱，在比较优势基础上的竞争加剧时，这些国家又会转向于保护贸易。

总的来说，先进国家主张贸易自由，而后进国家主张贸易保护。政策的差异在于国际竞争中相对的价值优势中的地位。后进国家的保护政策不在于消除对外贸易，而在于把外贸的产品品种、贸易数量限制在一定范围内，使自己既获得比较利益的好处，又获得本国经济发展的利益。不过，现代扭曲理论证明这不能获得最大的发展利益。

保护主义政策出于后进国家本国利益的性质很容易从德国历史学派李斯特(F. List)的理论中体现出来。李斯特的保护主义的历史背景是当年德国落后于英国。他指出，自由贸易会使德国为英国服务而牺牲自己。保护关税会使德国在价值上有所牺牲而在生产力上却可以增长，进而使未来的物质财富有无限增进。保护损失了价值而赢得了力量。在自由竞争下，一个无保护的国家是不可能成为一个新兴工业国的。[1]

以关税的提高与降低为标志，美国历史上关税的变动是其工业发展阶段的体现。从独立以后到1828年以前，美国工业不如英国，为了保护新生的制造业，关税税率一直较高。但是高关税与南部各州农产品出口的利益不一致，农产品要求自由贸易，1833年通过了折衷关税，税率水平下降。南北战争期间关税再次提高，直至第一次世界大战前夕。在这期间美国实现了工业化，超过了英国。1913年，美国大幅度降低了关税。但不久又迅速提高，到30年代初达到顶峰。1934年以罗斯福互惠通商协定法为转折点，美国关税开始下降，直至二战以后主导战后关贸总协定的国际自由贸易体系，美国的自由贸易要求为自己创造了国际条件。

当今世界的自由贸易体系与保护主义倾向是并存的，其中自由贸易体系特别对后进国家的国内经济有调节性的影响。自由贸易要求降低关税水平，影响到后进国的长期发展战略目标的实现道路，它使后进国在进口替代上较少选择。自由贸易也要求各国减少对外贸的直接干预和国家经营，例如加入关贸总协定的要求，这影响到一国整个经济体制和外贸体制的选择。可以说，一个较少国家干预的外贸要求，是当代世界经济向国民经济改革提出的要求。外贸体制改革市场化不断加深不只是国内体制

〔1〕李斯特(F. List)：《政治经济学的国民体系》(中译本)，商务印书馆1961年版。

选择的结果，而且也是世界贸易体系的要求。

关税对增值流量及其分配的多重效应

关税是国家对外贸干预的首要形式。在最简单的理解上，关税总是有利的，因为关税的财政收入及保护作用是显见的。但是进一步的分析却表明，由于关税干预了国际价值规律的作用过程，它的效应是复杂的、多重的，它影响了价值增值的流量，也影响了增加价值在国内的分配；它的作用的有利性不是与其高低成正比的，而是与其是否更符合国际价值规律的要求相一致的。

关税的第一个积极作用是改善本国的贸易条件。关税提高了外国商品在本国的价格，会迫使外国出口商降低价格以维持一定的出口量。单就这一点来说，关税会提高本国单位贸易中价值增值的量。但是，这一简单分析中忽略了一系列复杂因素。首先，本国对进口品的需求弹性。如果这一弹性较小，那么关税的高低不会影响需求量，外国出口商也不会降低价格，贸易条件不一定能改善；如果弹性较大，那么进口量会减少，贸易增值量也减少。需要指出的是，实际贸易利益的变动并不是在两种高低不同的关税下国内价格与进口量之乘积的大小所能反映的，也就是说，高关税下较高的国内价格与较低的进口量之乘积如果大于较低关税下较低国内价格与较高进口量，就表明利益增加。较高的国内价格是消费者向政府的支付，是国内的收入转移。实际贸易利益的变动是贸易量指数与价格贸易条件的乘积。当乘积大于1时，贸易利益的变动为正；小于1时则为负。其次，外国对出口品的供给弹性。关税会减少外国向本国的出口。如果供给弹性较小，则减少幅度较小；反之则较大。由数量变动引起的利益变动与上述是一致的。由此可见，关税决定的贸易利益的大小绝不是与关税税率的高低成正比的，而存在着一个最适度关税率。第三，关税会引起贸易伙伴国的报复，也相应提高对本国出口品的税率。这时整个贸易利益的变动取决于各自的供求弹性。还需要指出，在这一问题上的最适度关税率与有效保护率上的最适度关税率是不同的。这里指的是单个商品的贸易利益，而后者指的是使受保护产业的实际有效保护率不低于名义保护率的一种关税结构。

关税会影响国内各类企业与个人的实际福利。关税将被征税的国内进口替代品的价格维持在一个较高的水平上，从而使该产品生产企业的收入提高。这一提高具有几方面的意义。如果劳动者的收入与企业的收入相关，或者对劳动力的需求提高会提高劳动力的价格，那么该部分企业劳动者的收入会提高。各要素的相对价格从而要素持有者的相对收入也有类似的性质。以某种要素密集生产的产业在受到保护时，总是可以提高该类要素的收入，条件包括要素在部门间的流动。所以，在一定的贸易规模上，关税的作用是国内收入的再分配。这种再分配也通过消费者的不同消费结构产生作用。当一种产品因保护而相对价格提高时，更多购买该种产品的消费者就相对不利，更多购买那些不征税或少征税产品的消费者就得利。如果再考虑到二次效应，即生产性消费的影响，则情况更复杂一些。对生产投入品的不同关税率影响使用不同结构投入的企业的成本与收益，进而影响企业劳动者的收入，再通过价格影响社会一般消费者的利益分配。但是，关税不是调节国内收入分配的最好政策，因为它造成对外扭曲而减少整个贸易利益。调整各生产要素收入的最好办法是直接对生产要素的使用征税或补贴，这样贸易规模不会缩小，贸易利益没有减少。对产品的生产或补贴的政策为次。生产转换会有损失，但贸易利益可以保留。对收入调整的目标来说，关税是第三位的可选择的政策。

劳动力的可流动性与工资的可变性是确保贸易利益的一个重要条件。关税改变了商品的相对价格以后，也会改变各部门的相对收入。如果工资是可变的，价格相对较低部门的就业仍可维持，生产规模可以不变。同时劳动力可以流动，生产可以重新配置。这两个条件不具备，结果是生产要素不能充分利用，导致生产能力的下降。

对某一产业的保护性关税的合理性取决于该产业的发展前景。这种前景有两种类型。一种是产业的保护性发展可能导致规模经济或其他性质的成本下降，并且成本下降的速度可能快于世界水平。这样，在未来的某个时候，这种保护就不再必要。保护下的近期贸易损失可以为未来更高的比较利益所补偿。另一种是对新兴产业(幼稚工业)的保护。新兴产业的建立在于改变本国的产业结构，相应地也会改变贸易结构，减少本国对外国的依赖程度和进口负担。发展的利益同样可以补偿保护的损失。

这样也可以看到，在关税保护下的价值增值具有一定的虚假性。由于保护，国内与进口相竞争的产品被维持在一个较高的价格水平上，使价值增值表现为较高的水平。关税税率越高，这一结果越是明显。随着国内生产率的提高，关税下降，价值增值从现象上减少，但是，节约的生产资源表现为该产业或其他产业的更高的产出。出口品产业的效率的提高还会增大价值增值的量。[1]

〔1〕关于贸易保护的代价可参考下列文献：约翰逊(H. G. Johnson)：《保护代价与科学关税》("The Cost of Protection and the Scientific Tariff", *Journal of Political Economy*, 1960, 68：327—345)；麦吉(S. P. Magee)：《美国贸易限制的福利影响》, "The Welfare Effects on Restrictions on U. S. Trade", *Brookings Papers on Economic Activity*, 1972, No. 3, pp. 645—701, 科登(W. M. Corden)：《保护的代价与后果》("The Cost and Consequences of Protection: A Survey of Empirical Work", in: P. B. Kenen, ed. ,*Intenational Trade and Finance: Frontiers for Research*, Cambridge University Press, London, 1975, 51—91)；迈克利(M. Michaely)：《商业政策理论》(*Theory of Commercial Policy*, philip Allan, Oxford, 1977)等。

12. 贸易条件——价值增值量的变动

贸易条件是反映一国对外交换利益变动的一个重要指数。但是，贸易条件常常不能反映一国的实际得失及其变动，用这一指数来反映一国的贸易处境常常是不真实的，尽管贸易条件有多个不同涵义和表示方式。原因在于，这些贸易条件指数或多或少地偏离了贸易利益的实质——价值增值。因此，有必要用价值增值原理考查更实质的贸易条件的变化。同时，考察贸易条件变化的原因及其改善的政策原理同样也是必要的。

一般贸易条件指数的理论缺陷

最常用的贸易条件，也就是作为基础的贸易条件指数和一般国际经济统计中所指的贸易条件，为“价格贸易条件”或“商品贸易条件”，反映实际进出口商品的价格变动情况是这种贸易条件的性质。贸易条件的表达式为：

$$T = \frac{P_x}{P_m}$$

其中，P_x 和 P_m 分别为出口价格指数与进口价格指数，分别为以出口量或进口量比重为权数的各商品价格指数的加权平均数，即：

$$P_x = \sum x_i p_i$$

$$P_m = \sum m_j p_j$$

价格贸易条件的核心是国际市场的价格，本国出口品的价格与本国进口品的价格。从价值增值论原理来看，增值的内容在于国民价值的变动，而国际价值只是增值变换过程的媒介。出口品价格的上升，进口品价格的下降，对一国的实际贸易利益来说确实是正的影响，反之则是负的影响，但是这种变化只是商品的国际价值的变化，而不反映商品的国民价值的变化。商品的国际价值的变化会影响单位国际价值中商品的自然单位量，间接影响贸易的国民价值量，但与商品本身的国民价值量无关。假定一国的贸易条件未变(为 1)，或更简单地用进出口工商品模型说国际价格未变，但不必然意味着一国的贸易利益不变。如果一国的出口商品国内价值下降或相对下降，进口商品的价格上升或相对上升，那么同样的单位贸易中国民价值增值扩大，贸易利益增加。反之则缩小和减少。出口品国民价值的下降可来自于生产效率的提高，成本的下降，需求的减少，供给的增加等，或整个经济中相对价格结构的变动。进口品价值上升则反之。由这类因素引起的实际贸易利益的变化是不能在一般价格贸易条件中反映出来的。

收入贸易条件反映一国绝对进口能力的变化，它是出口量指数 Q_x 与价格贸易条件的乘积：

$$I = T \cdot Q_x$$

很明显，当价格贸易条件恶化时，如果出口量上升，一国进口能力不一定会减小，条件是出口量上升幅度超过价格贸易条件恶化幅度。[1] 反过来，即使价格贸易条件改善，如果出口量下降幅度更大，则进口能力也可能降低。

由于收入贸易条件中包含了价格贸易条件因数，所以同样包含上述缺陷。进口能力增加并不是一国贸易利益增加的最好指示器。在价格贸易条件恶化中进口能力保持不变或上升，其中包含了更大的价值流失，即

〔1〕 只是近似说法，因为 $(1-a)(1+a) = 1-a^2 < 1$。

扩大了的出口的价值流失。只有当价格贸易条件为1，进出口均衡，且贸易结构不变的时候，收入贸易条件的改善才与价值增值的扩大相一致。

要素贸易条件所反映的一国真实贸易利益的变动要比价格贸易条件好些。单方要素贸易条件为价格贸易条件与本国一定时期出口产品生产率指数的乘积，即：

$$S = T \cdot Z_x$$

上式中的 Z_x 一般大于1，因为生产率一般提高。单方要素贸易条件反映的是本国单位要素投入所能获得的进口商品量的变动。在既定的价格贸易条件下，生产率的增长总是可以导致更大的贸易利益。出口商品生产率的提高意味着出口产品国民价值的降低，所以单方要素贸易条件包括了出口品国民价值变动的因素。如果忽略供求因素的话，这一点是正确的。但是，除了价格贸易条件作为因数使要素生产率不能准确反映在单方要素贸易条件中外，单方要素贸易条件还有一个缺陷，它不能反映进口品生产率的变化对价值增值的影响。如果国内与进口相竞争的产品的生产率提高了，那么其国民价值就会下降，继续进口就可能是不必要的。因为这时已不能实现原来进口的那种增值，甚至该产品也已有了出口可能。单方要素贸易条件不能包含这一点，那么双方要素贸易条件是否能克服这一缺陷呢？否。因为国际经济学中所定义的双方要素贸易条件为价格贸易条件乘以本国出口品生产率指数与本国进口品在贸易伙伴国的生产率指数之比，即：

$$D = T \cdot \frac{Z_x}{Z_m}$$

在这里，进口品的生产率指数为贸易伙伴国的而不是本国的。这样，双方要素贸易条件指数所反映的内容，就是两国贸易中相对要素投入量的变动率，而不是本国贸易中要素节约的变动率。因为外国的出口品（本国的进口品）的生产率的变动并不代表本国与进口相竞争产品的生产率变动。不论本国进口品在外国生产时投入如何节约，其国民价值只取决于本国的生产率。双方要素贸易条件反而不如单方要素贸易条件。如果 T 为 1，当 $Z_x>1$ 时，单方要素贸易条件 $S>1$，则真实地反映了贸易利益的变动。如果 $Z_x>1, Z_m>1$，双方要素贸易条件就不足以反映贸易利益的正向变动。如果 $Z_x=1, Z_m>1$，则双方要素贸易条件 $D<1$，表现为恶化，而事实上贸易利益并未变动。

如果沿着双方要素贸易条件的方法，把 Z_m 定义为本国进口竞争品的生产率指数，则意义会好些。因为当 $T=1, Z_x=1$ 时，如果 $Z_m>1, D<1$，反映了进口利益下降。因为本国进口品生产能力提高，所以价值增值减少。

维纳认为，贸易为一国带来的福利需借用"效用"概念来分析，只有这种方法才能测定进口所获得的总效用是否超过生产出口产品所牺牲的总效用。[1] 根据这一理论，需要引进"生产"的主观成本(subjective cost of production)的概念，以便用"实际成本贸易条件(real cost terms of trade)"来反映真实贸易利益的变动。令 d 为一国出口生产的负效用变动系数，则实际成本贸易条件为：

$$R=S\cdot\frac{1}{d}$$

由于其中包含了单方要素贸易条件，因此，R 更好地反映了出口的真实成本。出口增长中如果包含了负效用的增加，那么实际贸易利益还是下降的。

同样理由还应当引入进口品的效用指数。如果本国对进口商品和本国产品(因资源转移到出口部门而国内不再生产和消费的那些产品)的相对需要程度在一个时期内发生了变化，那么这些产品的相对效用也发生变化。令每单位进口商品与所放弃的本国商品的相对平均效用指数为 i，则可以得到"效用贸易条件"(utility terms of trade)：

[1] 维纳(J. Viner)：《国际贸易理论研究》(*Studies in the Theory of International Trade*，Harper and Row，New York 1937)。

$$U = R \cdot i = S \cdot \frac{i}{d}$$

可惜的是，尽管这两个贸易条件具有比较深刻的意义，但因为“负效用系数”无法计算，进口产品对放弃的本国产品的相对平均效用也无法计算。除非这些效用能反映为价值，否则是不能被包含到贸易条件指数中去的。

国民价值增值贸易条件

依据以上各类贸易条件的类似方法，可以提出“国民价值增值贸易条件”：

$$T_{va} = T \cdot V_a$$

其中，T 为价格贸易条件，V_a 为报告期对基期（如本年度对上一年度）的单位美元贸易的国民价值增值量之比。其推导如下：

设上一年度每一美元出口产品 i 的国内价格为 X_i，出口量权数为 a_i，每一美元进口产品 j 的国内价格为 m_j，进口量权数为 b_j；则平均每美元国际贸易的总价值增值量为：

$$a_0 = \sum a_i \cdot x_i + \sum b_j \cdot m_j$$

同理，本年度的单位贸易增值量为：

$$a_1 = \sum a_i' \cdot x_i' + \sum b_j' \cdot m_j'$$

因此，单位贸易的价值增值的变化率为：

$$V_a = \frac{a_1}{a_0}$$

显然，以上分析假定国内价格反映价值，这是必要条件。这意味着，国内任何商品的生产率变动可以反映到价格上来。在这里，V_a 是主要反映国民价值变动的因素，而 T 是主要反映国际市场价值变动的因数，两者的结合才全面反映了总的价值增值贸易条件的变化。因为价值增值有两个要点，一是增值的是国民价值，所以必须用国民价值来比较；二是增值是在单位国际贸易中表现出来的，所以进出口的国际价格比的变化会通过乘性关系扩大或减小国民价值增值。由于 V_a 是国内进出口商品在两个不同时期的价格水平的函数，所以一切影响国内价格的因素都会在 V_a 中反映出来。T 与 V_a 的乘积作为国民价值增值贸易条件表明，即使价格贸易条件恶化，如果一国贸易结构优化，从而使单位贸易增值水平提高，实际贸易利益则仍有提高。反之，如果贸易结构恶化，单位贸易中的获利减少，即使价格贸易条件优化，总的贸易利益仍然可能降低。国内价格变动反映了国内生产成本的变动，相对需求的变动等，因而也改变了对国外的比较优势的程度和对进口品的需求程度，这应当反映在作为贸易地位变动的贸易条件之中。

在上一节所述的几种贸易条件中，收入贸易条件反映的是总量变化，而其他五种均表示单位量变化，即每一单位出口（按价格、投入量或效用）所得到的进口量的变化。假定也在增值贸易条件上引入总量指数，则有增值意义上的收入贸易条件：

$$I_{va} = T_{va} \cdot Q_x$$

其中，Q_x 仍为出口量指数。I_{va} 直接表示由出口量变动引起的增值量的变动。根据同样原理，也可以引进 Q_m。

尽管单方要素贸易条件在反映投入量的变动上具有意义，但用劳动生产率指数来表示并不准确，而用综合要素投入量的生产率指数又十分困难。这是因为，劳动生产率指数反映的是活劳动投入的节约，只有这一要素的节约是与劳动生产率成比例的，而其他要素的节约并不与劳动生产率成比例：固定资本可以节约但不成比例，原材料、燃料的节约一般取决于技术而不是劳动生产率。在这一方面，增值贸易条件的优点在于，不论是劳动生产率的提高还是各种物质消耗的节约，只要市场价格是灵敏的，都会通过价格的下降反映出来。这会在增值贸易条件中反映出来。外国生产率的提高和价格下降会在价格贸易条件 T 中反映。如果价格机制灵敏，那么在实际贸易成本条件和效用贸易成本条件中所考虑的负效用也会在国内价格的变动中反映出来，进而体现在增值贸易条件中去。

增值贸易条件与价格贸易条件的区别在于，它不仅认为进出口商品的国际交换价格会影响一国外贸的实际利益，而且认为这些商品的国内市场均衡价格的变动也会影响实际利益。增值贸易条件把其他几类贸易条件所考虑的因素价值化，并假定价值的变动总可以表现为价格的变动，也就是说不存在价格的扭曲。一旦扭曲存在，那么不仅如前所述最优贸易规模与结构不能达到，而且价值增值的核算也会发生错误，增值贸易条件不再能反映实际贸易利益的变化。

一般价格贸易条件的上述缺陷，明显反映在实际统计中。在世界贸易的各种统计中，价格贸易条件一直呈现无规律的变动，既不显示后进国家贸易条件长期恶化的趋势，也不显示先进国家长期改善的趋势，短期市场波动决定的价格动态是贸易条件的实际支配力量，而不像理论著作一再企图证明的后进国长期恶化的规律。即使按照产品类型划分，制成品、食品、非食品、金属和矿产品以及燃料，也不显示某一类产品规律性的长期改善或长期恶化。所以，价格贸易条件只反映短期国际市场力量所决定的贸易利益的变化，而不反映由经济发展水平与贸易结构所决定的贸易利益的变化。

以人均收入为标志的经济发展道路显示，低级产业中的投入要素比重相对提高，高级产业中则相对下降。对应的结果是，低级产业中增加价值的比重相对下降，而高级产业则相对上升。所谓等级，依次为农业、采矿业以及不同的制造业。这一规律意味着，以产业的等级差异为特征的后进国家与先进国家之间的贸易关系中，后进国家实现的增加价值比重相对下降，而先进国家则相对上升。这是由贸易条件概念所引发的一个更深层的利益变动规律，也是价格贸易条件所不能反映的。

上述规律来自于以下统计事实：在单位产出所需资本数量这一所谓“资本系数”上，农业高于采矿业，采矿业又高于制造业。在单位产出所需的劳动力数量即所谓劳动力系数上，也同样如此。这一点首先就表明了，在一定值的国际贸易中，出口低级产业产品的国家付出更高比重的投入要素而实现更小比重的增加价值。问题的关键还在于要素投入比重与增加价值比重的变动趋势。随着人均收入的增长，资本系数提高，这种提高的速度，农业快于采矿业，采矿业快于制造业。在人均收入从140美元提高到2 100美元阶段中，农业的资本系数提高103%，采矿业提高58%，而制造业只提高17%，在劳动力系数上，同样区间的收入变动中，农业的劳动力系数下降到8.31%，采矿业下降到4%，制造业总体下降到6.64%。在制造业中，食品加工（即相对低级的产业）下降到15%，消费资料下降到6%，而生产资料及机械分别下降到3.6%和3.5%。两种系数的动态规律表明，以增加价值比重为标准的出口利益中，出口产业越是低级，贸易条件越趋于恶化；出口产业越是高级，贸易条件越趋于改善。〔1〕

对改善贸易条件的调节

价值增值贸易条件中包含了两个因数：一是价格贸易条件因数，二是平均增值变动率因数，所以改善增值贸易条件包含了其中两个方面。

平均增值变动率的调节主要依靠产品结构的调整，使贸易产品在进出口阶段都能获得更大幅度的增值。如果市场机制能起作用，这一点是可以实现的，市场会自动地使贸易产品转向价格差大的商品。

关税及其他外贸干预的作用在于改善价格贸易条件因数。进口关税是改善贸易条件的首要手段。但是进口关税在迫使外国降低出口价格的

〔1〕 以上分析中的数据资料引自H.钱纳里等：《工业化与经济增长的比较研究》（中译本），上海三联书店1989年版。

同时，也会减少贸易的数量，从而缩小本国整个增值的规模。贸易伙伴国的报复性关税也会对价格贸易条件因数起不利影响，这一点已如前所述。如果排除外国的报复性关税，那么改善贸易条件的关税调节政策应当以由价格变动带来的利益和由贸易量变动带来的损失之和为约束条件。政策的目标在于寻求一种关税税率，这一税率可以压低外国出口品的价格，由这种贸易条件改善所得到的边际利益等于因贸易量减少而形成的边际损失。这时关税率为最优关税率。但要指出，这种最优仅仅是从价格贸易条件的改善而言是最优的，并不包括诸如保护幼稚工业的利益和保护低效率的损失。

令上述标准上的最优关税率为 t，则在 t 时，税率再提高所能得到的新增利益与会发生的损失之差为零，即：

$$M \cdot \frac{\mathrm{d}P}{\mathrm{d}t} - t \cdot P \cdot \frac{\mathrm{d}M}{\mathrm{d}t} = 0$$

其中，M 为进口量，P 为价格。

$$t = \frac{\mathrm{d}P/\mathrm{d}t}{\mathrm{d}M/\mathrm{d}t} \cdot \frac{M}{P}$$

此式右边正是外国供给弹性 $S_m = \frac{\mathrm{d}M}{\mathrm{d}P} \cdot \frac{P}{M}$ 的倒数，所以：

$$t = \frac{1}{S_m}$$

出口补贴对价格贸易条件改善的作用是负的，因为它会使本国出口品的价格下降。在外国进口需求弹性的影响下，出口量也增大了。结果在一个较低的价格上出口了更多的产品。如果贸易因此扩大，损失部分也会从进口增值中补偿，从而对增值贸易条件的作用仍为正。如果外国征收反补贴税，则后一个作用也没有，补贴构成净损失。

以贸易一体化作为政策的措施也会改变一国的贸易条件。这里主要是贸易对象的变化而引起贸易条件的变化，而不是市场价格机制的作用引起贸易条件的变化。贸易创造与贸易转移是其中的两个机制。假设在形成贸易一体化以前某商品的价格本国最高，伙伴国其次，世界市场最低，那么本国会从世界市场进口，而不向伙伴国进口。在关税作用下，进口量在一个较低的水平上。贸易一体化以后，进口从世界市场转向伙伴国家，进口价格提高，如果仍低于原征税价格，则进口量会增大。这一结果是贸易条件的恶化。但贸易创造使伙伴国得到利益，改善贸易条件，因为它在一体化内找到了市场，且这个价格高于世界市场价格。作为出口商品，本国也就是这类国家而有改善贸易条件的影响。对于本国价格低于伙伴国但高于世界市场价格的商品情况相反。如果世界市场价格介于一体化成员国之间或高于各成员国，则一体化只会产生贸易创造效应而无贸易转移效应。本国价格高于伙伴国价格，一体化后虽基本上不会改变进口价格，但进口量的扩大也会对贸易条件有所影响。该种商品的价格指数在整个贸易条件中的权数增大了。

对前述第一种情况即价格水平由高到低分别是本国、伙伴国和世界市场时，贸易条件变化的幅度主要取决于三个因素。一是本国的供求弹性，二是本国与伙伴国之间的价格差幅，三是伙伴国与世界市场的价格差幅。本国贸易条件的恶化幅度，正比于本国的供求弹性和伙伴国与世界市场的价格差，反比于与伙伴国的价格差；同时，伙伴国的贸易条件改善幅度也相应越大。当然，这只是就一个个商品分别而言。至于贸易创造所获利益大小，就整个一体化组织而言，正比于本国的供求弹性，本国与伙伴国的价格差别，而反比于伙伴国与世界市场的价格差别。同时，贸易转移引起的损失，反比于本国的供求弹性，本国与伙伴国的价格差，而正比于伙伴国与世界市场的价格差。

利用本国产品在国际市场上的一定的垄断地位，可以使贸易条件有所改善。但是，产品的提价率同样存在着一个最优点的限制。产品的最优提价率 r 应在这样一点上，即：提价新增收入 − 提价减少收入 = 0。超过这一点的任何提价都会因需求下降过多出口收入减少。故有：

$$X \cdot \frac{\mathrm{d}P}{\mathrm{d}r} - r \cdot P \cdot \frac{\mathrm{d}x}{\mathrm{d}r} = 0$$

其中，X 与 P 分别为本国的出口量和价格。于是：

$$r=\frac{\mathrm{d}P/\mathrm{d}t}{\mathrm{d}x/\mathrm{d}t}\cdot\frac{X}{P}$$

由于世界市场对本国该产品的需求弹性为：

$$d_e=\frac{\mathrm{d}x}{\mathrm{d}t}\cdot\frac{P}{X}$$

所以：

$$r=\frac{1}{|\ d_e\ |}$$

即最优提价率为世界对本国产品需求弹性的倒数。

在本国的出口产品不具有完全垄断地位，世界其他国家也有部分出口时，本国出口量 X_c 为世界总出口量 X 与其他国家出口量 X_0 之差：

$$X_c=X-X_0$$

对价格微分，有：

$$\frac{\mathrm{d}X_c}{\mathrm{d}P}=\frac{\mathrm{d}X}{\mathrm{d}P}-\frac{\mathrm{d}X_0}{\mathrm{d}P}$$

设本国出口占世界比重为 $c=\frac{X_c}{X}=1-\frac{X_0}{X}$，该产品的世界需求弹性 $d=\frac{\mathrm{d}X}{\mathrm{d}P}\cdot\frac{P}{X}$，其他国家的供给弹性为 $S_0=\frac{\mathrm{d}X_0}{\mathrm{d}P}\cdot\frac{P}{X_0}$，本国出口产品的世界需求弹性 $d_c=\frac{\mathrm{d}X}{\mathrm{d}P}\cdot\frac{P}{X_c}$。上式扩展为：

$$\frac{\mathrm{d}X_c}{\mathrm{d}P}\cdot\frac{P}{X_c}\cdot\frac{X_c}{X}=\frac{\mathrm{d}X}{\mathrm{d}P}\cdot\frac{P}{X}-\frac{\mathrm{d}X_0}{\mathrm{d}P}\cdot\frac{P}{X_0}\cdot\frac{X_0}{X}$$

本国出口产品的世界需求弹性为：

$$d_c=\frac{d-s_0(1-c)}{c}$$

而本国的最优提价率为：

$$r=\frac{c}{|\,d-s_0(1-c)\,|}$$

于是,可以看到,本国对于不完全垄断产品的最优提价率取决于三个主要因素:(1) 本国出口占世界的比重,如果这个比重不足够大,那么提价将非常有限。如果提价后其他国家提高供给,这个比重还将缩小。(2) 世界对该产品的需求弹性 d,在很大程度上取决于该产品的自然性质。同时提价还会导致替代品的发展,形成对本国产品需求的降低。(3) 其他国家的出口供给弹性。本国一旦提价会使其他国家努力增加供给,如果该产品生产的特殊限制不多,供给弹性就较大,对本国提价就不利。

汇率往往被用于作为改善国际收支的首要手段。汇率的贬值导致出口增加,进口减少。但要注意的是,在这一过程中包含了贸易条件的恶化的可能,因为出口增长中包含着出口产品价格的下降,进口减少中也可能包含外国对出口品的提价。所以,在国际收支平衡中付出了贸易条件恶化的代价。

附录 3　不完全转换与不完全分工

——价格生产变动多形态

各种贸易理论在分工的完全性上大致可分为两类，一类是完全分工，另一类是不完全分工。完全分工是生产转换完全不影响成本的结果，而不完全分工则是生产转换引起成本变动从而中止的结果。对于前一种生产完全分工而价格完全不变的理论模型，不妨称之为完全分工论；对于后一种生产转换直至消除成本价格差的理论模型，称之为完全转换论。理论模型有简化的优点，也有简化的缺点。在笔者看来，更能概括贸易分工特征的是生产部分分工而价格差不完全消除的"不完全转换"规律，"完全分工"与"完全转换"则是这个规律的两个特例。

完全分工与完全转换

李嘉图模型是价格不变论。显然，这一理论的主旨在于说明贸易的可能性与分工的规律。循着这一理论推断，只能是一国完全生产比较优势更大的商品，一国完全生产比较劣势较小的商品，其中至多只有一个国家同时生产两种商品，如果各国的劳动力拥有量与交换规模不相均衡的话。这一结果所以会发生，是因为随着劳动力从一种商品的生产转移到另一种商品的生产，单位产出的劳动投入量不发生变化，即机会成本不变。如附录中图 1，一国或者在 T_2 点完全生产商品 2，或者在 T_1 点完全生产商品 1。如果外国的生产转换线是 $T'T'$，则本国完全生产商品 1。机会成本不变的原因是单一的同质的生产要素假定，即劳动力是唯一要素的假定。当劳动力从一部门转到另一部门时，等量劳动投入有等量产出。

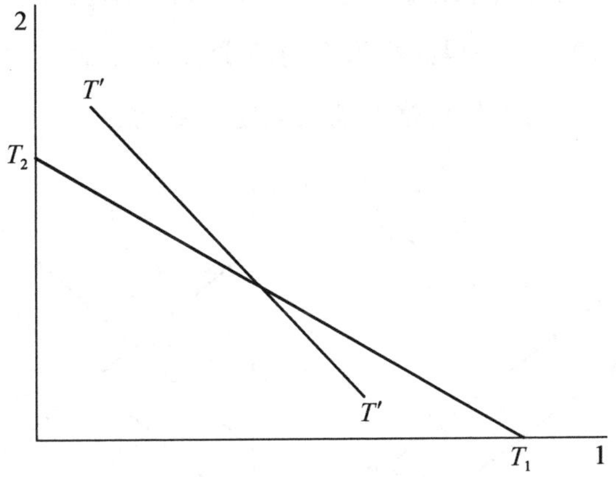

图1　机会成本不变下的生产转换

在要素禀赋论看来情况并非如此。每一种产品均有特定的生产函数，要求特定的要素比。当贸易引起生产转换时，生产要素从一产品转移到另一产品，边际收益递减，机会成本递增。这种递增的机会成本会使本国的出口产品成本上升，进口产品成本下降，最后当本国的进出口商品价格比与外国一致时，生产转换不再继续。生产转换是完全的，价格差的消除是完全的。这一过程如图2所示。这一理论的基础是微观经济学的均衡理论以及机会成本递增原理。这一理论假定贸易前一国处于国内要素配置的一种均衡状态，在这种均衡状态下有其生产点、价格比与消费点。贸易的发生使这一均衡状态走向另一均衡状态，即贸易均衡，开放经济的均衡。在这一均衡状态下有新的生产点、价格比与消费点。

可以看到，完全分工论回答了交换可能性和贸易格局的问题，这也正是比较利益论的核心，但是未能回答交换比的问题。各种关于比较利益论探讨的研究以及需求强度等理论试图回答这一问题，但毕竟不是这一模型本身可以容纳的内容。完全转换论用模型本身既回答了交换可能性和贸易格局问题，也回答了交换比的问题，内容要比前者丰富得多。

在价格不变的完全分工模型中，价值增值过程比较显见：出口商品价格大于国内价格，进口商品价格小于国内价格，价格差直接体现了增值量。在完全转换论中，贸易的增值性质不易看清。实际上贸易利益转化为生产者剩余和消费者剩余。在图 2 中，出口使本国获得面积为 a 的生产者剩余；进口使本国获得面积为 b 的消费者剩余，两者共同体现了价值增值。这一方法是与内外价格差消失假定一致的。

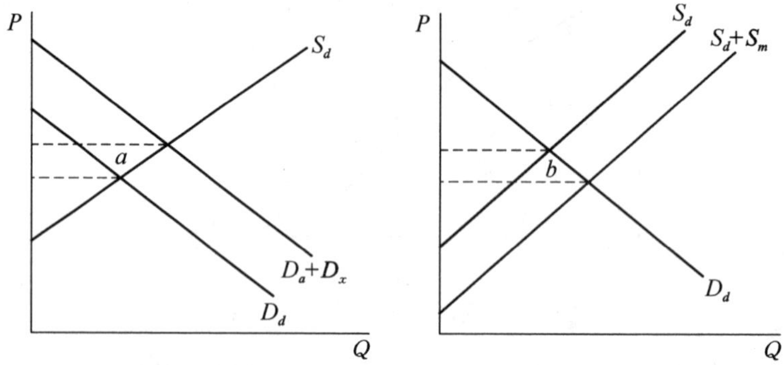

图 2　出口的生产者剩余和进口的消费者剩余

问题是，完全分工模型不能包括这样一些内容：随着出口的扩大，国内出口品的价格一般会上升，上升原因来自于供给减少或成本提高。随着进口的增加，国内进口竞争品的价格会下降，下降的原因来自于供给增加或价格竞争。单要素且同质离现实经济太远。由于多种生产要素，质量不同，对不同产业的投入产出率不一样，且不同产业要求不同的要素比，离开封闭经济的均衡转向开放经济的新的均衡确实会发生成本价格关系的变化。如果价格差始终存在，那么必然普遍存在着完全分工，而事实并非如此。

类似的是，完全转换论也未能考虑到下述因素：如果国内出口品的生产在贸易发生前并未达到规模经济，那么贸易的发生不是会增加成本而是会降低成本。如果增加的出口品生产与减少的进口品生产使用的是同样结构的生产要素，那么生产转换不会降低要素产出率，特别是在现实经济中有大量商品，各自使用不同比例与结构的生产要素，有的因出口而增加生产，有的因进口而减少生产，不一定会发生要素产出率下降的情况。

如果出口增加的是利用本国富裕的生产要素生产的产品更是这样。尤其应当指出,均衡只是一种理论模型,现实经济普遍存在的是不均衡,始终欲走向均衡而始终是不均衡。因此,从封闭经济走向开放经济并非从一种均衡走向另一种新的均衡,而可能是从一种不均衡走向另一种不均衡。如果因为市场的扩大与完善,可能是从一种比较不均衡走向一种比较均衡。例如,本来未充分利用的生产要素得到了进一步利用,闲置设备开工,自然资源开采,多余劳动力有了出路。二商品模型很容易突出生产转换机会成本递增的规律,但这应当是整个经济的大规模转换的规律,如果贸易发生使一国大规模地转向密集使用某一要素的生产则会出现这种情况。在大量企业、大量产品、不同要素构成的情况下,生产函数原理仍然占主导地位,那就是生产成本是提高、不变还是下降取决于生产规模。

不完全转换的意义

基于上述分析可以认为,贸易分工过程中的国内生产与价格转换是一种不完全转换:比较利益引起国际分工与国际贸易,国际分工与国内外价格差缩小的程度依商品而异。分工可能是完全的,也可能是不完全的;价格差可能消除,也可能缩小或维持。生产转换是不完全的,价格差存在的不均衡状态是经常状态。

上述原理不基于二商品抽象模型,而是基于多商品的实际经济。这意味着,在多商品的多样化条件下,机会成本递增和价格均衡不再是普遍现象。换言之,它与二商品模型的不一致不是实质性的,而是基于模型本身的差异。

国际分工发生的原因仍然是比较利益,但分工程度却可能依商品而异。完全分工的发生在于:以自然资源为基础的初级产品或初加工产品具有不可替代性或极高的替代成本,以规模经济效益为基础的国际协议性分工。规模经济原理还可能表现为这样一种情况:一些特殊的产品只要有个别国家以至个别企业生产，就能满足全世界的需求，首创者占据市场，竞争几乎是不可能的。某些发明创造的历史偶然性常会导致这一结果。放宽以自然资源为基础的产品的条件，以技术发明创新为基础的产品在一个时期内也呈现完全分工状态，技术性产品的竞争与替代需要一个较长的时期或较高的成本。不同的是，这种完全分工是暂时的，或者说承担分工的国家是会转移的。

多种因素会导致不完全分工。首先，只要产品不基于不可替代或短期内不可替代的要素，国际竞争总是会存在。不论要素的投入结构是否有严格的确定性，各国总会利用本国的条件进行国际竞争。即使存在着成本差异，只要在一定幅度之内，企业能够承受，不完全分工就会存在。其次，这类产品的国际完全分工只来自于国际竞争的绝对胜利即国际垄断的形式，而这是较为罕见的。在世界众多生产者的竞争中这类情况不易发生。第三，完全分工的存在要求一国有对本国不生产产品的进口能力，进口能力取决于出口能力，出口能力则又取决于通过国际市场机制参与国际分工的能力。当本国的经济体制与发展水平未能有效调动资源参与国际分工前，进口能力就受限制，从而只能以较高的成本在本国生产比较劣势的产品。国际分工在很少情况下是协议性的或国家计划的，在大多数情况下是由市场决定的，由国际市场决定交易、竞争与区位选择，由国内市场决定资源配置。第四，如果国际间比较成本差不大到超过运输成本的水平，那么本国较高成本的生产就可能继续存在；推而广之，附近国家因运输成本较低，其比较优势较弱的生产也能存在，从而形成国际的地区性市场形式下的不完全分工。第五，如果再引进国家对国际分工的影响，那么分工的不完全性就更普遍了。各国会要求建立一个比较完整的工业体系，会实行进口替代政策以减少对国外的依赖，会保护本国的就业从而维持劳动密集型产业，会实行关税，从而抵消比较成本差对形成国际分工的作用，等等。

国际价格差可能仍然维持，其中除了一些同形成不完全分工相一致的原因外，还有另一些原因。只要存在不完全分工，那么国际市场他国产品的价格与国内市场本国产品的价格就可能不相一致，本国具有比较优势的产品出口，生产成本和价格不一定会提高，如果在世界市场有限的需求量和实际可能达到的出口贸易量范围内，本国生产要素的追加未提高生产成本，闲置的生产要素被引入生产过程，未充分利用的资源获得了较充分的利用。如果出口扩大的生产规模，一国甚至可能降低产品的生产成本。一国国内的较高市场价格与国际市场的较高价格之所以能够并存，往往会由于传统市场份额在短期内相对稳定和存在着进入的障碍，会由于商业技巧和非纯粹价格竞争的缘故，也会由于国家的关税或非关税障碍。当本国生产成本低于国际市场价格时，本国产品也不一定能顺利进入国际市场，因为进入国际市场有一个竞争过程，需要一定的时间；海外市场的较大风险也要求内外价格有一定的差距。供给方面的因素也会使内外价格差保持。如果本国某产品有优势可以出口，但资源流动和生产转换需要时间，生产能力的扩大与获得追加生产资料有一个过程。尤其是当国家保证国内需求控制出口时会出现价格差保持的情况。

内外价格差确实也可能消除。如果国内外市场充分运作，国际贸易不存在任何障碍，运输成本较小，这一结果就可能到来。生产要素重新配置，价格均等化趋势起作用后，产品的价格差也就可能消除。特别是当比较优势的基础是供给有限的生产要素时是这样，供给有限是相对于世界市场需求而言的。

需要略加分析的是在完全分工情况下内外价格差消除的涵义。当完全分工发生时，国民价值直接等于国际价值，国内价格直接等于国际价格。但是，分析单一国际价值与国际价格形成的过程就可以发现，这一国际价值是本国与世界其余国家国际社会必要劳动时间的平均，它本身高于分工前的国民价值。因此，按国际价值出口中本身已包含了按不变价值计算的价值增值，其量等于生产者剩余。当然，这是就供给成本递增的情况而言。如果成本不变或还获得规模经济，则价值增值还体现为生产者的超额利润。

至此可以概括，完全分工论适合于说明贸易分工发生的原因，也可以说明部分产品的情况，完全转换论适合于说明生产成本递增的产品的情况，同时也反映了整个经济大规模资源重新配置的限度，反映了贸易规模与分工的约束；不完全转换论则包括这两类情况并说明各种中间情况发生的原因，它的重点是具体分析，但它没有坚持一般均衡的方法。正是因为这样，完全转换模型在某些分析中仍然是有用的。

第四篇

价值动力论

——价值增值在经济增长与发展中的作用

价值增值原理是从微观与静态分析中得出的，其宏观效应已在各章中论及，但其动态效应仍然有待研究。动态效应与静态效应基本是一致的，但同时又可能是矛盾的。认识这种一致性与矛盾性，是使静态的增值形成动态的增长发展利益的关键。只有这样，价值增值才不但是增加一国使用价值的途径，而且还是经济增长与发展的动力。

13. 价值增值的发展效应

发展过程是人均收入的提高和经济结构的现代化。事实一再证明，成功的发展过程是与经济的开放（首先是贸易的扩大）分不开的。所以，价值增值必然包含着发展效应。这种效应不是在增值上所能直接体现的，发展效应是增值效应的展开形式、间接形式。在某些条件不能满足时，增值与发展可能是矛盾的。因此，研究从增值效应到发展效应的联系规律是必要的。

价值增值的短期利益与长期利益

贸易的价值增值是使用价值量的增加，从这一点来说，短期利益与长期利益不应当是矛盾的，以财富的标准而言，财富的增加总是好事而不是坏事。现期的价值增值不仅可以增加现期消费总量，而且可以扩大生产投入和再生产的规模。

价值增值的短期利益与长期利益之间可能存在矛盾在于两者的利益标准或者说涵义是不一样的。短期利益是价值和使用价值量的增加，而长期利益则是经济整体的增长与发展。价值和使用价值量的增加可能会也可能不会有益于经济的增长，这一点将在下一章中阐述。至于发展，其特定涵义在于工业化与产业结构的优化，这与价值增值之间并不存在着必然的因果关系。价值增值过程发生于现行的价格结构，价格结构的基础是比较优势结构。这两个结构只有在现行条件下形成贸易强化分工的功能，而无使产业结构优化和转换的功能。产业结构的优化和转换的能量来自于技术进步、要素积累以及产业政策所造就的优惠的价格条件。在这里，静态的比较优势与动态的发展目标之间正好存在着矛盾，前者具有强化现存结构的作用，而后者有改变现存结构的要求。

这一矛盾特别对后进国家来说是重要的。在先进国家，现有的技术积累、社会配置资源和集结资本的能力、成熟的市场调节功能等，都为产业自身的进步创造了内在的条件，而这些条件在后进国家却是相当不足的。后进国家的产业自身进步包含着一些前提条件，如引进技术、培育市场、金融深化和保护政策等等。相反，对现有比较优势的利用却往往起着相反的作用。这是与先进国家当年的发展条件所不同的。在先进国家当年工业化时期，外部世界的原料供应和产品销售提供了产业进步的有利的外部条件。

长期利益与短期利益的统一，在于对外贸易不仅不应限制，而且还应有助于国民经济及贸易结构的转形能力(capacity to transform)。当这一条件获得满足时，贸易将有助于经济发展，长期利益与短期利益将趋于一致；当这一条件不被满足时，则或者付出经济结构僵化、有增长而无发展的代价，或者为发展而实行保护政策，进而在保护下进行缓慢的发展。

贸易有助于经济从而贸易结构本身的转形，指的是两种意义上的结构变动。一种是多样化结构变动，即从农业或采矿业的单一经济结构向轻工业、重化工业、高技术工业发展的产业类型多样化，一种是效率化结构变动，即在各产业部门采用高效率生产方法，使产业部门自身现代化。

两种结构变动的作用在于它们会改变现有的比较优势结构，从而改变贸易结构。新的贸易结构又再推进新的结构变动。

把价值增值的产品结构导向比较增长率较高的产业，是使增值的长期利益与短期利益相统一的核心内容。

比较增长率是与比较优势相似结构的概念，但它包含了形成动态比较优势的内容。以两国两产业模型来说明，先进国家在两产业中的增长率相近，而又都高于后进国家；后进国家则在产业 1 中增长率高些，在产业2中增长率低些。如果先进国家专业化于产业1,后进国家专业化于产业2,则两国经济增长速度将会拉开,先进与落后的差距将会扩大。如果先进国家专业化于产业2,后进国家专业化于产业1,则对先进国家来说并无差别,但后进国家却因此获得了较高的增长率。产业2对后进国家可能具有静态的比较优势,而产业1对其却具有动态的比较优势。

静态利益与动态利益的比较是复杂的,并不存在着像货币的"现值"与"未来值"那样的简单关系。但原则上说,由于增长率是指实际收益的变化速度,而实际收益取决于生产效率和价格,所以一般工业高于农业,新兴工业高于传统工业,加工深度高的产业高于加工深度低的产业。在农业和采掘业中,自然条件的制约,报酬递减,成本递增。食品的需求在收入增长中相对下降,从而农产品的价格相对下降。但在工业中,技术进步、工艺进步、新设备和电脑的采用却会越来越多地提高生产效率,产品的需求也会随收入的增长而相对增长,价格相对上升。越是高级的现代化产业越具有这种特点。现代工业品价格虽然随发展而迅速下降,但因生产效率的更迅速提高,所以实际收益的增长仍然相对较快。上述分析基本显示了作为产业的动态比较优势的方向。

动态比较优势的一般原理还因国家而异。在产业结构转型中,一国选择了一产业而不是另一产业,会由于某些特殊原因,例如该国的人才结构优势,现有产业转型的可能性,世界市场的机遇,生产要素的国际组合等等。

把价值增值导向比较增长率较高的产业包括进口政策与出口政策两个方面。就进口而言,要使进口产品更多地有助于建立比较增长率较高的产业,具体地说往往是资本品、技术或主要零部件;对已经开始成长起来的这种产业,要适度保护其国内市场;产品的直接进口仍然是必要的,其作用是创造国内的需求。所有这些过程的实现,采用的应是价格、税收或补贴手段,通过使这种进口的价值增值水平的控制达到引导的目的。进口政策的最终目的是使该产业成为本国的比较优势产业。在比较优势产业成长过程中,出口的扶持是必要的。对这类产业的优惠政策应当超过传统比较优势产业。在传统比较优势产业中，比较增长率一般是较低的。

后进国家转向比较增长率较高的产业的转型过程，并不是使先进国家接受比较增长率较低产业的过程，而是一个国际范围的竞争过程。一部分后进国家把产业转向等级转高的产业时，会把等级较低的产业扔给比它们更落后的国家；先进国家只是转向更高级的产业。所以，这里不是后进国家与先进国家间分工的调整，而是后进国家间的分工的形成和深化。

可见，发展政策的内容，在外贸上表现为不断地建造更有利的价值增值结构，其过程则是对增值方向的引导。这是一种开放型的发展政策，而不是封闭型的。

价值增值的简单形式是从商品到商品，它的发展形式是从商品到短缺生产要素。在平衡的国际收支上，商品出口的顺差与资本流动的逆差并存，或者所欠外债由商品出口收入偿付。商品出口实现的国际价值用来“购买”本国短缺的生产要素：资本、与资本相伴随的技术与管理，国外企业的市场份额也与投资一起购入。这中间有有形商品，如机器设备等技术性生产资料，比较接近于进口价值，也有无形商品，如管理、销售渠道与技术，对工人的培训。这两类商品都是国内所缺乏的，因而其价值较高，体现了价值增值。这一增值过程与长期利益一致性的关键在于，一旦投资项目选择得当，它会改变一国的产品与贸易结构，形成动态比较优势。即使外来投资产业不形成出口而在国内销售，它也会以较低的成本生产出来，并使进口转到其他能增加价值的产业中去。所以，直接投资的价值增值作用是通过实现动态比较优势而体现的。

需要指出的是，如果投资是先进国家向后进国家的投资，那么后进国家能够获得的最多是本国具有动态比较优势的产业的投资，而不可能是先进国家具有动态比较优势的产业。从规律上来讲，这是分工阶梯进步的表现，这种投资会扩大贸易与分工，而对先进国家本身具有动态比较优势产业的投资会对贸易与分工产生收缩的作用。后进国家对高技术最新产业的发展需要靠直接投资以外的形式如技术引进来实现。

增值过程中的要素积累

要素积累是经济发展和经济活动性质转变的一个基本条件，对劳动力充裕的发展中国家来说，要素积累的核心是资本要素的积累，因为劳动力要素可假定是充裕的，其他要素则暂时不考虑。

在价值增值的进口阶段，尽管所有商品的进口都达到了增值的效果，但从发展的眼光来看却存在着重要的区别。正如封闭经济中的总国民收入用于消费与用于投资的区别，进口消费品与进口资本品对发展具有明显的差异。除了价值量的差别外，消费品与资本品的进口所产生的经济效果同它们在国内生产是一致的：消费品的进口是国民收入流入消费部分，而资本品的进口则是国民收入流入投资部分。就发展中国家的储蓄缺口而言，只有资本品的进口才有助于弥补这一缺口。

贸易发生的原因最一般地可以用比较优势来解释，但这一原理还可以推广。在简单的比较优势两国两商品模型中，两国对两种商品均能生产，只是生产率不同从而使成本不同，由此构成比较优势；一国在所有商品的生产率上均高于另一国是比较优势论的主要假定之一。在这一模型中，如果把一国比较劣势的商品推到极端，即完全不能生产，那么原理仍然成立，但国民价值已成为无限大。这样，比较优势就可以分为两类，一类是有限优势，或有限劣势；另一类则是无限优势，或无限劣势。

在发展中国家的发展初期，简单消费品与发达国家构成的优势属于有限优势，部分资源产品具有无限优势；而大部分资本品则具有无限劣势。

对于具有无限劣势的资本品，发展中国家的进口事实上形成无限的价值增值，因为国民价值无限大，不存在与进口相竞争的国内产品的价值比较。[1]

当然，资本品的这种无限大价值只是从供给面而言所得出的结论，即从国内生产成本无限大而言。资本品的价值同时取决于需求面，即国内对该资本品的需求程度，后者又取决于该资本品使用的效益。这样资本品的价值又是有限的，资本品进口的价值增值也是有限的。

增大资本品进口价值增值的幅度，是促进贸易引导资本积累的关键。资本品的进口关税是首要工具，关税的降低有助于这类进口。外汇管制下的优惠条件，对投资的国内鼓励政策等也具有积极的引导作用。

由于价值增值，资本积累的速度将会快于非贸易情况，即使资本品能够由本国自己生产。假定出口的是消费品或其他初级产品，进口资本品的价值将超过出口品的价值，即超过同量生产要素投入资本品生产所能创造的价值。所以，贸易可使资本积累的速度加快，加快的程度等于价值增值率。由于国内无竞争品的价值比较，资本品进口优惠政策又会使进口成本下降，所以甚至增值率也还不足以反映资本积累速度加快的程度。对于在国内无法生产的资本品的进口来说，增值过程还使资本形成由不可能转化为可能。

贸易可以引导国民储蓄，弥补储蓄缺口，这一机制是通过出口限制国内消费，进口增加国内投资的过程实现的。在国民总收入的支出公式中，国民收入等于消费加投资，消费与投资均包括来自国内的部分与来自进口的部分，即：

$$Y=(C_d+C_m)+(I_d+I_m)$$

在国内投资品供给有限的情况下，扩大后一项的唯一途径来自于 C_m 的减小。当然，C 与 I 的分割本身来自于边际消费倾向与边际储蓄倾向，两者不是生产和进口的实物分割所能改变的，在国内投资品供给弹性较

〔1〕 有的作者把有限优势的贸易和无限优势的贸易分别称为“取决于比较优势原则的‘纯交换贸易’和取决于绝对优势原则的‘补偿贸易’”（见朴圣相：《增长与发展》，三联书店 1991 年版）。事实上，比较优势原理是指相对更大的优势和相对较小的劣势，前者所包括的绝对优势。比较优势理论中包含了绝对优势的原理。

小时，只有刺激投资品的进口与使用，才能提高投资率，增大国民储蓄。而由贸易所引导的国民储蓄会包括一个价值增值的乘数。

与直接进口资本品相比，进口消费品对储蓄的扩大是间接的，甚至是负的。消费品，特别是耐用消费品的进口会在国内创造出新的需求来，从而刺激耐用消费品生产的投资。但是引发的需求也提高了边际消费倾向，从而增大了投资缺口。

投资能力(I)取决于可投资资源的获得性。这种可投资资源首先是国内资本品的生产能力(K)，其取决于国内生产要素的配置，在多少比例上将资本、基础原材料和劳动力分配于资本品的生产。由于没有足够的能力在国内生产资本品，就需要向国际市场寻求，方式有商品贸易与借款两种。前一种是将国内部分的商品劳务在国际市场上转化为资本品，但在全部出口所得中只有一部分会转化为资本品和生产资本品的中间材料，另一部分则可能转化为消费品和生产消费品的中间材料，即：

$$X = M_c + M_i$$

$$M_i = X - M_c$$

在何种比重上出口转化为资本品及其中间材料的进口取决于价格结构及调节政策；同时也取决于国内的储蓄率。最后，通过国际借贷所能获得的资本品能力(FK)也影响到总投资资源。这样就有：

$$I = f(K, X - M_c, FK)$$

于是，从投资资源看，投资率的提高一在于本国资本品生产能力的增长，二在于扩大总出口而抑制消费品及其中间材料的进口，提高出口向资本品的转换率，三在于资本品的国际借贷。

以上分析是从实物上来讲储蓄倾向导致真实的投资倾向的条件。这是发展中国家与发达国家的一个重要区别：货币投资转化为实物投资，货币储蓄转化为实物资本的条件是资本品生产的充裕能力。这一能力在发展中国家的国内并不存在，所以有赖于贸易转换。在发展中国家，资本的缺乏不是储蓄倾向太低，而是国内资本品生产能力不足，出口向资本品转换能力的不足，以及获得资本品国际借贷的有限性。

实证研究资料显著证明了，资本品进口的较高比重是工业化的重要条件。在一些国家和地区的工业化过程中，历年重工业产品（包括中间产品和机器）的进口大部分占总进口的60%—80%，部分在40%—60%之间，只有少数在20%—40%之间。在后一种情况下，则初级产品进口在45%—62%之间（日本）。轻工业产品的进口一般在10%—20%之间，有的在10%以下，只有少数国家（地区）的个别年份在20%以上。换言之，没有一个国家（地区）的工业化过程是与大量进口消费品相伴随的。这是成功地跨越消费品的进口替代以后的明显特征。相比之下，出口的结构特征不那么显著。在同一时期，有些国家（地区）靠制造业的出口带动高速增长，有的初级产品出口仍占相当比重，还有的则以服务业的出口为主。[1] 进出口结构特征证明了以上通过进口积累资本要素的发展规律。

不同发展战略的价值论分析

外贸发展战略是整个经济发展战略的一个重要组成部分，特别是对于如何利用国际条件取得产业结构的进步来说是如此。进口替代战略与出口导向战略的实绩差异已被一再证实，并且不少学者认为不能把前者看作为后者的必经阶段。人们采用不同的和具体的方法分析了两种战略取得不同发展效率的原因。看来，价值增值论同样可以在这里运用并得到证实。一个简要的结论是：进口替代战略因为保护而减少了价值增值的总量，而出口导向则通过扩大贸易而扩大了价值增值总量，从而在总量上对财富和要素积累产生了差异。进口替代节省了外汇，但其付出的国

〔1〕 转引自H.钱纳里等：《工业化和经济增长的比较研究》（中译本），上海三联书店1989年版，第216页。

内资源成本却超过了创造同量外汇的出口导向战略所需的国内资源成本，从而损害了价值增值。

实行进口替代战略的最主要政策是进行关税保护。由于对需要保护的产品的名义关税保护率与对各项投入品的关税率所决定的实际（有效）保护率之间的差异，对经济产生了不利影响。

实际保护率为在保护下产品 i 的增加价值（V'_i）与不进行保护即自由贸易下产品 i 的增加价值（V_i）的百分比差，即：

$$g_i = \frac{V'_i}{V_i} - 1$$

其中，g_i 为产品 i 的实际保护率。这个实际保护率也是一产品以国内价格衡量的增加价值与以国际价格衡量的增加价值的百分比差。

这里的增加价值系从生产而言的，即产品 i 的增加价值为该产品的价格与全部投入的总价格之差。在产品与投入均不征收关税即自由贸易下以国际价格衡量的增加价值为：

$$V_i = P_i - \sum_j a_{ij} \cdot P_j$$

其中，P_i 为产品 i 的国际市场价格，a_{ij} 为生产商品 i 所需的第 j 种投入的实物量，P_j 为第 j 种投入品的国际市场价格。相应地，也有对产品与投入品均征关税时的增加价值：

$$V'_i = P'_i - \sum_j a_{ij} \cdot P'_j$$

$$P'_i = (1 + t_i) \cdot P_i$$

$$P'_j = (1 + t_j) \cdot P_j$$

从而：

$$V'_j = (1 + t_i) \cdot P_i - \sum_j a_{ij} \cdot (1 + t_j) \cdot P_j$$

取所有 P_i 、P_j 为 1，这样 a_{ij} 不再是投入品的数量，而变为投入品 j 在产出中的比重。

$$g_i = \frac{t_i - \sum_j a_{ij} \cdot t_j}{1 - \sum_j a_{ij}}$$

其中，t_i 为名义关税保护率。设各项投入的关税率与产品的关税率之差为 d_j，$d_j = t_i - t_j$，则：

$$g_i = t_i + \frac{\sum_j a_{ij} \cdot d_j}{1 - \sum_j a_{ij}}$$

可以看到，名义保护率与实际保护率的关系取决于各项投入品的相对关税的大小。因 $1 - \sum_j a_{ij} > 0$，所以，当产品的关税率总的来说超过对投入品的关税率时，产品的实际保护率大于名义保护率；当产品的关税率总的来说低于对投入品的关税率时，产品的实际保护率小于名义保护率。

在当代世界上，甚至包括发达国家，都大量出现实际保护率远高于名义保护率的现象，实际保护率常常超过 100%。高的实际保护率的结果是国内生产者可能以低效率与外国进口品竞争，可以支付与生产效率不相称的高工薪，可以承受因低效率而实际支付的高成本而仍然获得较高的利润。虽然这种保护结构使一国易于建立起该种产品的产业，但因为是在低效率上建成的，付出的资源成本很高。一国不但承受了由名义保护率所体现的贸易价值增值的减少，而且承受了由更高的实际保护率所隐含的国民价值生产的浪费。[1]

但是反过来看，另一些产业的实际保护率却是负的或特别低，也就是说，没有或很少得到保护。

---

〔1〕 国内资源成本(domestic resource cost)，这一方面的分析见克鲁格(A. O. Krueger)：《汇率控制的经济成本》("Some Economic Costs of Exchange Control: the Turkish Case", *Journal of Political Economy*, 1966, 74: 466—480)；布鲁诺(M. Bruno)：《国内资源成本和有效保护：阐述与综合》("Domestic Resource Costs and Effective Protection: Clarification and Synthesis", *Journal of Political Economy*, 1972, 80: 16—33)。

保护结构的严重不平衡产生了一些与发展不相适应的结果。消费品受到高度实际保护的结果是，消费者必须承受较高的价格，进而是消费品产业受到过度的刺激。资本品受到较少保护的结果是抑制了资本品产业的发展，使对资本品投资的刺激反而低于其他产业。国内资本品生产发展的缓慢进一步抑制了经济发展的速度。从资源成本上讲，各产业所获得的不同的实际保护率，使之节约或获得一美元的国内资源成本不同：实际保护率高的产业可以用更高的国内资源成本去生产，而实际保护率低的产业则反之，这就会导致国内资源的非优化配置下的损失。实际上保护率低的情况较少出现。以印度为例，每节省一美元所需要付出的国内资源成本呈现极大差异。在官方汇率为 7.5 卢比等于 1 美元时，各产业的资源成本普遍高于 10 卢比，最高的达到 40 卢比以上(表 13.1)。很简单，如此高的国内资源成本首先造成国内生产阶段的价值损失。

表 13.1　印度各行业的国内资源成本(1968—1969 年)

(单位：卢比/美元)

部　门	国内资源成本	部　门	国内资源成本
粮　食	7.5	皮　革	17.1
木　材	10.7	金属制品	17.5
水　泥	10.8	植物油	18.0
棉　花	11.5	钢　铁	18.9
运输设备	12.1	纸和纸制品	20.4
木制品	14.2	棉纺织	24.3
电力设备	16.5	化　肥	42.1
皮　鞋	16.9	机床产品	46.6
		石油产品	47.6

资料来源：巴格瓦提和斯里瓦尼桑(J. Bhagwati and T. N. Srinivasan)：《印度的对外贸易体制与经济发展》(*Foreign Trade Regimes and Economic Development: India*, Columbia University Press for the National Bureau of Economic Research, New York 1976)。

贸易阶段的价值流失也会发生。在图 13.1 中，PPF_1 为发展初期的生产可能性曲线，这时的国内价格线为 P_{d1}，国际价格线为 P_{w2}，贸易前生产与消费点均在 Q_1。由于实行进口替代政策，生产不向比较优势产品 1

转换，而仍然停留在 Q_1。少量贸易使消费点在 C_1，显然低于生产转换到 Q_2 而较多量贸易的消费点在 C_2（为不使图紊乱，所有无差异曲线均未画出）。这是发展初期的价值流失。进口替代战略的结果是进口替代品生产能力的扩大快于具有比较优势的出口产品 1，所以 PPF 扩张为 PPF_2 时呈图示形状。如果这时商品 2 仍然不具有比较优势，且生产仍在保护下进行而不随价格转换，那么消费点在 C_3，仍低于 C_4，继续承受价值流失。只有假定国内价格线转变为 P_{d3}，即商品 2 具有比较优势，并允许生产从 Q_5 向 Q_4 转换，贸易才会使消费转到 C_5 点。可见，在整个进口替代的生产扩展过程中，始终存在着价值流失，这种情况会一直持续到动态比较优势的形成。

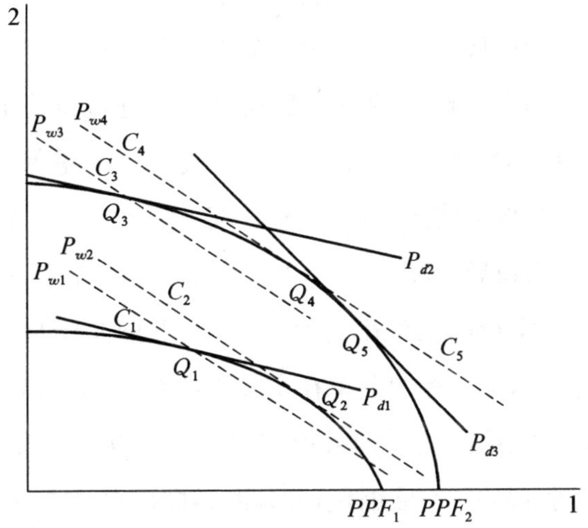

图 13.1　进口替代品生产能力扩大中的价值流失

进口替代行业在国内的低效使它们在相当一个时期内无法转变为出口行业，如果要出口，又很大程度上依赖于政府对出口的激励，而轻度的激励甚至还不够。所以，进口替代战略无助于出口的多样化。相反，这种战略在力图减少成品进口依赖的同时，却有加强投入品进口的倾向。因为投入品在低关税保护下使国内生产者得益。在保持投入品的低关税进口和成品的高关税保护中，大量依靠的是政治上的寻租行为，这又进一步消耗了国内资源。

进口替代战略会引起负效的连锁反应，制约与保护产业相关的后向联系产业的发展，使这些产业也要求保护，并承受生产中的价值创造的损失。如果实行进口替代的是消费品工业，这种工业又会要求获得中间产品。这些产品往往国内市场小而规模经济大，这样在国内建立时生产成本就很高。如果不对这些产业也实行保护就必然抑制投资，而保护的结果却又形成高成本生产。

对进口替代发展战略的否定不等于是对各个具体产业产品的进口替代发展目标的否定。当一个国家不可能对大部分消费品依赖进口，特别是一个大国不可能对主要消费品依赖进口时，进口替代是必要的。作为整个经济的发展目标来讲，产业结构的进步是一个基本内容，其中新产业的发展必然是一个替代过程。但是产品的进口替代目标不等于整个对外经济关系的战略构造。产品的进口替代可以在进口替代的战略下实现，也可以在出口导向的战略下实现。进口替代本质上是保护主义的战略，而出口导向却是开放经济的发展战略。这又不等于说作为整个发展战略进口替代可以与出口导向相结合。由于前者需要一系列的贸易保护和经济干预措施，包括实行高估汇率，而后者基本上倾向于自由贸易，实行比较切合实际的汇率，由于保护关税在实际上会转嫁为出口产业的负担，作为战略，两者是不能结合的。如果说在经济发展初期不得不实行进口替代战略，那么这个时期尽可能缩短，并及时转向出口导向的开放型战略。

对于拟实行进口替代的产业，首先必须考虑到国内市场的容量。国内市场足够大的容量会为该产业的发展提供足够的利润、规模经济和再投资的激励，反之则不然。产业的发展可能形成比较优势也是选择的又一依据，这样替代的产业不但会减少进口，而且可以成为出口产业。

出口导向战略与进口替代战略的基本区别是鼓励出口而不是抑制进口，创造更多的价值增值机会是前一战略的主要优点所在。

鼓励出口的原则首先反映在汇率上，比较符合实际的汇率而不是高估的汇率是体现这一原则的条件。符合实际的汇率使一国出口商获得一美元换得的本国货币至少不低于进口商为一美元进口所要付出的本国货币。这样为出口生产就比为进口替代生产更为有利，两者之差额为超出典型价值增值的增值，其构成对出口的特别刺激。

表面看来，这似乎意味着进出口的不同汇率，其实不然。在进出口政府干预下，名义汇率并非实际汇率。令名义汇率为 R_0，进出口关税税率分别为 t_m 与 t_x，补贴率分别为 s_m 与 s_x，由进口配额引起的国内售价超过进口价的平均配额溢价率 q_m，则一国出口实际汇率应为：

$$R_x = R_0 \cdot (1 - t_x + s_m)$$

进口实际汇率应为：

$$R_m = R_0 \cdot (1 + t_m - s_m + q_m)$$

这样，一国实际实行的战略为鼓励出口还是抑制进口，就在于比较 R_x 与 R_m 的大小。假定无配额制从而无配额溢价，也无出口税和进口补贴，则显然问题简化为平均出口补贴与平均进口关税何者为大。至于 R_0，则应当由国内外实际购买力及外汇供求所决定，即依据一般的汇率决定原理。这是汇率本身对进出口的激励或抑制，而其他各项则是贸易干预政策的作用。

下述分析可进一步说明增值在出口导向中的位置。在 R_0 与其他各项干预系数作用下，出口的实际汇率不仅应高于进口的实际汇率，而且应高于一美元出口的国内资源成本；进口的实际汇率则应低于一美元该种商品的国内替代成本。进口替代品的国内资源成本减去出口品的国内资源成本即贸易的价值增值，这一增值是由两种实际汇率的设定所引导的。

大量研究证明，在出口导向战略下，价格扭曲、汇率扭曲与要素市场的扭曲程度远小于进口替代战略，因为干预较少，市场作用充分。由此导致的结果是，由价格信号导致的贸易结构、贸易量均比较接近市场均衡的标准，价值增值比较充分。资源配置因要素扭曲的降低而优化，价值生产合理化，比较优势的结构也体现得比较明显。所以，出口导向战略是一种引导本国比较优势形成和发展的战略，其对价值增值的作用也就显见了。

从动态的角度看，出口导向战略不断创造着价值增值的条件，越是经济发展，出口比重越是提高，出口发展的速度也越快。出口越多，进口能力越高，财富与资本积累的速度也越快，进一步的出口能力的提高可能性也越大。实际统计与模型都证明在出口导向战略下出口增长率与经济增长率均高于进口替代战略。

不应当简单地把出口导向看作只有在进口替代成功或发展到一定阶段后才能采用的政策。根据比较优势原理，不论一国的整体发展水平如何，出口产品总是存在的。在一定的汇率水平上，绝对劣势也会转化为比较优势，事实上这一汇率正是依据相对生产率水平确定的。初级产品、传统产品的出口就是证明。当然，初级产品的出口不能作为主导，因为它的后向联系较小，不能对经济产生引导作用，同时其能实现的增加价值较少，资源大量转移到少数初级产品中也不利于配置优化。特别是初级产品出口的进一步发展本身与经济的工业化是相悖的。但是，初级产品并不是后进国家存在的唯一的比较优势。从劳动密集型的简单加工工业开始，逐步提高产业等级的出口导向战略同样是可能的。

在出口导向战略下的部分产品进口替代过程，严格讲是与进口相竞争产业的发展过程。所以，这时的政策就不应是与出口导向战略相对立的保护政策，而应是扶持性的产业政策。扶持性的产业政策既有利于与进口相竞争产业的发展，又不会损害整个出口导向战略。〔1〕

〔1〕关于后进国家出口在经济增长中的作用，参见费（J. C. H. Fei）和拉尼斯（G. Ranis）：《劳动力剩余经济的发展》（*Development of the Labor Surplus Economy*，Yale University Press，New Haven，1964）；霍恩比（J. M. Hornby）：《二元经济的投资与贸易政策》（"Investment and Trade Policy in the Dual Economy"，*Economic Journal*，1968，78：96—107）；芬达莱（R. Findlay）：《国际贸易与投资理论》（*International Trade and Development Theory*，Columbia University Press，New York，1973）；巴特汉（P. K. Bardhan）：《经济增长、发展和对外贸易》（*Economic Growth，Development and Foreign Trade*，Wiley，New York，1970）；齐查尼斯基（G. Chichilnisky）：《贸易条件和国内分配：充裕劳动力下出口引导的增长》（"Terms of Trade and Domestic Distribution：Export-led Growth with Abundant Labor"，*Journal of Development Economics*，1981，8：163—192）；约翰逊（H. G. Johnson）：《经济发展和国际贸易》（"Economic Development and International Trade"，*Nationalokonomisk Tidsskrift*，1959，5—6：253—272）。

14. 价值增值的增长效应

发展与增长并不是经济成长的两个不同的阶段，而是同一过程中的两个侧面。价值增值也不是先后作用于发展过程和增长过程的。前一章着重价值增值的结构变动的影响，本章着重价值增值的总量扩大的影响，事实上这两种影响又是相互交织在一起的。前一章中论及资本要素的积累既导致产业结构的变动，又引起生产能力的扩大；本章论及的增长既然与贸易即生产专业化和偏向于出口（或进口）相联系，那么也就自然与结构相联系。价值增值不但具有增加使用价值总量的静态作用，而且具有扩大经济的生产能力的作用，这后一种作用正是价值增值的增长效应。值得研究的是，这种动态的增长效应并不像静态的增值效应那么容易形成，在一定条件下增长效应甚至会损害增值效应。与广泛地研究增长问题不同，本书更关心发展中国家的经济增长，所分析的更侧重于发展中的增长。发展是含有增长的发展，增长是发展过程中的增长。

增值激励增长的原因与过程

在贸易理论史上，贸易的增长效应是隐含在贸易利益的分析中的，动态利益与静态利益的分析并不区分。在重商主义那里，贸易的直接利益表现为贵金属的流入，宏观的贸易利益表现为贸易的顺差。在当时，货币资本的积累是资本主义生产方式的建立的需要，因而也是工业化与增长的准备的需要。但是，重商主义对这一点的认识是不足的。重商主义的最主要代表托马斯·孟对贸易利益的表述是：使王国致富和增加财富的手段，是国王的收入，国家的荣誉，商人的高尚职业，需要的供应，贫民的就业机会，提高大地价格的手段，战争的命脉，等等。[1] 在亚当·斯密看来，国际贸易的利益与手工业分工的利益的原理是一样的。在手工业生产过程中分工使同量劳动投入获得了更多的产品，因而在国际分工中当各国专业化生产具有绝对优势产品的时候，能以不变的世界总劳动量生产出更多的产品，通过贸易（当然斯密不能说明交换比例）而使各国都获得比专业化以前更多的产品。简而言之，世界从而各国的生产能力的增加是通过分工实现的。在生产能力的扩大这一点上，李嘉图不比斯密有更多的贡献，虽然他揭示了更宽的条件：一国只要生产在本国相对具有更大优势或更小劣势的商品而不必一定要生产相对于他国具有绝对优势的产品，从而提出了分工的更多的可能性。可见，古典学派认为贸易通过分工对经济增长作出贡献，也仅仅通过分工创造的生产力而对经济增长作出贡献。这里没有规模经济，没有生产要素的优化配置。古典学派超出重商主义之处在于，古典学派是以整个贸易而不仅是出口作为财富的源泉的，进口才最终完成了贸易创造生产力的过程。

李嘉图对贸易有利增长的另一个重要分析在于，他指出了贸易有利于资本积累，而成为经济增长的动力。他说明了，由于土地报酬递减规律，一国投入农业的资本量的产出受到限制。但是投入享用品或装饰品的资本量却不受这一限制，所以投入这些行业的资本会获得更多的利润。当本国进口劳动者所需的廉价的生活资料时，工人工资的相对水平就可以下降，从而使资本家的利润会上升。利润的上升可导致更多的资本积累，从而阻止国内土地报酬递减及资本利润率的趋势。为此，他反对对谷物进口的限制，因为这有降低利润的倾向，而谷物的输入则有助于国内的储蓄和资本积累。[2]

---

〔1〕 托马斯·孟（Thomas Mun）：《英国得自对外贸易的财富》（中译本），商务印书馆 1959 年版。
〔2〕 李嘉图：《政治经济学及赋税原理》（中译本），商务印书馆 1976 年版；斯拉法：《李嘉图著作和通信集》各卷，商务印书馆。

可见，在古典学派那里，价值增值对增长的作用表现为农产品进口的价值增值抑制劳动力价值的上涨，提高了剩余价值率乃至资本积累率。当然，古典学派并未能揭示这种关系。问题还在于，价值增值对经济增长的作用只表现在进口初级产品而出口工业品、走向工业化的国家中，同样的理论并不能说明贸易伙伴国的经济增长的利益。如果贸易伙伴国也进入土地收益递减，工资上涨阶段并要求加速资本积累走向工业化，那么也会要求相似的贸易格局。这类国家又怎样从贸易中获得增长的利益呢？所以，比较利益论在微观分析与动态分析间是不统一的。

在要素禀赋论中，贸易对经济增长的作用在于生产要素配置的优化导致总产量的增加。生产要素配置的优化不是通过要素本身的流动实现的，而是通过产品的国际生产配置和流动实现的。要素的相对富裕决定了该类要素密集型产品的更高的生产能力。贸易为该种产品提供了更高的需求，从而也为更高生产能力的发挥提供了可能。一国总产出的增加是通过富裕要素密集型产品的产量的增加实现的。

由要素禀赋论推导出的贸易对经济增长的作用严格地说只是对整个世界来说才是正确的，即按要素禀赋的分工导致世界总产量的增加。世界总产量的增长与各国总产量增加之间的纽带是贸易，进而是交换比例。所以，一国从贸易中获得的增长利益取决于国际交换的充分实现与交换的价格比。换言之，如果一国按富裕要素进行生产的产品不能实现充分的国际交换，或以一种较不利的价格比进行交换，那么贸易对增长的作用就较小。只有当交换实现了价值增值，按要素禀赋的分工才对经济增长产生作用。

在新古典综合派的理论体系中，出口对国内收入产生乘数作用，进口则使乘数作用渗漏到国外，所以贸易对经济增长的作用实质只是出口的作用，只是贸易的相互性才包括进口。这一理论包含了两个要点。第一，国内非充分就业是出口乘数作用的前提，只有当国内生产要素未充分利用时，出口才会对生产和就业即经济增长产生扩展作用。第二，在增加的收入中用于进口的比重越高，出口的经济增长作用就越小。增长是通过出口增加有效需求实现的。

乘数分析法对贸易在经济增长作用的分析的局限性与其假定前提是一致的。这一分析以非充分就业为前提，因而增长效应主要限于充分就业的实现。这种增长效应在充分就业条件下是没有的。更重要的是，它不涉及贸易通过经济增长的其他因素所起的作用，即由资本积累及技术提高所决定的增长。

静态比较优势与经济增长的动态因素

在价值增值的静态分析中，只要价值准确地表现为价格，贸易的价值增值总是为一国带来利益。前文还指出，这种价值增值会通过要素积累而对增长与发展作出贡献。现在要指出的是，仅有这些涵义上的价值增值，贸易对增长的作用仍然是不确定的。随着时间的推移，决定价值增值结构的各类因素会发生变化，建立在市场价值基础上的价值增值只是指静态的贸易利益。为此，必须说明价值增值的动态意义。

价值增值是贸易的本质，但其现实过程只能是通过市场价值即价格来实现，在国内价格低于国外价格时会出口，反之则进口。在市场作用下，绝不可能发生相反的现象。这样，开放经济的资源配置便是由现实的价格所决定的。价格反映的是现有条件下生产要素的投入价值与各要素的生产率，但不能反映各生产要素价值的变动与要素生产率的变动。因此，对于一国经济增长来说，不能仅仅依靠静态的价值增值结构来配置资源，即不能由贸易结构通过价格来决定国内生产结构，因为增长过程中包含着使价值增值结构发生变动的因素。静态的价值增值论的这一性质与比较成本说和资源禀赋说是相似的。对古典比较成本说的大量批评集中在它的静态局限性，即未涉及劳动生产率的相对变化会引起比较优势的变化。在比较成本说的现代表述中，一般均衡原理说明了生产与贸易的最优结构即国内最优资源配置由商品的机会成本与国际价格的比较所决定。虽然这一方法不排斥长期分析，但其假定长期变化反映在当前价格中。鉴于价格结构的动态变化，现实的比较优势是不能简单地用来作为长期发展政策的依据的。在要素禀赋论中，现实的市场价格不直接被用来作为贸易结构政策的依据，比较优势的测定不是依据初始均衡状态，要素的相对富裕度决定最优贸易结构。但是，这一理论并没有假定生产要素赋予的可变性，以及要素密集型的可变性，所以，对动态的增长分析仍然是不够的。

现代增长理论与传统贸易理论的一个基本区别就是，增长理论主要考虑经济发展的动态方面，而传统贸易理论主要考虑静态方面。但是增长理论在说明和利用比较利益和贸易在经济发展中的作用方面却是不够的，增长理论中的投资原则与由传统贸易理论中得出的原则之间甚至存在着矛盾。这就要求我们在使比较利益论动态化——在本书中是价值增值论动态意义的说明中——认真分析这两类理论的关系。

在增长理论中，资源配置作为生产者、消费者与投资者之间相互作用的结果，是一个随时间而变化的过程，问题不在于相互作用的一般均衡，而在于不断扩大对生产要素的利用。出口的作用在于促进相关部门的发展，进口的意义在于引进新产品和新技术。在增长理论中，因发展的结构转换的需要，要素价格不必精确地反映机会成本，价格工具是引导发展的手段；但在贸易理论中，一般均衡要求要素价格精确地反映机会成本。在增长理论中，生产要素的质和量均是可能随着时间而发生变化的，生产过程本身就是这种变化的一个原因，而贸易理论则是以生产要素的质和量不变为假设前提。在增长理论中，生产部门的规模经济是重要的，它与市场容量相关，而贸易理论则考虑不变的生产成本或生产转换本身的机会成本。不论是平衡增长理论还是不平衡增长理论，都从否定现有市场机制可以为发展提供最优资源配置上对贸易理论提出了异议。平衡增长理论认为，现有的市场价格不一定能引导最佳的投资结构即发展所要求的资源配置，因为未来的成本与供求关系不会反映到现行的价格中来，所以需要为经济发展进行投资决策来引导资源配置。这种投资决策的特征是在相关部门同时均衡投资。由于部门之间的横向的或纵向的联系，一部门的投资会因为增加需求或降低成本而对另一部门产生有利影响，即所谓外在经济效应且为动态效应。根据不平衡增长理论，投资应首先集中在一个或几个部门以取得规模经济，然后再向其他部门投资。其他部门增长的需要可用进口供给来实现。这种战略会在长期中达到均衡。与平衡增长论不同的是不平衡增长论资源总量不变，而平衡增长论则假定供给是有弹性的。虽然两种增长理论有所分歧，但产业动态相互依存的理论否定了根据比较利益进行资源配置的理论。

上述分析给我们这样一个启示：当作为贸易本质的价值增值被应用于增长政策时必须考虑的一些因素，引导了价值增值的动态原理。由于贸易商品的价值取决于现期的要素生产率，价值增值过程必须借助价格信号来实现，所以静态的价值增值不等于动态的增长效益。特别是对于当代的后进国家来说，外部市场所提供的产业结构转变的发展条件已不同于发达国家当年，而内部的金融压制也不能为新产业的发展提供充分的社会集聚资本的条件，依赖于价值增值的发展道路是不可靠的。在充分利用价值增值的发展政策的制定中，动态的价值增值结构的预测是一个中心问题。发展政策与价值增值的关系在于发展政策不应当强化和凝固现行的价值增值结构，而应当不断引导现行结构向未来结构的转变。在这里，未来的价值增值结构决定发展政策的内容，而不是相反，这是开放型发展政策的原理。脱离价值增值结构变动趋势的国内产业发展政策是封闭型的发展政策。

动态的价值增值结构首先取决于要素成本的变动。即使在完善的市场中，要素成本也可能发生变化。发展中国家的重要问题是市场的不完善使要素成本还未能得到准确的反映。劳动力价格在总体上会随着经济的发展而提高，劳动力价格的结构本身也会变化。要素成本的变动直接影响未来产品的相对价值，从而影响价值增值结构。发展政策的任务就在于借助价格型政策工具和投资手段引导结构的转换。

市场的变动是另一个变动因素，出口市场的需求变动和进口市场的供给变动都通过价格影响到价值增值水平。除了初级产品出口价格波动和长期趋势下降以外，简单制成品也有类似性质。但是，这又不等于绝对地排斥这些产业的继续发展。对一国来说，一定时期内这些产业中的投资收益仍可能高于其他一些产业。考虑到市场的波动的价格不能准确地反映价值增值的利益，发展政策不应以市场价格为依据，而应以价值为依据，即反映真实相对出口成本与相对进口效用的社会价值。初级产品与简单制成品是否在一个相当长的时期内作为出口产品不存在统一的否定的结论，而应以国家的动态投资报酬率为依据，或者作为一个发展阶段，或者作为几乎是永久的绝对优势，或者也可能需要迅速作出调整。总之，动态的价值增值原则高于产业结构转型原则。

要素生产率的变动会像相对要素生产率决定一国价值增值结构一样改变该国的价值增值结构。在要素生产率中，劳动生产率是最基本的，熟练劳动力的扩大、管理经验的获得，都会影响生产率。这种影响对各产业发生的影响是不同的。熟练劳动力队伍的扩大会进一步提高以熟练劳动力为基础的产业的生产效率，而使以非熟练劳动力为基础的产业的优势降低以至相对丧失。制造业越是发展，熟练劳动力增长的速度越快。熟练劳动力在产业间的转移也会产生这种效应。资本要素也是这样。资本积累导致资本效率的提高；劳动密集型产业可能因资本积累而采用资本密集型的方式生产而提高效率；金融市场的完善会优化资本配置，改变现存的各产业相对生产率结构。价值增值的这种动态变化趋势是与要素生产率变化的这些规律相一致的。

规模经济效益会使单位成本下降，从而在一定情况下形成优势。在资本不足的条件下，企业往往不能达到规模经济。这种情况也可能发生于一国的整个该种产业：一产业在国内的充分发展会降低为其提供零部件、材料及劳务的相关产业的成本，进而形成比较优势。现行的价格信号一般不能提供这种发展的指示，而需要发展政策根据价值增值的变动趋势进行投资和资源配置。

外部经济与外部不经济也具有类似性质。当存在着外部经济时，产业的个别成本与社会成本是不一致的，个别成本被高估、比较优势被掩盖或降低;外部不经济则相反。这类情况不仅降低了现期贸易效益,而且引导了错误的结构发展。消除这种扭曲的同时也引导了发展进而也改变了贸易结构。

贸易作为经济增长发动机的条件

贸易作为经济增长的发动机的论断是贸易与经济增长之间相互关系的一个重要命题。关于这一论断正确性的争论的核心,实质上是贸易借以产生这种作用的条件。对不发达经济来说,增长是通过生产要素的积累实现的。生产要素首先是资本。进一步而言,扩大的生产的产品必须有市场。只有当相关条件获得满足以后,发动机的作用才可能形成。只有当贸易的价值增值效果不断同时创造出相关条件时,贸易才可作为经济增长的发动机。

现代的经济发达国家在19世纪和20世纪初相当于当今的发展中国家,国际贸易曾显著地表现为这些国家经济增长的发动机。世界市场的形成和迅速扩大,从需求面刺激了国内制造业的大规模建立,进而转化为资本积累的条件。对于19世纪的英国来说,工业品的出口和占领世界市场,几乎未遇到真正的竞争,自然经济中的手工业品是很容易被机器大工业所战胜的。出口作为发动机而引导经济增长的关键是外部市场及其巨大容量,这是英国的历史所证明的。

19世纪到20世纪60年代实现工业化的国家的经验又证明了,如果出口部门的发展能够有助于替代进口部门的发展,那么工业化就可能实现;反之,如果出口部门的发展是相对孤立的,那么其他部门就不能借此得到推动,整个经济增长就相对较慢。即使一些国家最初仍然只是向世界市场供应原材料和初级产品,如果出口部门的增长可能引起国内需求的增加,使国内进口替代部门也取得了市场,获得了发展的动力,那么出口对增长的发动机作用仍然是可能形成的。这中间包含了出口促进国内要素积累的作用。反之，如果出口部门的扩张主要依靠外部力量（外来投资与管理、外来投入品），不能激发国内经济增长的其他因素（技术进步的能力、企业家精神及管理能力、对熟练劳动力的需求、对投入品的需求等），或因为投资来自国外而大部分收入仍然流出国去，出口收入无助于国内资本形成，那么出口的发动机作用就甚小。

在20世纪50年代后亚洲一些国家和地区迅速发展的诸多经验中，有一条是出口收入为实施发展计划的公共投资提供了资金，进而使经济从原来传统产品的出口转向制成品出口，有能力承受国际市场初级产品价格的波动，形成了出口引导的经济增长。

对于当代发展中国家来说，出口增长作为经济增长发动机的原理不会变化，所变化的是客观的世界外部条件。新发展起来的制造业面临的是激烈的国际竞争，进入发达国家的困难远远超过当年率先工业化的国家冲破自然经济的壁垒。初级产品价格波动使出口收入很不稳定。传统制成品的生产出口受到发达国家更高科学技术的竞争优势的压力。大量依靠低工资的生产出口又受到各种关税与非关税壁垒的抵御。特别是经济政策上的不足使出口收入及出口部门的扩张难以形成对经济其他部门的刺激作用。整个世界经济并非一直处于繁荣而保持较高需求的，这样，出口市场并不是有保证的。不足的市场也因为各发展中国家出口相似的劳动密集型产品而导致。20世纪五六十年代的历史表明，当发达国家经济增长迅速时，能够有效利用这一机会的国家和地区就成功地启动了经济，该时期实行出口导向战略的国家和地区，就属于这种情况。该时期未实行出口导向的国家则构成反例，同时70年代以后的发达国家市场也构成了反例。

作为经济增长的总体来说，出口是诸动力中的一个动力，不是唯一的发动机。外部市场可以利用到何种程度，国内政策在何种程度上使出口激励国内经济，出口发动机的作用也就发挥到何种程度。在前一个制约因素上，发动机的作用同时具有机械效率的特征：车辆的运行速度取决于齿轮的比例以及发动机的运转速度。这样，单在这一方面而论，发展中国家由出口带动的经济增长也与发达国家的经济增长成正比。A. 刘易斯曾证明了贸易发动机的机械效率：在以往100年中，发达国家的增长与发展中国家初级产品出口之间的比率为0.87，且一直稳定。

换言之，在经济增长的诸因素中，贸易只是其中之一，经济增长的其他因素特别是技术进步仍然是基础。正如价值增值论的结构所反映的；价值的生产是基础，贸易是生产的价值基础上的增值。脱离了价值的生产，增值过程也就不能完成；增值过程若无助于价值的生产过程，也就无助于实质性的经济增长。

指出出口作为经济增长发动机的上述局限性，并不意味着主张进口替代的经济增长。历史上确曾有通过进口替代(保护主义)实现工业化与增长的例子(如德国)，但这一道路的重要条件是国内市场的发展与技术的进步。在当代，进口替代的低效率已为理论与事实所证明。在进口替代战略下的经济增长不是不可能，而是相对低效的。事实上在当代要实行这类战略已受到诸多国际限制。发达国家当年以进口替代实现的经济增长，包括一些重要的国内条件：生产要素的供给发生变化、劳动力平均资本存量提高、劳动力受教育程度和技能提高、国内需求结构也随收入上升发生变化、进而国家的比较优势发生变化。但是，在当代后进国家中，保护政策并不等于提供了上述条件。在进口替代工业化道路中，保护政策也通过抑制出口部门的发展而抑制经济增长。国内资源会流向受保护产业，而其他产业包括有希望的出口产业等于受到歧视。出口产业采用国内投入品时因为成本提高也就不利发展。在建立国内新产业时一般需要进口资本品，而在产业发展初期，这些进口货的价值很可能会超出进口替代生产的国际增加价值。

关于贸易与增长关系还要说明的一点是，增长的结构偏向对价值增值的动态效应。

经济与外贸的增长的实际效益并不是增长率数字本身所能够表现的，名义增长率并不是实际效益的确切反映。在对外经济关系的发展中，不论是偏向于出口品的生产增长还是偏向于进口替代品的生产增长，都可能在时间推移中降低价值增值的总效益。

这一问题之所以值得注意，在于发展中国家的刺激经济增长的政策体系，往往呈现某种结构偏向的形式。出口品生产的增长往往获得特别的刺激，投资得到特别的鼓励，税收得到特别的优惠，以至于资源配置发生偏向出口的倾斜。出口的发展增加了价值增值的总效益，但扭曲的资源配置的负效益降低了经济的净效益。

当出口国是一个大国，即其某产品的出口量占世界市场较高比重时，出口品生产的增长直接导致国际市场供给的增加和价格的下降。如果国内并未同时获得产业的规模经济效益，那么出口价格的下降中的损失就是绝对的了。即使只是一个小国，当一些国家同时出现这种出口增长时也会有相似效应。由于出口品生产的刺激政策，企业成本往往低于真实社会成本，出口生产扩大的规模就很容易超过最优资源配置下的生产规模。与此同时，如果国内进口替代品的生产发生相对下降甚至绝对下降。结果是随着整个经济的增长，进口需求增长并使价格上升。这就是经济增长导致贸易条件向不利方向发展的可能性。

进口替代品生产的增长也可能从另一方面降低增长的实际效益。如果受保护的进口替代部门发生了中性的技术进步，从而导致该部门生产能力的相对提高。但由于该部门是生产效率相对较低的部门，资源从效率较高的其他部门(特别是出口部门)转移到该部门而发生整个经济的效率损失，技术进步增加了低增加价值的进口品生产而减少了高增加价值的出口品生产，技术进步的实际效益会减少。只有当技术进步足够大时，才会补偿资源转移中效益的下降而有余，使经济获得实质增长。或者，只有当更高的技术进步发生在出口部门时，才会使资源向生产效益更高的出口部门转移而减少其他部门低效率的损失，获得更高的实际经济效益。

偏向出口的增长减少了价值增值的量，偏向进口替代的增长减少了价值总产出而要求贸易的增加价值补偿，这并不等于说否定一切有偏向的增长。这只是说，当有偏向的增长伴随着价值增值条件的不利变动时，经济净效益是不利的。偏向出口的增长减少了单位贸易中的价值增值量，而偏向进口替代的增长缩小了贸易规模。

15. 价值增值与技术进步的相互作用

在经济的增长与发展中，技术进步起着决定性的作用。技术进步通过改变劳动生产率及诸要素生产率，改变价值的生产条件，从而形成更有利的价值增值条件。同时价值增值又通过贸易与交换过程为技术进步创造条件。技术进步对贸易的影响是深刻的和广泛的，对后进国家来说既造成了压力又创造了机会，使贸易价值增值与经济技术进步进入良性循环，是后进国家成功发展的一个关键。技术进步引起的价格变动与贸易条件变动的实际利益，应当运用价值论的分析方法来说明。

技术进步的贸易效果

技术进步对贸易的影响，首先在于它会改变生产率，从而改变比较优势和价值增值结构。

价值增值结构取决于以价值为内容的各商品的相对价值优势，这种相对价值优势从根本上说来自于诸要素的相对生产率。所以，一国只要能提高某一要素的生产率，就必然能在或大或小程度上改变现行的价值增值结构，即改变价值增值的数量结构或实物结构。技术进步提高要素生产率的作用，丝毫不亚于资本积累、劳动者技能的提高或经营的组织管理，从一般意义上讲，技术进步可以提高资本生产率、劳动生产率，也可以提高管理效率即组织管理的生产率。技术进步往往通过要素生产率的提高而发生作用。

技术有高低之分、新旧之分，也有复杂简单之分，但是技术的优势也有比较优势的原理。当先进国家采用新技术之时，后进国家可能会在传统技术上形成比较优势，因为前者可能需要熟练劳动力和高工资支出，而后者可能易于采用非熟练劳动力从而付出较低的劳动力成本。这就启示了两条原理：一是技术具有相对适用性，有时传统技术更易于为后进国家所掌握，这中间仍然包含着技术进步；二是当先进国家向更高的最新技术跨越时，后进国家仍然可能依靠传统的技术建立新的比较优势。

如果说人与自然的关系，人类生产力的发展过程说到底是人与掌握的技术和自然所赋予的资源之间的关系的话，那么一国不能改变的比较优势正是自然资源，而能够改变并且永无止境地可以改变的正是技术。自然资源因国家而异，一般来说即使富裕也不能保证经济的迅速发展。但是技术却是无国籍的，原则上讲任何国家都能获得。所以，建立在资源基础上的比较优势是微弱的，没有发展前途的，而建立在技术基础上的比较优势却是有生命力的，发展无止境的。资源使用的提高效率的创新是技术进步的本质，即对资源的更好地利用，从效率较低的利用变为效率较高的利用。把资源与技术的概念都扩大，资源包括矿产、土地、气候、资本存量、劳动力数量，技术包括科学知识、已完成的创造发明、专门的生产技术，以及劳动者的技术等等，那么比较优势变动的原理是相似的。

技术进步在国际贸易中的巨大作用，已经使当代国际贸易结构呈现这样一种趋势：发展中国家生产和出口劳动密集型产品，发达国家生产和出口知识密集型产品、技术密集型产品，资本密集型产品部分地正在从发达国家转移到发展中国家。这种分工结构正在使发展中国家处于一种新的不利地位，正如迄今为止一直以生产和出口初级产品为主那样。如果说这种趋势在总体上是无法改变的话，那么仍不应当排斥发展中国家在劳动密集型和资本密集型产品中取得技术进步而获得较小的比较劣势。

技术进步对贸易的影响，还在于它可能为一个国家在一个时期内创造垄断地位，从而在国际市场上获得更高的价值。当一种新技术用于生产而制造出一种前所未有的新产品或质量大大优于现有产品的新产品时，发明国便处于具有绝对优势的地位。这种优势会一直维持到技术模仿差距的消除为止。所谓技术模仿差距，即由贸易所产生的示范效应、专利技术的转让以及直接投资所引导的其他国家进行模仿所需的时间。对于技术进步国家来说，从贸易伙伴国产生对该新产品的需求开始到完全能够模仿生产为止的时期内，一直具有向贸易伙伴国出口的机会，即在贸易伙伴国的模仿滞后期减去需求滞后期的时期内。这一时期又分为两个阶段。在贸易伙伴国需求产生以后到能够开始生产以前，技术进步国家具有垄断优势；在贸易伙伴国开始生产到完全掌握新技术即掌握后期内，技术进步国家具有绝对优势。在这以后两国的进出口关系则取决于技术以外的各要素生产率了。如果贸易伙伴国具有某种有利条件（如廉价劳动力），那么就可能由进口国变为出口国。由此可见，技术进步国家越是能较早地在贸易伙伴国创造需求，依靠垄断优势的贸易利益就越大。对贸易伙伴国来说，模仿滞后期越短，特别是掌握滞后期越短，则进口依赖时期越短。而新技术能否与本国要素优势相结合，变进口为出口是后进国家的关键。

一般来说，一项全新的技术，在当代特别是高技术，容易形成上述过程，但是传统技术基础上的某种革新有时也会产生这种效果。这一点说明了后进国家也有某种创新垄断的可能性。

由此可见，技术进步可能创造一种新的贸易结构，它不取决于一国的要素禀赋结构，也不取决于传统的比较优势。但是在新产品的生命周期内发明国可以获得高额的价值增值。技术进步同时也创造着一种动态的国际贸易结构。随着各国的模仿，新产品的生产会在所需要素相对富裕的国家转移，而形成另一种贸易结构。由技术进步决定的贸易结构又让位于由要素禀赋决定的贸易结构。所以，即使不能实现技术进步的产品创新，一国也有可能通过有效利用本国富裕要素而改变出口结构，其途径是技术引进或吸收外国直接投资。

第三，在世界范围内，技术进步造成了以研究与开发为基础的贸易结构的迅速的动态变化。传统的古典比较利益论是以劳动生产率为基础的，它也适合于资本或技术不占主要地位的产品，适合于说明农业、初级产品国家与工业国之间的贸易。在第二次世界大战以前的两个多世纪中，国际贸易主要是这种性质的贸易。技术进步主要通过提高劳动生产率而形成比较优势。赫克歇尔—俄林理论说明了生产要素在贸易结构中的作用。要素富裕度差异是决定贸易结构的原因，从而贸易产品的要素密集性是贸易的主要特征。以研究与开发为基础的贸易与二者均不同。在现代产品中，诸如宇航工业产品、电子计算机与办公设备、电子元件与电子设备、药品、科学仪器与机电设备等，在其最初的开发阶段，都包含了相当高的研究费用。在最初的产品出现时属于新的高技术产品。由于现代科技发展的高速度，这些产品又很快成为传统技术产品。由此周而复始，形成了现代动态比较利益的发展规律：具有大量研究与开发费用及科研条件的国家（如美国）首先研制与开发出一种新的高技术产品，并进行生产，占领世界市场。接着具有较高生产技术，注意实用生产技术引进和具有较多熟练劳动力的国家（如日本）开始生产这些产品并与美国竞争。当日本的生产技术密集优势超过美国以后，日本成为这类产品的主要生产出口国，而美国的知识密集优势又开发和生产出第二代高技术产品。当日本开始生产和出口第二代产品后，美国则开发与生产出第三代产品。这时日本会将第一代产品的生产与出口市场让给新兴工业化国家或地区，因为这时第一代产品的生产技术已经陈旧，而后者的劳动力成本低廉足以创造新的比较优势。

形成这种现代高技术产品贸易格局动态变化的原因在于，在这些产品从发明到淘汰的整个过程的各个阶段上，不同的生产要素先后在价值创造上占据了首要地位。在产品从无到有的发明时期，研究与开发的经费与科研条件起决定性的作用。这些投入会在产品最初阶段的高价格和专利技术的出卖中超额补偿，这是知识密集产品的价值增值。在形成较大市场，大规模生产成为需要和可能时，生产技术、资本及熟练劳动力成为主要生产要素（究竟何者又依产品而异）。这时表现为技术（或资本、人力资本）密集型产品的价值增值。在最后阶段，该产品的专门技术已经陈旧，则普通劳动力成为主要生产要素，劳动力成本低构成优势，劳动密集型的生产特点代替了技术密集型，贸易成为劳动密集型产品的价值增值。

虽然建立在研究与开发基础上的现代高技术产品有以上基本的动态比较优势国际转移规律，但这并不意味着后进国家在一切产品上都只能在这一过程中处于下游，等待先进国家的“接力棒”。其原因在于，当国家采用适当政策对科研力量、资金、资本和熟练劳动力进行有效调配以后，或有效采用技术引进、资本引进政策后，是可能在某些产品上跨入第一、第二阶段的。第一、第二阶段的生产要素并不是像自然资源要素那样不可转移的，而是可能转移的。

价值增值与技术进步的良性循环

价值增值与技术进步二者均可对经济产生积极作用，一旦二者间构成良性循环关系，那么必然对经济增长形成更大刺激。这种良性循环的特点是，价值增值为技术进步创造条件，技术进步提供更有利的价值增值结构与规模。

技术进步的性质及其条件可以分为两种类型，硬件的技术进步与软件的技术进步。硬件的技术进步是软件的技术进步的结果，也是软件技术进步与产品生产和经济增长的媒介；软件技术进步是硬件技术进步的前提和准备，也决定了在何种程度上硬件技术进步会具有价值优势和经济增长的作用。硬件的技术进步表现为新的生产设备、工艺，或对一种新产品的生产能力，软件的技术进步表现为科技研究的能力以及这种研究所形成的专有技术或专利产品。软件技术进步获得的条件是科学研究的资金、设备，以及科技人员，而软件技术进步转化为硬件技术进步的条件是资本和熟练劳动力。

价值增值的一般涵义是进口品国民价值超过出口品的国民价值。这一涵义的推广可以是，进口品的国民价值转化为国民价值的生产能力。

由于技术进步特别突出地体现了国民价值的生产能力，因而进口若形成技术进步则无疑是一种重要的价值增值。这时的价值增值量等于技术进步的边际产出价值乘以时期折现减去实现该项技术进步所费出口成本，即：

$$E=\sum_{i=1}^{n}(1+t)^{-i}\cdot MPT_i-V_x$$

其中，E 为总价值增值量，t 为折现率，i 为时期，自 1 到 n，n 为该产品被淘汰为止，MPT_i 为第 i 期的技术进步的边际产出价值，V_x 为实现该项技术进步的成本，用出口品的国民价值来表示。由进口所获得的技术进步不必然立即形成生产能力，因而无法立即核算其国民价值。技术进步的国民价值在若干年内逐步体现，表现为产出价值的增长，所以要用折现法。

该项技术进步是否在经济上合理，应当以上述价值增值量与一般商品贸易的价值增值水平比较。由于一般的商品价值增值量为进口商品国民价值减出口商品国民价值，所以所谓比较即用技术进步动态价值贡献的现值减去同样进口成本的进口品国民价值(即 $E-V_2$)。此值大于零时则为合理。这就说明了通过进口实现技术进步可能实现比一般商品进口的更大的价值增值。

尚未说明的是通过进口实现技术进步的涵义。如前关于技术进步的硬件与软件分析所指出的那样，这种进口可能表现为硬件，也可能表现为软件。通过引进某种新的高效的生产设备，可能提高现有产品的生产效率，这也可能表现为整个地引进一种新产品的生产设备以生产新的产品。软件的进口可能是一种新产品的生产专利，一种新的工艺或生产技术，这些是直接可转化为产品的软件。另一种可能是进口科技研究所需的设备、信息(情报资料)，甚至是人才(包括本国人才使用外汇在国外培训)。

技术进步的进口于是归结为现有的商品贸易为其提供进口能力。虽然同时也可采用引进国外资本或贷款的方式，但是贸易盈余为技术进步所需的进口应成为主要渠道，因为贷款最终还要靠贸易盈余来偿还，而外资引进中将包括部分价值增值的流出。贸易盈余为硬件的或软件的技术进步提供进口可能，这是价值增值过程对技术进步的重要作用。对后进国家来说这甚至是迅速实现技术进步的首要途径。

再进一步而言，技术进步能否对价值增值产生积极作用，又在于技术进步能否特别地发生在出口生产部门。尽管技术进步不论发生在哪个部门对经济总是有积极作用的，但鉴于此处讨论的是技术进步与价值增值的相互关系，所以特别指出与贸易产品的联系。当技术进步发生在出口部门时，它可能会大大地提高本国该产品的出口优势，降低国民价值，提高价值增值量，也可能为本国创造一种新的出口产品，扩大贸易出口价值增值的规模。这就是说，后进国家的技术进步特别应当注重于出口部门和有潜在出口可能的产品上。一旦做到了这一点，那么价值增值与技术进步的良性循环就可形成：价值增值为技术进步创造了更大的生产能力和出口产品的比较优势，出口又为技术进步的进口创造了更多的可能性即资金来源。

技术进步的性质及其对贸易条件影响的价值分析

从常理来说，技术进步总是应当有利的，不论这种进步是什么性质的——劳动节约型的、资本节约型的还是中性的，也不论这种技术进步发生在什么部门——出口品生产部门还是进口品生产部门。但是，进一步的分析却表明不同性质的技术进步或技术进步发生于不同的部门会具有不同的结果，对一国的贸易利益有不同的影响。然而，西方国际经济学停留在贸易条件的分析上来说明不同技术进步的不同影响却在某些场合得出了关于实际贸易利益变动的某些错误结论。

首先采用二要素一商品模型，来分析不同性质技术进步的效应。图 15.1 表明，在不同的资本（K）与劳动（L）的组合下，会有一条等产量线。在由 D、A、F 点所在曲线所表示的 K 与 L 的各种组合下，等产量线为 TT，或者为 RR。技术进步发生前，产量面为 $O'LQ_0K$，因而等产量线 TT

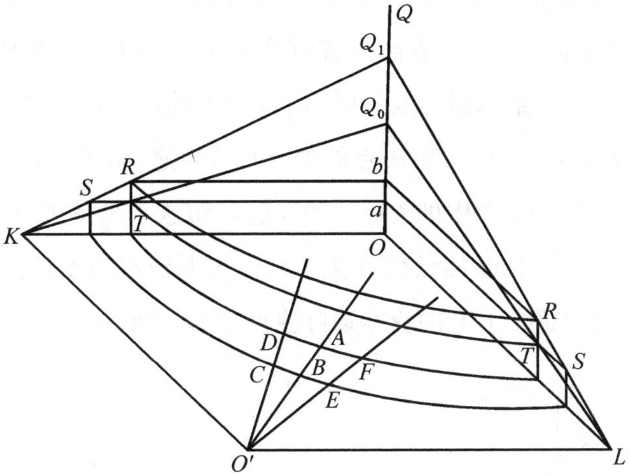

图 15.1　技术进步对要素使用及产量的影响

所代表的产量 Q 为 Oa；技术进步发生以后，等量资本与劳动投入会有更高产量，因而产量面上升为：$O'LQ_1K$，从而由 D、A、F 点所在曲线所对应的等产量线上升为 RR，所代表的产量为 Ob。或者，技术进步表明等产量只要用较少的资本与劳动投入，那么，SS 线（未画出）代表与 TT 相等的产量，但其所需的要素组合下降到 C、B、E 点所在曲线。

假定技术进步发生以前资本与劳动组合在 A 点，这意味着价格线在 A 点与 DAF 曲线相切（未画出），产量为 Oa。如果技术进步是中性的，那么对资本与劳动的使用会等比例地减少，即产量不变时对资本与劳动的使用会移到 B 点。通过 B 点的价格线与 CBE 曲线相切，并与通过 A 点的价格切线平行，对资本与劳动的相对需求不变，价格比也不变。或者投入量不变，仍在 A 点，则产量增为 Ob，显然资本与劳动力的相对价格也不变。如果技术进步是劳动节约型的，那就意味着资本的边际生产率的提高，代表等产量的 K 与 L 的组合轨迹不会像图 15.1 那样平行移动〔1〕，而会像图 15.2 那样形成一条新的特征的轨迹线。这时，在原价格比上，生产将采用较多的资本和较少的劳动，即图 15.2 中的 B 点表示比图 15.1

〔1〕 这里平行指从原点出发的射线与各等产量要素组合线交点的切线相平行，即等比例使用资本与劳动时二要素价格比相等。

中的 B 点更多的资本和更少的劳动。这是代表 K 与 L 的价格比 P_1 线与 P_0 线平行的结果。B 点代表与 A 点同产量但使用不同量的资本与劳动。如果一国的生产要素总量不变，并仍在 A 点上使用全部生产要素，那么会有一条与 CBE 平行的、经过 A 点的要素组合轨迹(未画出)。这将代表更高的产量，正如图 15.1 中的 Ob 一样。这时切这条新的要素组合轨迹线的直线是与 P_2 平行的，切点在 A 点上。这说明资本的相对价格上升。上升的资本相对价格是上升的资本边际生产率相一致的。

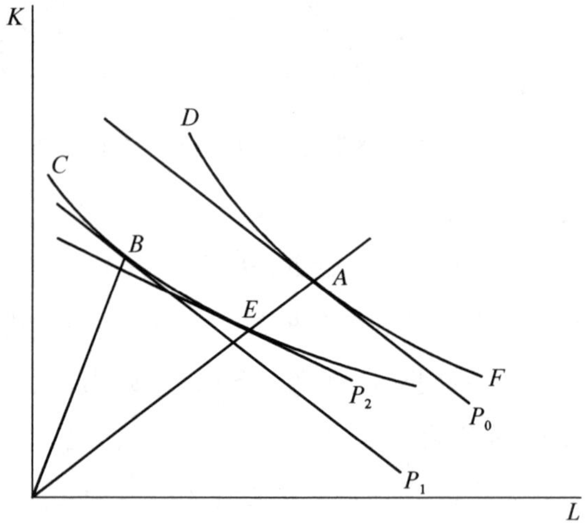

图 15.2　劳动节约型技术进步的影响

用类似的方法可显示资本节约型技术进步的结果，即劳动的边际生产率(MPL)上升，劳动力的价格上升，如果仍使用全部生产要素的话。

现从单商品模型转到二商品模型，见图 15.3。有二产业，制造业和农业，制造业是相对资本密集型的，农业是相对劳动密集型的。技术进步以前，等产量的要素组合轨迹分别为 m 和 a，要素价格比为 P_0。现假定技术进步发生在制造业，且为中性技术进步。结果先是在原产量下资本与劳动使用比例减少，即从 A 点移到 B 点，m'代表与 m 相同产量。如果产品价格不变，则制造业会吸收更多的资本与劳动，因为二要素的边际生产率均已提高。由于制造业是相对资本密集型的，所以它所新吸收的资本会较多，而吸收的劳动会较少，但总的说二者均会增加。由于现在资本的需求相对较高、

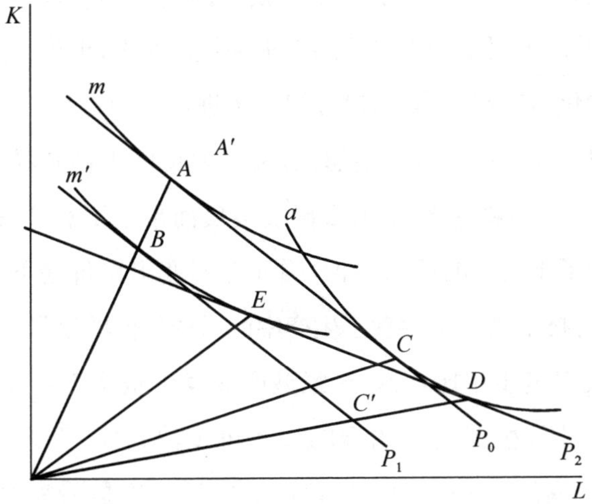

图 15.3　资本密集型产业中性技术进步的影响

劳动的需求相对较低,资本与劳动力的相对价格将不会是平行于 P_0 的 P_1,而是较平均的 P_2。结果是二产业都变得使用较小的资本与劳动比生产,这是与资本价格相对较高相一致的。新价格线与二等产量要素组合轨迹线分别切于 E 点和 D 点。但必须指出,该二点并不代表二产业各自使用的二要素的量。假定二要素总量不变,制造业所原使用二要素分别为 A_k 和 A_L,农业分别为 C_k 和 C_L,那么现制造业的要素使用点会在 A 点右上方的 A'点,二要素使用量均增,产量也增;农业的二要素使用点会在 C 点左下方点 C'点,二要素使用均减,产量也减。$A'_K+C'_K=A_K+C_K$,$A'_L+C'_L=A_L+C_L$。但此图无法很好表示二点的准确位置。重要的是在不变价格下,现总收入提高了,因为制造业技术进步即使在原规模使用二要素时也已提高产量,从农业中转移出一部分要素只因为制造业提供了更高的产出,现是在新的要素价格和生产函数上达到的新的均衡。

中性技术进步对贸易利益的影响,需要分几种不同情况和不同层次来说明。首先要看技术进步所发生的部门是出口部门还是进口替代部门。如果是出口部门,那么过度的供给可能会使出口价格降低,从而使贸易条件恶化;如果是进口替代部门则相反,进口替代品生产增加,价格下降,对进口需求下降,价格下降,从而使贸易条件改善。显然,贸易条件变化的程度取决于进出口商品各自的需求弹性，其中包括本国增加的收入对二商品的相对需求弹性，以及国外对本国出口品的需求弹性。主要问题在于，贸易条件如果确实发生恶化，是否意味着出口部门技术进步反而带来不利，这仍取决于对二者的比较。如果技术进步足够大，那么就可能抵销贸易条件恶化所造成的损失而有余；如果不够大，那么确实会反而带来不利。其中原因在于，技术进步减少了出口品的投入价值，因而在不变出口价格下会提高价值增值的量，除非价格下跌全部吞食了生产中的增加价值的增量。

与中性技术进步相比，资本密集型产业发生资本节约型的技术进步，劳动密集型产业发生劳动节约型的技术进步，都会在更大程度上引起贸易条件的恶化，如果这一产业是出口产业的话。这是因为，当资本密集型产业发生资本节约型的技术进步后，会以较低的资本劳动比进行生产。这时资本与劳动比在二产业间相差较少，更易于从劳动密集型产业中吸收出生产要素从而扩大生产。劳动密集型产业发生劳动节约型的技术进步则与之相似。这一规律的结果是技术进步必须更大才能抵销贸易条件恶化所带来的不利。与此相反，如果技术进步产业是进口替代产业的话，贸易条件的改善也会更大。但也要注意到这时出口生产的能力下降。

如果资本密集型产业发生劳动节约型技术进步，从而资本密集度更高，或者劳动密集型产业发生资本节约型技术进步，从而劳动密集度更高，那么对产量增加的影响会比中性技术进步小，原因也相似。至于这类技术进步对整个贸易利益的影响是正是负，仍然取决于相对的需求弹性和技术进步的幅度。[1]

---

〔1〕关于技术进步对贸易条件的影响，参见芬达莱(R. Findlay)和格鲁伯(H. Grubert)：《要素密集、技术进步和贸易条件》("Factor Intensities, Technological Progress and the Terms of Trade", *Oxford Economic Papers*, 1959, 11：111—121)；约翰逊(H. G. Johnson)：《经济发展与国际贸易》("Economic Development and International Trade", *Nationalokonomisk Tidsskrift*, 1959, 5—6, 253—272)；琼斯(R. W. Jones)：《简单一般均衡模型的结构》("The Structure of Simple General Equilibrium Models", *Journal of Political Economy*, 1965, 73：557—572)；约翰逊：《存在关税时效率提高或要素积累中收入损失的可能性》("The Possibility of Income Losses from Increased Efficiency or Factor Accumulation in the Presence of Tariffs", *Economic Journal*, 1967, 77：151—154)。

16. 价值增值的历史效应

价值增值，这一本书从微观层出发揭示的机制，不但作为一种初始的、基础的和本质的构造决定了国际贸易的发生、性质、利益分配、对国民经济的宏观效应以及这一切的动态变化，如本书至此所分析的那样，而且还作为一种内在的、永久的和巨大的动力决定了并继续决定着整个世界经济的形成、演变和走向。世界经济的一切变更，无不可以从价值增值原动力上找到起因。重要的是，理论的任务不只在于解释历史和现实，而在于从解释中发现方向与未来。本章要用经济学的观点进行历史学的和未来学的分析。

自由化与一体化——增值机制的历史动力

今天我们所看到的世界贸易，完全不同于历史。世界贸易史是价值增值的内容与形式的发展史。价值增值机制作为一种历史动力，摆脱了野蛮的掠夺时代，冲破了保守的封闭时代，把世界推进到自由化与一体化的开放时代。

虽然世界市场是国民市场充分发达的结果和延伸，但国际物物交换的历史却要长得多。在没有货币与关税的古代，国际交换与国内交换并没有本质的不同。只要交通上可能，国际物物交换就会发生。那时的国际交换是野蛮的和愚昧的。[1] 促使商人进行这种交换的，只是因为在本国不能获得这类商品，或交换比太高。交换价值的差异促使古代商人跨越交通障碍和国外风险进行国际交换。

在中世纪，威尼斯商人的成长改变了十字军东征的目标。由于威尼斯商人已具有支配战争的力量，使东征目标不是叙利亚的回教徒，而变为商业劲敌东罗马。宗教战争转变为商业战争，威尼斯商人在被征服地建立起货栈及宫宇。精明的威尼斯商人让战争为其商业开道，只因为国际交换比国内交换更能赢利。到15世纪，威尼斯成为有名的“四海女王”。虽然当地是一个制造各种手工业品的工商业城市，但它的主要财富是从转口贸易中来的，特别是来自东方的转口贸易。威尼斯商人从本国和其他西欧国家运出丝绸、呢绒、五金和粮食，与东方交换绸缎、丝绒、地毯、宝石、瓷器和香料，获得了很大的利益。

16世纪的商业革命，是工业革命从而世界市场形成的先导。商业革命创造的条件使工业革命和世界市场的最终形成成为可能。商业革命使欧洲商人的活动范围大大扩展，从原来的地中海周围扩展到大西洋直到东、西半球各地；商品的种类和贸易额也大幅度增加，地理大发现更使贸易额成倍增长。贵金属在经济中的重要性的提高，使人们形成了贵金属是财富象征的思想，导致了重商主义的保护贸易政策。在英国，政府竭力争取贸易顺差，对本国能生产的商品征收高关税甚至竞争性高关税，而对本国不足的原料允许自由进口。政府鼓励出口制成品而限制出口原料，并实行出口补贴，通过扩展殖民地扩大市场。其他国家也实行类似政策。

工业革命的发生使英国的贸易政策发生了变化。迅速提高的生产能力要求更广阔的市场，促使英国竭力主张自由贸易。工业的巨大的增加价值的生产能力，是自由贸易实现价值增值的基础。同样原因也使得工

[1] 那时商人与海盗不分。古代史诗奥德赛(Odyssey)叙述主人与远方来客的一句话：“你是商人还是强盗。”商船沿着地中海绕过时，放出烟火信号表示愿与岸上土人交换。土人胆小不敢前来，船员们便把物品放在岸边的小船上然后离开。等他们再回来时，土人已把原有的物品拿走，同时留下一些金银或土产，作为交换。这是直接国际商品交换的史前史。

业相对后进的德国采用保护主义政策。国际贸易增值机制的历史动力是否必然把一国推向自由贸易，也取决于一国国内增加价值的生产能力。

当几个主要国家先后完成了工业革命以后，市场问题便突出了，先进国家的贸易政策开始具有二重性。一方面它们要求与比它们后进的国家和殖民地实行比较自由的贸易，另一方面又相互之间实行保护，因为前者是有利的价值增值市场条件，包括廉价的原料供应条件和垄断的产品销售市场，而后者则总是意味着一方市场的丧失。这种关系一直发展到 20 世纪 30 年代的集团间的贸易战。

第二次世界大战后世界之所以能在自由贸易上跨出重要的一步，并非由于人们在自由贸易与保护贸易利益认识上的进步，而是由于美国的经济实力和生产能力独占世界鳌头，使它极力倡导世界自由贸易体系。其中的原因正如当年的英国和集团内部的贸易一样。美国的遥遥领先的工业生产能力使它轻松地赢得国际竞争，实现它的工业品的价值，而其他国家恢复经济或工业化的要求也迫使它们开放市场，较多的贸易更有利于工业化。

西欧经济的恢复使之开始与美国竞争市场，但是历史的这一轮并不是采用向保护贸易倒退的方式，而是采取了地区内部更自由的方式实现相对的对外保护，这就是欧洲一体化的起源。一体化是自由化的推进。这一点之所以能发生，除了地理原因外，也由于工业发展使产品分工的深化成为可能，这种分工使一体化各国都扩大了市场，从而增加了对美国产品的竞争力。

欧洲一体化拉开了世界地区一体化的序幕，直至北美自由贸易区的建立和发展中的亚太地区贸易合作。一体化对贸易自由化本身是一个进步，它显示了价值增值的历史动力，同时又不否定已经推进的世界贸易自由化，后者同样是价值增值的历史动力。

本国建立和维护工业体系的需要，对本国生产者和利益集团的考虑，总是导致对进口的各种限制。这些利益构成与价值增值利益相反的因素，导致世界自由化、一体化同时始终不能消除的保护主义措施，在降低关税的同时实行非关税壁垒，以及农产品的出口补贴等。

世界贸易关系中的这两种趋势来源于增值机制本身的结构：当增值直接带来利益时，它促进着自由化；当增值需要以另一种利益为代价，而这种代价又大于直接的增值利益时，它又导致保护。这种结构不会变化，所以世界贸易关系的发展特点也不会变化，只是随着经济结构的变化而有所不同。各国关税总水平的降低，关贸总协定成员国的增加反映了这种自由化趋势，而税率结构的选择和非关税壁垒措施的采用又反映了其他利益的考虑。价值增值机制是一种利益机制，但它不是唯一的利益机制。

从世界交换到世界生产——增值机制的历史创造

价值增值机制作为一种历史动力，推动了以国民市场发展到世界市场，并且走向自由贸易，然而它的作用还不仅在此。国际经济关系从一般商品交换发展为生产的国际化，即从世界性交换发展到世界性生产，是价值增值机制的历史创造。

典型的和初始的国际交换是产品的交换，这种产品交换是建立在相对劳动生产率相异基础上的，作为分工结构是垂直分工。这样生产率相异是分工的基础，生产率相异决定分工而不是相反。但是，水平分工的性质就不是这样。水平分工的基础是相近的生产率，这时就不能说生产率差异决定分工，而是分工创造差异的生产率——在不同产业或产品中的相对劳动生产率差异，从而创造了贸易。分工之所以有创造贸易的动力，在于价值增值机制的作用。如企业内部的分工是价值规律的作用，国内各生产的分工是价值规律的作用一样，国际分工的形成是国际价值规律的作用，具体地讲，即价值增值机制的作用。价值增值机制的这种创造不只是创造了贸易本身，而且创造了国际分工的生产形式，创造了国际化的生产。

水平分工本身又有不同的发展水平，它们依次是：(1) 同样水平的工业分工；(2) 一部分的不同产品的分工；(3) 同一产品的不同型号的分工；(4) 一产品的各个零部件的分工；(5) 一零部件的生产工序的分工。这一分工的深化，是工业本身不断进步、技术不断复杂化、产品不断专门化的需要，而价值增值则决定了这种发展在经济上的合理性。

典型的、初始意义上的产品交换最先作为价值增值的实现形式，但在价值增值机制的作用下，却又部分地被否定。生产在国际范围内重新定位，资源在国际范围内重新配置，部分情况下减少了商品贸易，部分情况下增加了商品贸易。当为了跨越对方国家贸易壁垒进入对方市场时是前一种情况，当为了更有效利用当地劳动力或自然资源而投资时是后一种情况。

资源的国际配置是价值增值机制作用的一种发展形式。价值增值本来表现为商品的流动，但当这种形式不能实现时，它就采用要素流动的形式来代替。因此，国际资本投资、技术和管理的投资只是商品贸易的发展和变形。这是上述前一种情况。后一种情况的发生在于，增值是实现价值与投入价值之差，增值量的增加一方面可寻找实现更高价值的销售场所，另一方面也可以寻找投入更低价值的生产场所，这样就导致了资源的国际组合，其意义在于使生产投入价值极小化达到更高的增加价值。

资源的国际配置的重要意义在于，它一方面保留了典型商品贸易中的价值增值，原有比较优势论中的贸易利益，而且创造了生产效率从而创造了生产利益。这种生产利益最终由各要素所有国分享，这就是呈现在我们面前的不断发展的跨国公司及其国际投资。

价值增值机制甚至还创造了有形产品和无形产品间的国际交换，一个研究开发与实际生产间分工的世界经济格局正在逐步形成。人类生产率的发展也是一个产业不断分离的过程，第二产业从第一产业中分离出来，第三产业又从第一、二产业中分离出来。当年第二产业与第一产业的国际分工，今天正重演着第三产业与第一、二产业的国际分工。同时，在第二产业中，研究开发又逐步与生产制造相分离，成为独立的行业，直至一些科技领先国家的支柱产业。正在形成中的新的国际分工是，先进国家从事研究开发以及与此密切相关的高技术产业、服务业、金融业，而新兴工业国和后进国则从事传统工业品的生产。价值增值本来通过有形产品来实现，现在又通过无形产品来实现，通过为有形产品生产提供的信息（技术、知识）、生产的服务、产品销售的市场服务等来实现。先进国家从有形产品的生产转到无形产品的生产会获得更有利的价值增值。这就是即将到来的世界经济的历史新阶段。

但是，这种发展对后进国家来说将意味着什么呢？

在世界市场的价格变动轨迹中显示出这样一条规律：传统产品的价格一般呈疲软的总趋势，而新兴产品的价格一般呈坚挺的总趋势。这一趋势类似于一国经济中工农业产品的价格剪刀差规律。这种价格规律来源于需求特征。新产业（这里指代表产业等级上升所产生的新产业）所创造的新产品往往代表着人们消费或生产投入的新需求，消费和生产进步的内在动力总是构成对新产品的不断增长的需求，在新产业的发展的相当时期内形成需大于供的局面，从而形成新产业产品的向上的价格动态。与此同时，生产与消费又总是减少对传统产品的需求，在新产业产品与传统产品有替代关系时是这样，在没有替代关系时也是这样，因为总支出比重发生变化。在工业革命以后，世界市场的价格总趋势总是有利于工业制成品，除非初级产品出现生产国卡特尔组织；在工业制成品中，又总是有利于最新产业的产品。

现在发达国家正在进行着的产业调整似乎重演着这种历史。传统制造业，特别是那些耗费大量能源、原料、劳动力甚至资本的产业，正在转移到后进国家，而发达国家则上升到无形产品的信息工业、金融服务业和高技术产业，以研究开发为价值构成主要部分的各种有形无形产品，在世界市场上又一次居于新兴产业产品的优势价格地位，而传统产业则完全相反。这种差别使在新的国际分工中两种类型的国家处于不同的价值增值条件之中，等量的国际交换对不同国家具有不同的意义。

由价值规律和产业特征所决定的历史只能是这样。大多数国家未能改变这一进程，部分国家或多或少改变了自己相对落后的地位，关键在于它们改变了本国产业进步的速度，实现了产业逐步替代和更新中的跨越。价值增值机制作为一种规律创造着历史。如同任何规律的作用一样，人们不能改变它，但能引导它。当一国利用既定经济结构实现价值增值时，它的经济会始终按部就班地顺序前进，于是后进永远后进。当这种机制被引导到结构的跳跃性进步时，后进地位就会发生变化。

开放经济与市场经济——增值机制的发展导向

价值增值使一国获得价值总量的增加，其规模和结构影响着一国的经济发展，这种增值机制的发展导向已如前所说。这是生产能力上的发展导向。增值机制的另一个发展导向是经济体制上的发展导向，这种发展导向决定了，一国的经济体制会在增值机制的作用下发生对世界经济的适应性转变，在体制的发展上具有市场化加深的趋向。

在历史上，世界市场形成以后，先进国家的廉价工业品迫使尚处于落后生产方式的后进国家纳入世界市场，从而使其在国内用市场经济代替封建经济。这个过程至今仍然在继续着，所不同的是现在先进国的商品流向后进国不再以坚船利炮开道，商品本身就足以瓦解当地的落后的生产方式，推进市场经济的发育成熟。另一种情况是，国内本来实行的不是市场经济，而是计划经济或有所改革的计划经济，一旦开放，世界经济也会促使本国经济体制市场化，如果这个国家追求开放的经济利益的话。开放加速国内市场经济发育的过程是国民经济不断适应世界经济需要的过程。

计划经济的首要特征是生产资源配置的计划化，这一点完全不能适应世界市场的需要。计划经济甚至连本国的生产消费需求都不能有效计划，更无法计划和适应复杂多变的世界市场。在计划经济下，外贸只是国内计划失误结构失衡的调节器，平衡计划造成的供求不平衡。面对世界市场，只有依据市场变动作出及时的进出口决策，才能有效利用价值增值的机遇。计划经济的漫长的决策过程，迟钝的决策机制是无法适应这一需要的。随着贸易量的增加，外贸产品品种的扩大，需要采用市场决策原则的部门也就增加。这些开放部门又经过投入产出关系要求非开放部门作出相应的决策。要想尽可能多地利用世界市场，就只能承认市场机制对国民生产的调节，迫使背离市场调节的计划退出。

计划经济的第二个特征是价格控制体系，这种控制的主要结果就是价格的扭曲。价格扭曲通过显现的和隐蔽的两种途径降低了一国的外贸效益。偏低的价格低估了实际国民生产成本，出口收入虚假甚至实际是亏损的，而有益的进口受到抑制；虚假的优势鼓励了出口，实际上越多出口越不利。偏高的价格高估了实际国民生产成本而抑制了实际有利的出口，减少了实现本来可以实现的价值增值的机会，另一方面却鼓励了不必要的进口。这种价格扭曲是由国家对产品的错误定价，对原材料的错误定价或对基础设施和公用事业使用的错误定价所造成的。价格扭曲也导致了国家、外贸和生产企业利益分配的不当，或外贸亏损，或国家补贴不堪负担，或生产企业不能盈利等等，限制了本来可能发展的外贸。改革的经验已经显示，不论外贸体制如何改革，在整个经济中的价格扭曲现象未得到根本解决以前，三者之间的矛盾是很难处理好的。国内经济运行始终要求实现价格改革市场化的目标，有效利用世界市场也同样对推进价格改革提出要求。问题已不再只是价格的调整，而是需要一个由市场决定的价格体系。

计划经济的第三个特征是传统的国营企业管理方式及其经营机制。当经济的市场因素增长以后，国营企业显得越来越缺乏活力，与集体企业、个体企业和三资企业形成强烈反差。其中的根本原因在于，国营企业的经营机制还是一种与市场运行不相适应的机制。在外贸中国营企业也同样比不上集体企业。由于国营企业中包含了国民经济支柱的产业部门和先进技术部门，如果这一部门不能成为进入世界市场的主角，那么整个经济的开放效益就是较低的。主要产业部门未能真正进入世界市场竞争，也无法经受国外产品的竞争，即使有外贸量的快速增长，国民经济的结构进步仍然是缓慢的，在世界市场中的分工地位将始终是不利的。开放几乎一直在要求骨干的国营企业进入世界市场，而这一点只能靠进行市场化的企业改革来实现。

于是发现，以价值增值机制为核心的世界市场对开放经济具有一种“体制传入”效应：它把世界市场所要求的一种经济体制传入开放经济，使开放经济实行与之相应的经济体制。这种经济体制需要具备对世界经济的兼容性、适应性。一国经济融入世界经济，一国要利用世界市场实现价值增值，就应具有适应于世界经济发展变化的应变能力。应变过程是一个收集信息、加工处理、作出决策和付诸实施的全过程。世界经济是一个复杂多变的市场，一个充满竞争、要求对策技巧的市场，要求经济的高水平的应变决策即适应能力。信息集中有利于经济作为整体决策的正确性，决策分散有利于每个经济主体个别决策的高效率。这两点对应产生的正是指导性计划下的市场经济。要提高各经济主体的应变效率就需要使企业的经营机制适应市场。这里不仅有外贸企业、使用进口产品企业和生产出口产品企业的应变效率的问题，而且有整个经济的应变效率问题，因为开放经济也要求非开放部门适应整个经济的开放性要求，同时也要求非经济部门即行政管理机制和体系的适应与应变效率。总之，应变效率和体制适应性是对一个开放经济的整个经济体制以及一切与经济运行相关体制的要求。

事实上，开放经济的适应性明显表现在与进口产品相竞争的能力上。开放市场，允许他国产品进来竞争，本国产品能否立于不败之地，除了技术上的因素外，还有体制上的因素。为国营企业“松绑”是我国国内改革的中心问题，也是适应国际竞争的中心问题。

经济的适应性是一国竞争力对世界市场的适应问题。在当代，国际竞争已不再只是企业之间的产品竞争，只是作为单个企业的内部生产过程的劳动生产率竞争，而是作为整个国家的所有各种要素的全要素生产率竞争。这是一个包括一国全部劳动力、资本、资源、土地、技术、信息等要素在内的综合管理的问题。最新认识告诉我们,只有政府管理下的市场经济能够有效管理所有这些要素,即达到资源的有效配置。国内改革选择了市场经济为最终目标,对外开放也选择了市场经济为最终目标,这就是体制传入,以适应当代世界的体制竞争。

因此,开放经济与市场经济之间存在着密切的关系。计划经济或仅引进一些市场调节的计划经济不能成为开放经济,开放经济必须是市场经济。市场经济是开放经济的必要条件,但还不是充分必要条件。在市场经济条件下实行开放政策,才是开放经济的充分必要条件。

跋　价值增值的政府调控

本书多侧面、多层次地论述了价值增值问题，说明了价值增值作为一个市场的自发过程的各种规律。出于对政策问题更多的关心，在此以关于政策分析的归纳作为全书的结束语。

从最一般意义上讲，价值增值过程是在国内外市场相互作用中完成的，市场干预反而会造成扭曲而减少价值增值。但是，在现代经济中，政府不是作为消极面而存在的，重要的是全面认识政策调控的正反两方面的作用。

第一，市场并不是始终有效运转的，在市场失灵的场合会形成扭曲，其中包括对外扭曲、消费扭曲、生产扭曲和要素扭曲，产生的原因是生产、消费或要素使用上的外部性及生产中的垄断等。扭曲的结果是造成贸易规模的失度，影响宏观贸易效益。这时，政府通过在扭曲发生处实行一定的税收补贴政策可以消除扭曲，提高整个经济的价值增值规模。但是，同一问题的另一面是，一个不适当的税收补贴结构本身会造成政策引致性扭曲而缩小价值增值规模，旨在激励出口的政策因造成扭曲反而会缩小价值增值的规模。

第二，价值增值的结构变动取决于产业结构的变动，幼稚工业的外部经济性使之较少有通过市场自身发展的可能，这时政府的作用就在于使企业现时的超额成本得到补偿，以实现幼稚工业的发展和贸易结构的进步，在未来实现较大规模的国民价值增值。在实现这一目标中，如果采用的是保护政策或把本国不具有发展前景的幼稚工业作为扶持对象，那么不但不能实现上述目标，而且还会因保护形成的低效而产生相反的结果。

该工业不能在未来实现更大的价值增值,而且现时的低效率还形成了国民价值的损失。

第三,政策可以改变本国要素的禀赋结构。自然的、历史的要素禀赋结构是价值增值结构的基础,但在现代国际经济中一国的要素禀赋结构的改变是普遍现象。不但资本存量可以变,而且劳动力存量特别是熟练劳动力存量也可以变,各种自然或历史因素决定的要素存量都可以在或短或长时期内发生变化。要素禀赋结构的改变可以改变价值增值的结构,实现更高的增值规模。但是对要素使用的国际流动的不适当政策,却可能通过要素扭曲对贸易结构和宏观增值规模产生不利影响。要素定价政策调节着要素市场,决定着要素在各行业中的相对价格与配置。要素扭曲的结果是要素配置的失当,为贸易而采用的要素扭曲政策还包括价值增值规模的缩小。

第四,国内宏观需求调节通过进出口总供求影响价值增值贸易条件。当汇率政策与财政货币政策相配合时,国内外均衡同时实现,进出口被调节在最优水平,实现最大的增值。如果宏观调控中汇率的调整没能适当的配合,宏观扩张政策的结果就是进口需求的增长,对贸易条件产生不利影响;宏观紧缩政策的结果是抑制出口。如果为了国际收支平衡或满足进口需求而刺激出口,又会产生出口阶段的价值流失。

第五,贸易发展战略对增值规模的调节。实现一个正确的发展战略的各项政策的结果是,本国资源得到更优化配置,从而扩大增值规模,无论在近期或远期都有这种可能。但是,当这种战略过于急功近利时,本国产业结构会被定位在较低的层次上,发展中实现新的资源转移也不容易。这样结构性的价值流失就可能发生并被长期维持。

第六,关税与其他贸易障碍因时因产业而异。关税是国家控制贸易的主要工具,其正反两方面作用已为广泛研究揭示。关税对产业发展的作用存在着很大的不确定性,对国内各部门的影响也存在着很大的不确定性。税率及其结构是问题的关键,它们会通过影响整个经济的生产与价格再进而影响贸易增值的规模。在这一问题上,一般理论分析不能从根本上回答问题，只能从实际情况出发对产业、产品逐一分析。

第七，增值过程对增长与发展的效应依赖于政策的正确。这一不确定性来源于增值过程的静态性质与增长发展问题的动态性质。政策可以推进增值向增长发展的转换，也可能抑制这种转换。

所有这些分析散见于本书各章。总而言之，在现代市场经济中，政府不是无所作为的。在发展中的市场经济和充满竞争的国际经济关系中，国家尤其是本国利益的代表者，是本国进行国际竞争的组织者。要研究的只是在符合国际惯例条件下所应采用的最佳方法，这些方法是与整个国内市场经济的调控联系在一起的。

丛书后记

“上海市学术著作出版基金25周年精选丛书”终于和大家见面了。我们汇编出版这套丛书,是为了对上海市学术著作出版基金25年来的工作进行一次全面回顾总结,对基金25年来资助出版的700多部学术专著作一次全面的检阅,以使这项工作在新的起点上,更好地发挥对马克思主义研究、哲学社会科学研究的导向、服务和促进作用,使理论研究更好地为上海哲学社会科学的繁荣发展和国际文化大都市建设服务,更好地为全面深化改革、早日实现两个“百年目标”和中华民族伟大复兴的中国梦服务。

上海市学术著作出版基金成立25年来,共收到申请资助书稿2 500余部,资助出版著作700余部。2013年下半年,我们启动了丛书的出版筹备工作,对基金25年来的档案资料及资助的著作进行了一次全面梳理,在此基础上邀请有关专家开展两轮评审,并报市评审委员会审定,从700多部已出版的著作中遴选出25部在学界具有较大影响、在不同学科和不同历史时期具有较强代表性的著作,汇编成这套丛书。丛书所收录的著作中,有的由于出版年份较早,从今天的眼光来看难免留有时代的烙印,学术观点、学术规范以及研究方法难免存在一定的局限性，但是为了真实地反映学术发展的历程，经与作者沟通，我们决定此次再版基本保持原貌，不作大的修订。请广大读者给予理解。

上海市委宣传部历任部领导对于出版资助工作给予了极大的关心和指导。市委常委、宣传部部长徐麟同志十分重视和支持出版资助工作以及本丛书的出版工作，并亲自为本丛书作序。市委宣传部副部长、上海市学术著作出版资助评审委员会主任李琪同志多年来直接主持出版资助工作，对本丛书的出版给予了诸多具体和悉心的指导。本丛书收录的25部专著，最初分别由上海人民出版社、复旦大学出版社、华东师范大学出版社、上海社会科学院出版社、东方出版中心、学林出版社、上海远东出版社、中国政法大学出版社等单位出版，他们对于本丛书的出版给予了积极配合和大力支持。本丛书的出版工作由世纪出版集团承担，上海世纪出版集团党委书记、社长陈昕同志，上海人民出版社总编辑王为松同志关心指导丛书的编辑出版工作。在此，对领导同志和有关方面给予的关心和支持一并表示衷心感谢。

原市委宣传部理论处范小平同志具体负责出版资助工作十余年，为这项工作奠定了良好的基础。市委宣传部理论处黄士平同志多年来负责出版资助日常工作，尤其在本丛书编辑出版的筹备过程中付出了辛勤劳动。在此，对他们的辛勤付出也一并表示衷心感谢。

由于时间仓促，丛书编辑过程中难免存在疏漏，敬请广大读者批评指正。

上海市学术著作出版资助
评审委员会办公室
2014年6月23日

图书在版编目(CIP)数据

价值增值论：国际经济分析的价值理论／张幼文著.
—上海：上海人民出版社，2014
(上海市学术著作出版基金25周年精选丛书)
ISBN 978-7-208-12291-8

Ⅰ.①价… Ⅱ.①张… Ⅲ.①价值论-研究 Ⅳ.
①F014.31

中国版本图书馆CIP数据核字(2014)第106698号

责任编辑　刘林心

·上海市学术著作出版基金25周年精选丛书·
价值增值论
——国际经济分析的价值理论
张幼文 著
世纪出版集团
上海人民出版社出版
(200001　上海福建中路193号　www.ewen.cc)
世纪出版集团发行中心发行
上海中华印刷有限公司印刷
开本 720×1000　1/16　印张 16.5　插页 6　字数 219,000
2014年8月第1版　2014年8月第1次印刷
ISBN 978-7-208-12291-8/F·2231
定价 48.00元